충북대학교 인문사회 연구총서

보수의 이념과잉 진보의 정치빈곤

한국 사회정치 담론구조와 전략(2000 ~ 2015)

이항우

충북대학교 출판부

목 차

제1장
서 론

이 연구는 최근 한국의 사회정치 담론 구조와 전략을 분석한다. 구체적으로, 1998년부터 2007년까지의 김대중과 노무현으로 이어지는 개혁파 정권과 2008년부터 현재까지의 이명박과 박근혜로 이어지는 보수파 정권 시기 동안 한국 사회를 지배해온 사회정치 담론의 유형과 특징을 밝힌다. 2007년 대통령 선거에서 이명박 한나라당 후보가 역대 최다인 약 5백 여 만 표 차이로 정동영 민주당 후보를 누르고 당선되었다. 또한 2012년 대통령 선거에서는 박근혜 새누리당 후보가 역대 최다인 1천 5백 7십만 여 표를 얻어 문재인 민주당 후보를 물리치고 당선되었다. 그리하여 1998년부터 2007년까지 김대중과 노무현이라는 상대적으로 진보적이고 개혁적인 세력에게 정치권력을 내주고 야당 생활을 해야만 했던 보수/우파 세력은 십 년의 숙원을 해결하였을 뿐만 아니라, 정치, 경제, 언론, 법조, 교육, 문화, 종교 등 사회 전 영역에서 그들의 지배 질서를 더욱 공고히 하는 작업에 박차를 가하고 있다. 김대중 정부와 노무현 정부의 출범이 해방 이후 수 십 년 간 정치권력으로부터 배제되고 소외당했던 정치 세력이 사회의 주류로 등장하게 된 사뭇 혁명적인 사건이라면, 이명박 정부와 박근혜 정부의 출범은 오랫동안 거의 모든 권력 자원은 손에 쥐고 있었으나 부정과 독재의 오명에서 자유로울 수 없었던 보수/우파 세력이 선거를 통해 마침내 온전한 민주적 정당성을 획득하게 된 자못 놀라운 사건이라 할 수 있다. 많은 사람들에게, '독재자의 딸' 박근혜의 대통령 당선은 박정희 유신 독재가 2000년대의 한국 시민에 의해 역사적으로 정당화되는 것처럼 보일 정도로 충격적인 것이었다.

보수/우파의 연이은 선거 승리는 오늘날 한국 사회정치 상황에 두 가지 중요한 문제를 제기한다. 첫 번째는 보수/우파의 담론 헤게모니 문제다. 그들의 집권은 시민의 곤궁한 사회경제적 조건, 진보/좌파 세력에 대한 실망과 불신, 전 인구 집단의 정치적 보수화 등과 같은 요소들에 기인한 바가 작지 않다. 그러나 날로 어려워지고 불안해지는 경제적 물질적 삶의 조건이 곧바로 시민 정치의식의 보수화를 초래했다고 말할 수는 없다. 보수/우익 세력의 일관되고 지속적인 사회정치적 담론 실천이 없었더라면, 그들의 선거 승리도 결코 장담할 수 없는 일이었을 것이기 때문이다. 과연 그람시의 말처럼, 2008년 한국은 정치권력이 최종적으로 보수/우파로 넘어가기 이전에 이미 그들의 담론 헤게모니가 강고하고 구축되어 있었으며, 그 힘은 2012년 대통령 선거에서 다시 한 번 승리를 거둘 정도로 강력한 것이었다. 한국의 사회정치는 주로 군대와 경찰 등의 물리적 억압기구에 의존하여 권력을 장악하고 유지할 수 있었던 박정희-전두환-노태우 군사독재 시대로부터, 주로 시민사회 안의 담론 우위성과 지배력에 힘입은 이명박과 박근혜의 보수/우익 정권 재생산이 가능하게 된 시대로 이행한 것이다.

이러한 상황은 사회정치 과정에 관한 구성주의적 분석의 필요성을 더욱 높이고 있다. "구슬이 서 말이라도 꿰어야 보배"라고 했다. 시민들의 경제적 궁핍, 정치적 불만, 사회문화적 소외 등과 같은 구조적 조건이 성숙하면 자동적으로 사회정치 의식과 행동의 급진화가 뒤따를 것이라는 오랜 관념은 재고되어야 한다. 중요한 것은 단순히 대중적 불만이 존재하고 정치적 기회가 열렸는가의 여부가 아니라, 그러한 불만이 시민들 사이에서 어떻게 해석되고 그러한 해석이 얼마나 확산되는가이다. 스노우와 벤포드(Snow & Benford, 1992)가 말했듯이, "여론과 대중적 사건에 영향을 미치고자 하는 활동가들이 참가자들의 불만을 지배적인 믿음 및 가치와 연결함으로써 잠재적 참여자들의 공감을 얻을 수 있도록 자신들의 의제를 어떻게 프레이밍하는가"(Carty & Onyett 2006: 234에서 재인용)는 사회정치적 실천의 관건적 요소라 할 수 있다. 즉, 사회정치 세력은 사회적 사건과 개인들의 경험을 특정한 방식으로 해석하고, 그러한 해석틀이 개인들 사이에 광범위하게 공유될 수 있도록 하는 미시적 정치 동원을 적극적으로 조직해야 한다. 개인들의 관심을 특정 이슈에 집중시키고, 그것에 대한 공통의 의미화 작업을 조직하며, 공유된 행동 프로그램을 제시함으로써, 불평등한 지배 질서에 대한 시민들의 반대와 거부 의지를 높여나갈 수 있어야 한다는 것이다. 요컨대, 구성주의는 시민들이 일상적 상호작용 과정에서 자신들이 옳다고 믿는 가치와 부정의에 대한 분노 등을 공유하는 과정이 정치 세력의 적극적이고도 의식적인 사회정치 담론 자원의 생산과 공급에 크게 의존한다는 사실을 강조한다.

사회정치 담론 헤게모니의 형성에서 신문의 사설과 칼럼이 갖는 중요성은 매우 크다. 사회정치 담론은 세상에 대한 시민의 이해와 해석의 유효한 자원으로 널리 순환되는 담론이며, 사회가 직면한 주요 문제의 해결을 위해 어떤 가치와 전망을 공유할 것인지를 시민들에게 설득하는 언술이다. 그런데 이러한 순환과 설득은 대개 미디어를 매개로 두 단계를 거쳐 이루어진다. 캐츠(Katz, 1957)의 '소통의 두 단계 흐름(Two-Step Flow of Communication)' 이론에 따르면, 사회적 관념은 흔히 "라디오와 인쇄물에서 여론 주도층으로 흘러가고, 그들로부터 다시 덜 활동적인 인구 집단으로 흘러간다."(62) 미디어가 전달하는 메시지가 곧바로 대중들에게 흡수되어 그들의 사회정치 의식으로 자리 잡는다는 관념과는 반대로, 이 이론은 대중의 사회정치 의식이 자신과 일상적으로 접촉하는 주변의 적극적인 의제 주도자의 말과 행동에 더 큰 영향을 받아 형성된다는 사실에 주목한다.(Gitlin, 1978; Katz and Lazarsfeld, 1955) 따라서 신문의 사설과 칼럼은 일차적으로 다양한 사회적 현안에 관한 각 정치 세력들의 정선된 견해와 입장이 표출되고 천명되는 장이라 할 수 있으며, 이차적으로는 그것의 우선적인 독자라 할 수 있는 여론 주도자들이 자신들의 일상적 담론 실천에 필요한 자원들을 공급받는 공간이라 할 수 있다. 설사 대다수 일반 시민이 신문의 사설이나 칼럼에 무관심하며 그것을 직접 읽을 일은 별로 없다고 할지라도, 그들 주위의 이른바 여론 주도층은 신문의 사설과 칼럼으로부터 그들을 설득할 담론 자원을 얻는다. 그런 점에서, 신문 사설과 칼럼에 대한 분석은 사회정치 담론 전략 수립에 매우 중요한 작업이라 할 수 있다.

사회과학의 비판적 담론 분석 방법은 신문 사설과 칼럼에 나타난 사회정치 담론 구조와 전략 분석에 매우 효과적이고 유용한 수단이다. 그것은 사회의 불평등한 권력관계가 언어를 통해 표출되고, 언어에 의해 형성되며, 언어를 통해 정당화되는 과정에 주목하여 언어 텍스트에 내재하는 의미 구조, 담론 조직 전략, 담론 생산과 해석 과정을 비판적으로 분석하는 사회과학 방법이다. 이러한 방법론을 따를 때, 신문 사설과 칼럼의 언어 텍스트는 다양한 사회정치 세력들 사이의 담론 지배력 확보를 위한 경합의 장이 되며, 거시적 수준의 권력 관계는 미시적 수준의 일상적 담론 상황 속에서 항시적으로 모습을 드러내는 것이 된다.

이러한 접근법은 한국의 정치사회적 지배담론과 저항담론의 유형과 성격을 분석한 지금까지의 많은 연구들과는 중요한 차이점을 갖는다. 기존의 지배담론 연구는 거시구조적이고 역사적 관점에서 '반공주의', '성장·발전주의', '국가주의', '자유민주주의', '국가경쟁력' 등과 같은 지배 이데올로기의 성립 및 변천 과정을 분석하였다.(조희연 편, 2003) 저항담론 연구도 '민주주의론', '파시즘론', '자본주의론', '현실 사회주의론', '미국/북한 담론', '변혁 주체론', '전선운동론', '진보정당론' 등과 같은 다양한 주제들을 중심으로 이루어졌다.(조희연 편, 2004) 이러한 연구는 한국 사회의 지배와 저항담론의 중핵을 다룬 작업임에는 분명하지만, 이론적으로나 방법론적으로 일정한 한계를 지닌 것도 사실이다. 이론적으로는 그러한 분석이 어떠한 정치이론 및 민주주의 이론에 토대를 두고 있으며 그 결과가 어떤 이론적 함의를 갖는지를 충분하게 설명하지 못하고 있다. 방법론적으로도, 이들 연구는 담론분석을 표방하지만 사실상 지배와 저항 이데올로기에 대한 구조론적 분석에 머무르고 있다. 예컨대, '반공주의'가 일상의 어떤 담론 자원과 전략을 동원하여 대중 속에 하나의 상식적 관념으로 자리잡아갈 수 있었는지에 대한 분석보다는, 반공주의가 지배이데올로기가 될 수 있었던 물질적 토대 혹은 정치적, 사회적, 경제적 조건에 대한 분석으로 그것을 대신하고 있다. 그러나 탈근대론적 담론분석의 전통은 이러한 정치경제학적 혹은 토대-상부구조론적 전통과는 무관하며 그것으로 환원될 수도 없다. 또한 기존의 연구는 저항담론을 "저항적 행위 혹은 사회운동을 하는 집단이나 집단들이 현실(지배 혹은 국가, 체제)을 규정하고 해석하는 조직화된 말 혹은 체계화된 언술"(조희연 2004: 8)로 규정하고 주로 사회운동론적 혹은 혁명이론적 관점에서 그것을 탐구하지만, 조직화된 사회운동이나 혁명주의 노력과 반드시 결부되지는 않더라도 지배담론에 맞서는 다양한 개혁적 진보적 담론 실천을 포괄하는 작업으로 나아가지는 못하였다. 따라서 한국의 사회정치 담론 분석은 사회운동론이나 혁명론에 대한 이론적 연구에 머물지 않고, 지배와 저항의 담론이 특정한 역사적 상황 속에서 어떻게 구체적으로 발현되고 실천되는지(혹은 그렇게 되지 못하는지)를 밝히는 작업이 되어야 한다. 그람시가 말했듯이, 담론 지도력은 추상적인 과학 이론을 위로부터 부과하는 것이 아니라, 특정한 역사 시점에 대중들이 공유하는 가치관 및 관념과 구체적으로 결합하는 것 속에서 실현될 수 있기 때문이다.

최근의 대통령 선거에서 보수/우파 세력이 거둔 연이은 승리가 한국의 사회정치 현실에 제기하는 두 번째 문제는 직접 선거를 통한 이러한 정치권력 이행이 과연 근본주의적 적대 정치를 넘어선 민주적 대결 정치의 심화 및 확대 과정으로 볼 수 있는가라는 것이다. 최근의 정치 과정은 과연 민주주의 정치가 심화되는 과정인가? 아니면 근본주의 적대가 강화되는 과정인가? 정치 세력 간의 분명한 대결과 충돌은 과연 활성화되고 있는가? 정치적 대결은 과연 얼마나 민주적 방식으로 작동하고 있는가? 정치적 대립을 근본주의적 적대로 만드는 정치적 실천은 어떻게 나타났는가? 이러한 질문들은 확실히 민주주의에 관한 자유주의적 접근법에서는 제기되기 어려운 문제들이다. 자유주의는 민주주의를 주로 합법적 선거를 통해 선출된 대표자의 정치적 정당성 문제를 중심으로 이해하기 때문이다. 그러나 보수/우파 세력이 시민의 직접 선거를 통해 집권하게 되었다고 해서 그들의 민주적 정당성이 온전하게 인정받게 되었다거나 우리 사회 '민주/반민주' 구도의 유효성이 이제는 사실상 소멸하게 되었다고 말 할 수는 없을 것이다. 민주주의란 자유와 평등의 가치를 끝없이 확장하고 심화하는 노력 속에서 비로소 실현되는 것이라고 보는 관점에서는, 자유주의와는 달리 선거라는 절차의 문제로 한정되지 않는 민주주의 실천의 한층 더 근원적이고 영속적인 과제가 제기되기 때문이다.

정치를 근본주의적 적대와 민주적 대결의 구분법 속에서 이해하려는 노력은 최근 부상하고 있는 탈근대 사회정치 이론의 핵심 관심사라 할 수 있다. 민주 정치를 자유와 평등에 관한 서로 충돌하는 해석들 사이의 '경합적 대결'로 바라보는 급진 민주주의 이론가 무페는 근대 민주주의 정치에서 '우리/그들' 혹은 '친구/대립자' 사이의 정치적 대립 전선이 명확하게 부각되지 않으면 민주주의는 위험에 빠지기 쉽다고 주장한다.(Mouffe, 1993) 그녀에게, 정치 세력 간 첨예한 대립 전선의 부재는 자유주의자들의 말처럼 사회의 정치적 성숙성을 보여주는 것이 결코 아니다. 오히려 그것은 정치적 공허의 징후에 불과하다. 왜냐하면, 시민들이 자신의 정치적 이상과 열망을 투영하고 스스로를 동일시 할 수 있는 대상으로서의 민주적 정치투쟁이 존재하지 않으면 시민의 정체성은 국가적, 민족적, 종교적으로 근본주의적인 방식으로 규정될 위험이 커지며, 사회 집단 간 대립은 반대파를 파괴해야 할 적으로 보는 적대의 논리에서 빠져나오기 어렵게 되기 때문이다. 무페에 따르면, 정치적 입장과 이해관계의 격렬하고도 개방적인 충돌은 민주주의 정치의 필수적 구성 요건이다. 그런데 이러한 민주적 정치 세력들 간의 경합적 대결이 부재하면, 시민들이 자신의 민주적 정치 정체성을 확인할 수 있는 정치적 기회를 얻기가 어렵다. 그리하여 시민의 정치 정체성은 도덕적으로 타협이 불가능한 가치들 혹은 근본주의 정체성들 사이의 대결에 의해 규정당할 가능성이 점점 더 높아진다.

따라서 정치의 본령을 '우리'와 '그들' 혹은 '친구'와 '대립자' 사이의 구분과 대결에서 찾는 경합적 다원주의에 비추어 한국의 사회정치 담론 구조를 분석하는 작업은 최근 수년간 한국의 진보/좌파 진영을 지배해온 자유주의 정치 관념, 즉 '진영 논리'에 입각한 민주주의적 실천을 비판하고 진영 간 대립과 갈등 논리를 정치로부터 배제시킬 것을 요구하는 자유주의적 정치 관념(최장집, 2010)에 대한 중요한 비판이 될 수 있다. 나아가, 보수/우파 세력으로의 정치권력 이행이 상당 부분 진보/좌파 진영 내의 정치에 대한 이러한 자유주의적 '반(反)정치' 관념에 기인한 것임을 분명하게 드러내는 의의를 가질 수 있다. 심지어, 그것은 오늘날 제1 야당의 정치적 무능과 무기력증이 비단 그들만의 문제가 아니라 정치를 '우리'와 '그들' 사이의 분명한 대결로 만들어가지 못하는 진보/좌파 세력 전체의 이른바 '정치의 빈곤'에 따른 것임을 밝히는 일이 될 것이다. 다른 한편으로, 경합적 다원주의의 사회정치 담론 구조 분석 작업은 최근의 보수/우파 담론 헤게모니 구축과 연이은 집권이 그들의 근본주의적 적대 정치에 힘입은 바가 크다는 사실을 보여줄 것이다. 이를 통해 그것은 보수/우파 세력이 지난 십 여 년 간 '우리'와 '그들'을 분명하게 구획하는 정치적 실천을 통해 집권에 성공하였지만, 반대파를 '대한민국 정체성 부정 집단'이나 '종북 세력' 등의 극단으로 몰아가는 그들의 '이념 과잉'의 근본주의적 적대 정치가 민주적 대결 정치의 확대와는 거리가 멀 뿐만 아니라, 오히려 민주주의에 커다란 위협이 된다는 점을 밝히는 작업이 될 것이다.

이 연구는 이상에서 밝힌 두 가지 문제를 규명하고자 한다. 제2장은 오늘날 한국의 사회정치 담론 구조 연구의 이론적 토대에 해당하는 칼 슈미트(Karl Schmitt)의 '반(反)자유주의' 정치 이론과 샹탈 무페(Chantal Mouffe)의 '경합적 다원주의' 정치 이론을 살펴본다. 우선, 정치의 본질을 사적 이해관계자들 사이의 타협이나 소통이 아니라 '친구'와 '적'의 구분 그리고 '적'에 맞선 '우리'의 집합 정체성을 구축하는 과정에 있다고 본 칼 슈미트의 정치 과념이 어떤 점에서 다원주의와 양립할 수 없는 전체주의적 한계를 지니는 것으로 평가받는지를 검토한다. 그리고 샹탈 무페가 정치의 핵심을 '그들'에 맞선 '우리'의 정립으로 본 슈미트의 관점을 어떻게 근본주의적 적대가 아닌 민주주의적 대결의 정치에 관한 이론으로 발전시키는지를 살펴본다. 아울러, 샹탈 무페의 경합적 다원주의 이론이 어떻게 오늘날과 같은 탈근대 시대의 새로운 정치 이론으로 주목받는지를 검토한다.

제3장은 정치 혹은 정치적인 것의 본질에 관한 제2장의 논의를 토대로 최근 한국 보수/우파 담론 실천의 성격을 분석한다. 특히, 슈미트의 반(反)다원주의와 권위주의적 정치 관념이 한국의 보수/우익 사회정치 담론과 어떻게 연관되는지를 살펴보고자 한다. 이를 위해 이 장은 보수/우파의 주요 담론 공간이라 할 수 있는 〈조선일보〉와 〈동아일보〉에서 총 281건의 사설과 칼럼을 추출하여 이에 대한 비판적 담론 분석을 수행하였다. 추출된 자료는 보수/우파 세력과 진보/좌파 세력 사이의 정치적 대립과 갈등을 다룬 모든 사설과 칼럼들로 구성되어 있으며, 그것들은 '선진화론', '친기업론', '삼성담론', '포퓰리즘', '개인을 넘어선 집단', '주변부적 별종', '이율배반적 권력 집단', '편가르기 집단', '친북좌파 반대한민국 세력', '기타' 등의 총 10개 담론 범주로 나뉘었다. 2005년 5월, 2006년 5월, 2008년 5월, 2009년 5월에 〈조선일보〉와 〈동아일보〉에 실린 사설과 칼럼 각각 143건과 138건이 자료에 포함되었다.

제4장은 정치 이론에 관한 제2장의 논의를 토대로 최근 한국의 정치권력 이행 과정에서 드러난 진보/좌파 사회정치 담론의 성격을 분석한다. 그리고 그것이 과연 근본주의적 적대가 아닌 민주적 대립 전선의 확장으로 평가될 수 있는지를 탐구한다. 구체적으로, 한국의 진보/좌파 사회정치 담론에서 '그들'과 대립하는 '우리' 집합 정체성의 형성이라는 정치적 실천은 어떻게 나타나고 있으며, 한국의 진보

/좌파 사회정치 담론에서 적대와 대립의 논리는 어떻게 표출되는지를 살펴볼 것이다. 이를 위해, 이 장은 2005년 5월, 2006년 5월, 2008년 5월, 2009년 5월에 〈한겨레신문〉과 〈경향신문〉에 게재된 사설과 칼럼 총 255건에 대한 비판적 담론 분석을 수행하였다. 분석 자료들은 위 시기의 두 신문 사설과 칼럼들 중 진보/좌파 담론과 보수/우파 담론이 비교적 서로 직접 충돌한 정치적 이슈(예컨대, 미국산 쇠고기 수입 반대, 지방자치선거)와 관련된 것들이다. 따라서 여기에는 진보/좌파 세력의 중요한 사회정치 의제를 다루긴 하지만 보수/우파 세력과의 직접적인 정치적 대결로 까지는 전개되지 못한 기사들(예컨대, 복지 강화, 선택과 집중 논리 비판)은 제외되었다.

제5장은 오늘날 한국 사회 대표적인 사회정치 담론의 하나가 된 '종북' 담론에 관하여 살펴본다. 종북 담론은 보수/우파 세력이 2012년 4월 총선과 12월 대통령 선거 과정에서 형성된 통합민주당, 통합진보당, 재야단체의 야권연대를 비난하는 과정에서 집중적으로 부각되었으며, 2013년 박근혜 정부 출범 이후에는 훨씬 더 중요한 정권의 통치 용어가 되었다. 이 장은 2012년 1월부터 2013년 8월까지 〈동아일보〉와 〈경향신문〉에 실린 종북 담론과 관련한 사설과 칼럼 각각 145건과 119건, 총 264건을 분석 자료로 활용하여, 보수/우파의 종북 담론이 어떤 실체를 향한 것인지, 종북성의 근거를 어디에서 찾고 있는지, 그리고 종북 담론의 성격 자체를 어떻게 규정할 수 있는지에 관한 보수/우파와 진보/좌파 세력 사이의 대립과 충돌을 살펴보았다.

제6장은 2012년 대통령 선거의 핵심 이슈였던 '경제민주화'에 관한 진보/좌파와 보수/우파의 사회정치 담론을 분석한다. 구체적으로, 경제민주화 공약이 양대 정치 세력에 의해 어떤 위상으로 자리 매김 되었는지를 살펴본다. 그리고 경제민주화 요구를 뒷받침하는 논리적 자원들이 어떻게 동원되었는지를 검토한다. 또한 대통령 선거

이후 경제민주화 공약이 어떻게 정부 정책으로 입법되었는지를 살펴본다. 이를 통해, 이 장은 2012년 대통령 선거를 전후한 경제민주화 담론이 경제적 평등에 대한 시민들의 애초의 기대나 약속에 크게 부응하지 못하는 것으로 귀결된 요인이 무엇인지를 검토한다. 이를 위해, 이장은 지난 2012년 1월 1일에서 2014년 1월 31일까지 〈한겨레신문〉과 〈동아일보〉에 게재된 경제민주화 관련 사설과 칼럼 각각 57건과 73건, 총 130건에 대한 비판적 담론 분석을 수행하였다.

제7장은 한국의 또 다른 중요한 사회정치 담론인 '포퓰리즘' 담론의 특징을 분석한다. '포퓰리즘' 담론은 '종북' 담론과 더불어 지난 십 수 년 간 한국의 보수/우파 세력이 진보/좌파 진영을 공격하는데 매우 자주 동원했던 자원이다. 이 장은 보수/우파 포퓰리즘 담론의 주요 용도와 핵심 의미를 살펴보고, 진보/좌파의 포퓰리즘 담론 대응법의 몇 가지 특징들을 고찰할 것이다. 이를 위해, 이 장은 2000년에서 2010년 사이에 보수/우파 언론과 진보/좌파 언론에 게재된 총 326건의 포퓰리즘 관련 사설과 칼럼을 분석하였다. 보수/우파 언론의 사설·칼럼 중 2000년부터 2007년까지는 〈조선일보〉의 것을, 2008년에서 2010년까지는 〈동아일보〉의 것을 자료로 활용하였다. 진보/좌파 언론의 사설과 칼럼은 2000년에서 2010년까지의 〈한겨레신문〉 자료를 활용하였다.

제8장은 보수/우파와 진보/좌파의 고위 공직자 담론을 분석한다. 구체적으로, 고위 공직자 인사청문회제도의 근본 취지와 핵심 검증 사항이 두 세력에 의해 어떻게 설정되는지를 살펴본다. 또한, 실제 검증 과정에서 보수/우파와 진보/좌파가 각기 집중한 검증 항목이 무엇인지를 밝히고, 많은 고위 공직자의 숱한 도덕성 의혹에 대처하는 진보/좌파와 보수/우파의 대응 전략을 규명한다. 이를 위해, 이 장은 2003년 1월에서 2014년 7월까지 〈한겨레신문〉과 〈동아일보〉에

게재된 사설과 칼럼 각각 98건과 105건, 총 203건을 분석 자료로 활용하였다.

제9장은 최근 우리 사회의 '진보/좌파'론과 '보수/우파'론을 분석한다. 전통적인 '좌파(진보)'적 가치와 '우파(보수)'적 가치에 대한 두 세력의 기본적 태도를 살펴보고, 보수/우파는 한국의 진보/좌파를 어떻게 규정하고 진보/좌파는 스스로를 어떻게 규정하는지를 검토하고, 진보/좌파는 한국의 보수/우파를 어떻게 바라보고 보수/우파는 스스로를 어떻게 규정하는지를 분석한다. 이를 위해, 이 장은 2000년에서 2015년 사이에 '좌파' 혹은 '우파'가 제목의 핵심어로 사용된 〈동아일보〉 사설 칼럼 42건과 〈한겨레신문〉 사설 칼럼 29건, '진보'와 '보수'가 제목의 핵심어로 사용된 〈동아일보〉 사설 칼럼 79건과 〈한겨레신문〉 사설 칼럼 79건 등 총 228건의 자료에 대한 비판적 담론분석을 수행하였다.

결론부에 해당하는 제10장은 본론에서 분석한 총 1,687건의 신문 사설 칼럼의 핵심 사회정치적 담론들 사이의 헤게모니 경합 구조를 인지적 합리성, 규범적 타당성, 정치적 정당성의 차원에서 살펴본다. 그리고 정치적 반대파를 절멸해야 할 적으로 보는 근본주의적 적대 정치를 극복하고 소통과 합의를 강조하는 자유주의 정치를 넘어서는 경합적 다원주의 정치가 필요함을 밝히고, '자유'와 '평등'을 심화하고 확대하는 민주적 대결 정치의 몇 가지 사회정치 담론 과제를 제시한다.

마지막으로, 이 책의 제2장, 3장, 4장은 저자가 기존에 학술지에 발표한 논문(이항우, 2011. "이념의 과잉: 한국 보수세력의 사회정치 담론 전략", 《경제와 사회》 98: 217-268; 이항우. 2012. "정치의 빈곤: 한국 진보개혁 사회정치 담론 실천의 성격", 《한국사회학》 46(1): 156-193)의 내용을 재구성한 것임을 밝혀둔다.

제2장
정치의 본령: '우리'와 '그들'의 구분

1. 칼 슈미트: 반(反)자유주의 정치

한국의 보수/우익 세력은 자유민주주의자로 자처하지만, 그들이 신봉하는 자유민주주의는 권위주의적 반공주의와 크게 다르지 않다. 무엇보다도, 보수/우파 세력은 양심과 표현과 집회의 자유 등과 같이 자유주의 사상의 핵심이라 할 수 있는 개인적 기본권을 존중해야 한다는 관념이 대체로 희박할 뿐만 아니라, 심지어는 그것에 대해 적대적이고 공격적인 모습을 곧잘 드러내기 때문이다. 그런데 이러한 한국 보수/우파의 반(反)자유주의 성향은 권위주의 정치 이론가 칼 슈미트의 정치사상과 매우 흡사한 측면이 있다. 슈미트는 근대 자유민주주의 체제에 내재하는 자유주의와 민주주의 사이의 긴장에 주목한다.(Arato, 2000; Bull, 2005; Johnson, 1998; Mouffe, 1993, 2000, 2005; Ostovich, 2007; Telman, 2001) 자유주의는 개인의 권리 보호와 법치주의를 최우선의 사회 조직 원리로 이해한다. 자유주의에서 개인은 이성적·합리적·자율적 행위자이다. 따라서 다수의 사회적 압력에 저항하고 자신의 가치와 이익을 자유롭게 추구할 개인의 권리는 최대한 보장되어야 한다. 법치주의는 이를 위한 중요한 제도적 장치인데, 자유주의에서 국가의 최고 권위는 군주나 절대적 지도자와 같은 특정 개인에게 있는 것이 아니라 오로지 법률에 의존한다. 법의 지배는 권력자의 자의적 권력 행사를 방지하고 시민의 민주적 권리를 보호하기 위한 중요한 수단이 된다. 그런데 자유주의에서 개인은 이처럼 시민으로서의 기본 권리를 공유한다는 관념을 넘어서는 그 어떤 공통의 가치나 선을 추구하는 존재가 아니다. 그리고 정치는, 마치 시장에서처럼, 각 개인이 자신의 사적인 이익이나 목적을 실현하기 위하여 서로 경쟁하고 타협하는 행위로 이해된다. 또한 자율적 시민권의 경험은 정치적 대표자들을 선출하는 것에 국한되며, 정치적 행위의 민주적 정당성은 시민들의 투표 행위와 선거 결과에 근거하는 것으로 이해된다.

그러나 슈미트는 이러한 자유주의적 시민 관념과 정치 관념에 반대한다. 그는 자유주의가 공통의 정치적 정체성과 무관한 시민 관념을 주창하고 정치를 사적 이해관계들의 조정과 타협으로 한정하는 것을 비판한다. 그에게 민주적 정치 공동체는, 자유주의와는 달리, 시민들의 동질성(homogeneity)을 전제한다. 그리고 민주적 평등 관념도 이로부터 도출된다. 자유주의적 평등 개념이 모든 인간에게 부여된 보편적 권리에 바탕을 두고 있는 반면, 슈미트에 따르면, 민주주의적 평등 개념은 모든 시민의 동질성에 토대를 두고 있다. 그에게, "인간으로서의 모든 인간의 평등은 민주주의가 아니라 특정 종류의 자유주의이며, 국가 형태가 아니라 자유주의적-인간주의적 윤리일 뿐이다."(Schmitt, 1985: 13) 반면, 민주주의적 평등은 실질(substance)로서의 평등이다. 평등은 "오로지 그것이 실질, 그리고 그 이유 때문에 적어도 불평등의 가능성과 위험을 가질 때만 정치적으로 흥미롭고 가치 있는 것"(9)이 된다. 민주주의 사회의 시민은 동일한 인간이라는 추상적 동질성이 아니라 어떤 실질적 동질성을 가져야 한다는 것이다. 그리고 그러한 실질적 동질성에 바탕을 둔 평등 관념은 매우 정치적인 것일 수밖에 없다. 슈미트에 따르면, "정치적인 것의 영역에서, 인민은 서로를 추상으로 대면하는 것이 아니라,

정치적 관심을 가진 그리고 정치적으로 결의된 사람들로서, 시민으로서, 통치자로서 혹은 피통치자로서, 정치적으로 동맹한 혹은 대립하는 사람들로서, 따라서, 어쨌든 정치적 범주로 대면한다. 정치적인 것의 영역에서, 무엇이 정치적인지에 대하여, 단순히 보편적 인간적 평등만을 남기는 추상화란 불가능하다."(11) 따라서 민주주의에서 평등은 누가 인민에 속하고 누가 속하지 않는지 구분하는 것이 중요하며, 필연적으로 불평등과 연관될 수밖에 없다. "모든 실제 민주주의는 동등한 것은 동등하게 다루어야 할 뿐만 아니라, 동등하지 않은 것은 동등하게 다루어지지 않아야 한다는 원리에 의존한다. 따라서 민주주의는 첫째, 동질성을 요구하며 둘째, 필요하다면, 이질성의 제거를 요구한다."(9) 요컨대, 그에 따르면, 평등한 존재로 취급되려면 시민들은 반드시 공동의 실체, 즉 동질성을 가져야 한다. 그리고 동질적인 인민에 속하는 사람은 동등한 권리를 가질 수 있지만, 그렇지 않은 사람은 똑같은 권리를 가질 수 없다.

자유주의적 시민 관념에 대한 슈미트의 이러한 비판은 정치적인 것의 본질에 관한 중요한 통찰력을 제공해준다. 그것은 민주주의적 평등이 항상 '우리'와 '그들'의 구분이라는 정치적 계기를 요구한다는 사실이다. 보편적 인간성 혹은 하나의 인류를 강조하는 자유주의 사고법에서 '우리'와 '그들'의 구분과 대립의 소거 불가능성을 상상하기란 어려운 일이다. 슈미트에 따르면, "자유주의적 사고는 국가와 정치를 회피하거나 무시하며 그 대신 윤리와 경제, 지성과 교역, 교육과 자산이라는 두 가지 이질적인 양극으로 끊임없이 흘러 들어간다. 국가와 정치에 대한 불신은 개인들이 출발점이자 종착점으로 남아야만 하는 시스템의 원리에 의해 설명된다."(70-71) 자유주의와는 달리, 슈미트에게 정치적인 것의 기준은 '친구'와 '적'의 구분이다. 그리고 정치적 실천은 '그들'과 대립하는 '우리'의 집합 정체성을 만드는 과정이다. 정치적인 것은 "친구 그룹과 적 그룹의 형성이라는 영원히 현존하는 가능성의 맥락에서만 이해될 수"(Schmitt, 1976: 35) 있으며, "인간 존재를 효과적으로 친구와 적에 따라 묶는 것이 충분히 강력하다면 모든 종교적, 도덕적, 경제적, 윤리적 혹은 다른 반명제는 정치적인 것으로 전환한다."(37) 이처럼 슈미트에게 정치의 본질은, 자유주의자들이 말하는 것처럼, 사적 이해관계들의 조정과 타협 혹은 대화와 소통이 아니라, 친구와 적의 구분 그리고 적과 대결하는 우리의 집합 정체성을 구축하는 과정에 있다.

하지만, 슈미트의 이러한 반(反)자유주의적 정치 관념은 동시에 매우 전체주의적인 성격을 지니고 있다. 무엇보다도, 슈미트에게 민주주의란 기본적으로 인민의 주권적 지배를 의미한다. 따라서 통치자와 피통치자의 동일성이 중요하다. 법의 지배라는 자유주의 원리가 실제에서는 특정 집단의 지배를 은폐하거나 제도화할 수 있는 것인 한, 통치자와 피통치자의 동일성은 보장되지 못한다. 그러나 대중 주권을 강조하는 민주주의에서는 국가의 최고 권위가 법에 있지 않고 인민으로부터 나온다. 그런 점에서, 슈미트에 따르면, 현대의 대의 제도 혹은 의회 민주주의는 민주주의의 본질을 위협한다. 그는 근대의 자유민주주의가 절대 군주제와 프롤레타리아 민주주의 사이의 타협의 산물이라고 본다. 즉, 자유주의 부르주아지가 한편으로 절대 군주제에 대해서는 대의 제도라는 정치 원리를 도입함으로써, 다른 한편으로 프롤레타리아 민주주의에 대해서는 동일성이라는 정치 원리를 도입함으로써, 근대의 자유민주주의 체제를 성립시켰다는 것이다. 슈미트에 따르면, "민주주의로서 근대 대중 민주주의는 통치자와 피통치자의 동일성을 구현하고자 시도하며, 따라서 그것은 생각할 수도 없고 시대에 뒤떨어진 제도로서의 의회에 직면한다. 만일 민주적 동일성이 심각하게 고려된다면, 그 어떤 입헌적 제도도

위기의 순간에 인민의 의지라는 단일한 기준(그것이 어떻게 표현되든)을 견뎌내지 못한다."(15) 그에게, 대의 제도는 통치자와 피통치자의 동일성, 즉 민주주의를 가로막는 장애물일 뿐이다.

그러나 대의 제도에 대한 슈미트의 이러한 비판이 지닌 치명적인 문제는 그의 민주주의 이론이 전체주의적이라는 사실에 있다. "볼셰비즘과 파시즘은, 반대로, 다른 모든 독재와 마찬가지로, 반자유주의적이지만 반드시 반민주주의적인 것은 아니다."(35)는 말에서 알 수 있듯이, 그는 민주주의가 전체주의와 양립할 수 있다고 본다. 반면, 그에게 민주주의는 다원주의와는 양립 불가능한 모순 관계에 있다. 앞에서도 밝혔듯이, 슈미트는 민주주의란 시민의 동질성을 위협하는 이질성을 배제하는 토대 위에서만 존재할 수 있다고 주장한다. 따라서 공통의 실체를 공유하는 인민들의 정치적 통일성과 그에 바탕을 둔 국가 정체성을 파괴할 수 있는 다원주의는 철저하게 배제되어야 한다. 그에 따르면, "오직 정치적인 것의 본질이 이해되고 고려되지 않는 경우에만 정치적 결합을 종교적, 문화적, 경제적 혹은 다른 형태의 결합과 같은 수준에서 다원주의적으로 이해하고 그것들과 경쟁하도록 할 장소가 생길 것이다."(45) '친구'와 '적'의 구분이라는 급진적인 정치 관념은 반(反)다원주의 정치사상으로 귀결되고 있는 것이다.

구체적으로, 슈미트에게 인민의 동질성과 통일성을 가능하게 하는 '실체'는 정치적으로 구성되는 것이 아니라 이미 주어진 것이다. 그리고 인민과 비인민의 구분은 다양한 정치적 실천과 투쟁을 통해 형성되는 것이 아니라, 실체로서 이미 존재하는 인민/비인민 경계의 확인에 불과한 것이 된다. 그에게 인민은 다양한 욕구와 신념을 지닌 개인들과 집단들의 이질적 집합체가 아니라 언제나 고정되어 있는 하나의 동질적 통일체이다. 슈미트(1985)는 "근대 국가 이론의 주요 관념은 세속화된 신학적 관념이다."(36)고 말한 바 있다. 근대 정치학을 신학의 세속화로 보는 이러한 관점은 슈미트가 얼마나 다원주의에 대한 근대적 사고를 결여하고 있는지를 보여주고 있으며, 그의 나치즘과의 결합을 이해하는데도 중요한 단서가 된다. 요컨대, 슈미트는 정치의 본질이 친구와 적의 구분이라는 사실을 강조함으로써 자유주의 정치적 순진함과 무능력을 적절하게 비판했지만, 동시에 그러한 정치를 다원주의와 양립할 수 없는 것으로 보는 전체주의적 한계를 드러내고 있다.

슈미트 정치사상의 전체주의적 성격은 그가 '우리/그들'의 갈등과 대결을 정치적 '좌/우'의 차원에서 이해하지 않고, 본질적이고 존재론적 차원에서의 '내부/외부', '상/하', '선/후'의 문제로 다룬다는 점에서 좀 더 분명하게 드러난다.(Dyrberg 2009) 근대 민주주의에서 '좌/우'의 정치적 대립은 서로가 상대방을 절멸해야 할 '적'으로 보는 것이 아니라, '자유'와 '평등'의 가치를 실현하려 애쓰는 동등하고도 정당한 존재로 인정한다는 전제 위에서 조직된다. 따라서 '좌/우'의 대립은 절대 선과 절대 악 사이의 양자택일의 투쟁이 아니라, 끊임없이 변화하는 힘의 균형을 찾는 작업 즉 개방적인 헤게모니적 실천이 될 수밖에 없다. 그러나 위에서도 밝혔듯이, 슈미트에게 '우리/그들'의 대립은 이미 실체로서 존재하는 '인민/비인민' 경계의 확인과 강화에 불과하다. 이러한 대립은, 다이버그에 따르면, 폐쇄적이고 조정 불가능한 '내부/외부', '상/하', '선/후'의 대립으로 나타난다. 우선, '내부/외부'의 대립은 단일한 "'종'으로서의 '우리'는 '그들'과는 다른 비슷한 용모와 고유한 정체성을 가진다."(656)는 동일성의 논리에 토대를 둔다. 국가적, 민족적, 인종적으로 동질적인 '내부'는 그것을 구성하는 개인과 집단의 다양성을 인정하지 않으며, 오히려 그것을 동질성을 위협하는 이질적 '외부'로 적대시한다. 다음으로, '상/하'

의 구분은 높은 지위와 낮은 지위 혹은 통치자와 피통치자 사이의 동일성의 논리에 토대를 둔다. 여기에는 국가에 대한 인민의 충성과 복종이 강조되는 반면, 경제적 불평등, 사회적 억압, 정치적 자유 등과 같은 이슈들이 논의될 수 있는 여지는 없다.(657) 마지막으로, '선/후'의 구분은 "우리는 전통, 소속감 그리고 공통의 운명을 가진 계보의 한 부분"(656)이라는 동일성의 논리에 토대를 두고 있다. 여기에서 '우리'는 역사적으로 동일한 운명을 지닌 하나의 공동체이며, 미래를 위한 우리의 선택은 이미 과거에 의해 운명적으로 결정되어 있다. 다이버그에 따르면, 이처럼 "평등을 동일성으로(내부/외부), 자유를 복종으로(상/하), 진보를 운명(선/후)으로 바꾸는"(663) 슈미트의 반다원주의, 전체주의, 엘리트주의, 국가주의는 근대 민주주의의 적이다.(650)

2. 샹탈 무페: 경합적 다원주의 정치

경합적 다원주의는 1990년대 사회주의권 붕괴에 따른 맑스주의 쇠퇴와 자유주의 확대라는 세계 차원의 정치 이념적 상황에서, 민주주의를 향한 진보적 실천의 새로운 대안으로 최근 많은 주목을 받고 있는 탈근대 민주주의 관념이다.(Deveaux, 1999; Fives, 2009; Grebe, 2009; Nash, 2002; Smith, 1998; Trainor, 2008) 그것은 2백 30여 년 전에 시작된 민주주의 혁명과 그것의 이념과 가치, 즉 자유와 평등의 원리를 전체 사회에 끊임없이 확대하고 심화하는 것이야말로 오늘날의 진보적 사회정치 실천이 밟아야 할 최상의 경로임을 주창하는 민주주의 이론이다.(조희연 · 장훈교, 2009; Mouffe, 1993; Smith, 1998) 경합적 다원주의는, 맑스주의와는 달리, 모든 민주주의의

적 요구를 기본적으로 부르주아적인 것으로 규정하지 않으며, 부르주아 민주주의에서 사회주의로의 필연적 이행을 더 이상 상정하지도 않는다. 다른 한편으로, 자유주의와는 달리, 그것은 민주주의를 순전히 절차의 문제로 환원하거나, 시민들 사이의 이성적 대화와 토론을 통한 합의의 형성으로 한정하지 않으며, 그것의 불확정성과 헤게모니적 성격을 강조한다. 요컨대, 경합적 다원주의는 더 이상 사회주의적 전망을 전제하지 않으면서도, 동시에 선거나 대의와 같은 부르주아 민주주의의 제도적 형식으로 국한되지 않는 민주주의 실천, 즉 자유와 평등의 부단한 확장과 심화를 통해 민주주의를 끊임없이 급진화하고자 하는 정치 기획이다.

오늘날 서구사회의 지배적인 민주주의 관념인 대의 민주주의론과 숙의 민주주의론 그리고 사회민주주의 사회학 이론은 대체로 민주주의를 상이한 사회집단들 사이의 이해관계의 조화와 타협과 절충의 과정으로 보거나 규범적 숙의와 합리적 대화와 이성적 합의가 지배하는 영역이 되어야 한다고 본다. 그러나 이러한 자유주의적 주장은 모든 사회관계에 내재하는 소거불가능한 적대의 차원을 간과하고, 상이한 사회정치 세력들 사이의 격렬한 대결과 충돌 과정으로서의 정치를 강조하지 못하는 한계를 지닌다.(Mouffe, 1993: 140) 물론 자유주의는 다양한 목소리와 차이 그리고 '충정어린 반대(loyal opposition)'가 공론장에서 자유롭게 표출될 수 있어야 한다고 주장하지만, 여기에서 차이 표출의 목적은 타협이나 합의의 형성을 위한 것이며, 흔히 그것은 '과거의 것'이 되고 만다. 타협과 합의의 형성이 민주적 상호작용의 규범적 원리로 강조되는 상황에서, 그것을 가로막거나 어렵게 만드는 차이의 표출은 억제되기 쉽고 그것의 가치는 평가 절하되기 쉽다.(Gould, 1996)

이처럼 타협과 합의 형성을 강조하는 자유주의 정치 관념과는 달리, 경합적 다원주의는 정치의 핵심이 '그들'과 대립하는 '우리'의 집합 정체성을 창출하고, '대결자들' 사이의 민주적 대립 전선을 만들어내는 것에 있다고 본다. 무페(2000)에 따르면, 정치적인 것이란 "인간관계에 고유한 적대(다양한 형태를 띠고 상이한 사회관계 유형에서 출현하는 적대)의 차원"을 지칭하며, 정치란 "'정치적인 것'의 영향을 받아 항상 잠재적으로 갈등적인 조건 속에서 인간 공존을 조직하고 하나의 질서를 세우려는 관행과 담론과 제도의 앙상블"(101)을 가리킨다. 그녀에게, 적대가 모든 인간관계에 고유한 것인 이유는, 우리의 모든 정체성이 실체적(substantial)으로가 아니라 관계적(relational)으로 규정되며, 우리의 모든 사회관계가 권력관계로부터 자유로울 수 없기 때문이다. 우리의 정체성이 '그들이 아님' 혹은 '그들과 다름'에 의해 정의된다는 점에서, 그들은 항상 우리의 '구성적 외부(constitutive outside)'다. 그런데 단순히 우리와 다름 혹은 차이로만 인식되던 그들이 우리의 정체성을 부정하고 우리의 존재 그 자체를 의문시하는 순간, 우리와 그들의 관계는 친구와 적이라는 적대의 관계로 전화한다. 무페에 따르면, "구성적 외부는 적대의 출현 조건을 이해할 수 있게 해준다. 이는 단순한 차이로만 간주되었던 이러한 우리/그들 관계가 친구와 적 사이의 그것으로 파악되기 시작할 때 제기된다. 이 순간부터, 그것은 적대의 장이 되며, (슈미트의 용법대로) 정치적으로 된다. 만일 집합 정체성이 우리/그들 양식 위에서만 성립될 수 있다면, 특정 상황에서 그것은 항상 적대적 관계로 전환될 수 있다. 따라서 적대는 결코 소거될 수 없으며 정치에 상존하는 가능성이다."(13)

그런데 이처럼 경합적 다원주의 정치 관념은 우리/그들의 대립이 궁극적으로 극복될 수 없는 것이라는 점을 강조하면서도, 그것이 반드시 친구와 적 사이의 적대 관계를 띨 수밖에 없다고 보지는 않는다. 오히려 그것은 민주 정치의 핵심이 우리/그들의 구분을 다원주의와 양립할 수 있는 방식으로 조직하는 것에 있다고 역설한다.(Erman, 2009; Mouffe, 1993) 여기에서 중요하게 제기되는 관념이 바로 '대립자(adversary)' 관념이다. 대립자는 '적(enemy)'과는 달리 자유와 평등이라는 민주주의 게임의 규칙 혹은 공통의 상징 공간을 공유하며, 반대파를 절멸하거나 파괴해야할 존재로 보지 않는다. 무페에 따르면, 적들 사이의 대립인 적대(antagonism)는 우리/그들의 대립이 도덕적 선/악(옳음/그름)의 차원에서 전개될 때 발생한다. 도덕적으로 조정 불가능한 가치들 사이의 대결은 흔히 극단적인 적대로 귀결된다. 또한 근본주의적 방식으로 강조된 국가적, 민족적, 종교적 정체성 형태들이 서로 충돌할 때, 그것은 적대에 빠지기 쉽다. 이에 반해, 대립자는 '선의의 적(friendly enemy)', 즉 자유와 평등이라는 공통의 민주적 상징 공간을 우리와 공유하면서도, 그것을 우리와는 다른 방식으로 조직하려는 존재이다. 대립자는 우리가 그들의 생각과 관념에 맞서 격렬하게 싸울 수밖에 없지만, 동시에 그들을 민주사회의 정당하고도 합법적인 존재로 인정하고 존중해 주어야 하는 상대이다. 이처럼 우리/그들의 대립이 적들 사이의 적대의 차원에서가 아니라 대립자들 사이의 대결이라는 차원에서 조직될 때, 그것은 적대의 '순화된(tamed)' 형태, 즉 '경합(agonism)'이 된다. 무페(2005)에 따르면, "적대는 양측이 그 어떠한 공통의 토대도 공유하지 않는 적들인 우리/그들 관계인 반면, 경합은 갈등하는 당사자들이 비록 그 갈등의 합리적 해결책은 없다고 생각함에도 불구하고, 반대파의 정당성(합법성)을 인정하는 우리/그들 관계이다. 그들은 '대립자'이지 적이 아니다. 이는 갈등 속에서 그들이 자신들을 동일한 정치적 유대에 속하는 존재로, 갈등이 일어나는 공통의 상징 공간을 공유하고 있는 것으로 보는 것을 의미한다."(20) 이러한 관점에 따를 때, 민주사회의 기본 가치와 제도를 부정하는 세력은 대립자가 아닌 민주주의의 적이 되며, 타협을 통해 자신들의 이익을 달성하거나 숙의를 통해 공통의 합의를 이루려는 사람도 대립자가 아닌 경쟁자에 불과하다.

경합적 다원주의 정치의 목적은 적대를 경합으로 전환시키는 것에 있다. 우리/그들의 구분이 선/악(옳음/그름)의 도덕적 차원에서가 아니라 좌/우의 정치적 범주에 근거를 두도록 하는 것이 민주주의 정치의 과제가 된다. 무페(2005)에 따르면, "정치가 도덕의 레지스터에서 전개되면, 적대는 경합의 형태를 띨 수 없다. 진실로, 반대파가 정치적인 차원이 아니라 도덕적인 차원에서 규정되면, 반대파는 '대립자'가 아니라 '적'으로 간주된다. '사악한 적'과는 어떠한 경합적 논쟁도 불가능하며, 그들은 제거되어야만 한다. 더욱이 그들은 흔히 일종의 '도덕적 질병'의 표현으로 간주되기 때문에, 그들의 출현과 성공에 관한 설명을 제공하려고 해서도 안 된다. 이것이, 우익 포퓰리즘의 경우에서 본 것처럼, 왜 도덕적 비난이 적절한 정치적 분석을 대체하고, 그 대답이 감염된 영역을 격리하기 위해 '방역선'을 세우는 것에 국한되는지에 대한 이유다."(76) 무페에게, 정치가 도덕적이고 근본주의적인 선/악의 적대 논리에 빠지지 않고, 선의의 적들 사이의 경합의 동학을 구현하기 위해서는, 활발한 경합적 정치 공간, 즉 우리/그들 사이의 정치 전선을 끊임없이 획정해 가야 한다. 정치에 대한 대중의 집합적 열정이 대립자들 사이의 경합으로 표출되지 못할 때, 적대적 대립이 정치를 지배하여 민주주의 제도를 근본적으로 위협할 가능성이 매우 높아지기 때문이다.

한편, 비록 무페는 민주주의 정치가 적들 사이의 적대가 아니라 대립자들 사이의 경합이 되어야 한다고 강조하지만, 그녀의 대립자 관념은 상당히 모호하고 추상적이다. 그녀가 말하는 대립자와 적은 현실 세계의 정치에서 과연 어떻게 구분되는가? 그것은 과연 누구를 지칭하는가? 이슬람 근본주의는 민주 정치의 적인가 혹은 대립자인가? 슈미트 같은 반자유주의자는 민주 정치의 적인가 혹은 대립자인가? 사회주의와 나치즘은 민주주의의 적인가?(Wiley, 2002) 이러한 질문들은 무페의 급진적 민주주의 이론과 매우 관련성이 높은 질문들임에도 불구하고, 그녀의 대립자와 적 관념은 이러한 물음들을 직접적으로 다루지 않으며, 그에 대한 명확한 대답을 제시하지 않는다. 다른 한편으로, 무페는 민주 정치에서 우리/그들의 구분이 도덕적 선/악이나 옳음/그름의 구분으로 전환되어서는 안 된다고 주장하지만, 그러한 주장의 실질적 의미는 여전히 모호하다. 민주적 정치 담론이 일체의 도덕적 선/악 담론을 배제해야 한다는 것인지, 혹은 도덕적 선/악 구분을 근본적으로 존재론적 차원의 문제로 다루어서는 안 된다는 것인지 불분명하다. 모든 선/악 담론을 배제하는 전자와는 달리, 후자에서는 선/악 담론이, 근본주의적인 것이 아닌 한, 정치적 대립의 적절한 구성 요소로 얼마든지 수용될 수 있다. 그런데 실제 정치 담론에서 도덕적 선/악 판단이 결부되지 않는 경우란 거의 없다는 점에서, 그러한 모호성이 적대 정치/대립 정치의 구분에 야기하는 문제는 결코 사소한 것이라 할 수 없다.

따라서 무페의 대립자/적 관념을 현실적으로 좀 더 응용력 높은 개념으로 발전시킬 필요가 있다. 이와 관련하여, 다이버그(Dyrberg, 2009)는 '내부/외부', '위/아래', '선/후'라는 세 가지 구분법을 도입함으로써 무페의 대립자/적 관념을 좀 더 구체화하고 세분화한다. 그에게, 이들 구분법은 우리/그들 사이 적대의 구성 요소가 된다. 다이버그에 따르면, 내부/외부, 위/아래, 선/후 구분법은 정치적 좌/우 구분법과는 다른 지향을 갖고 있는데, 이는 그것들이 "구성원에 대한 제한적 관점(내부/외부), 국가에 대한 무조건적 충성(위/아래), 그리고 강한 귀속감과 운명의식(선/후)의 차원에서 구조화되기 때문"(649)이다. 다시 말해서, 내/외, 상/하, 선/후 구분법은 민주주의와 충돌하기 쉬운 엘리트주의, 국가주의, 권위주의적 보수주의 지향성을 갖게 된다는 것이다. 확실히, 정치적 대결이 도덕적 선/악이나 권위주의적 내/외, 상/하, 선/후의 차원에서 전개될 때, 그것은 대립의 양상보다는 적대의 파국에 빠져들 가능성이 더 높다. 물론, 여기에서도 무페의 대립자/적 관념이 지닌 애초의 난제, 즉 그러한 구분법 자체가 곧바로 근본주의적 적대를 수반하는 것인가의 문제는 여전히 해결되지 않고 남아 있다.

무페의 적대와 경합, 적과 대립자 관념이 좀 더 명확한 실천적 의미를 지니기 위해서는, 그러한 구분법이 과연 얼마만큼 존재론적(혹은 인식론적인) 구분에 토대를 두고 있는지를 따져 보아야 한다. 현실적으로, 자유와 평등이라는 민주적 가치를 근원적이고도 명시적으로 부정하는 집단은 거의 없거나 혹은 있다고 해도 극히 소수에 지나지 않을 것이다. 그렇다면, 적대적 대립은 거의 대부분 존재론적 차원에서가 아니라 인식론적 차원에서 발생할 가능성이 크다. 즉, '우리/그들'의 인식론적 대결이 자유와 평등의 원리를 근원적으로 부정하거나, 내부/외부, 위/아래, 선/후 구분법이 지닌 근본적 엘리트주의와 권위주의 경향과 맞물리면, 그러한 대립은 적대적 대립이 되기 쉬울 것이다. 반면, 그러한 구분이 항상 상대적이며 유동적이고 불확정적임을 각인하는 노력은 경합적 대결의 정치가 될 수 있다. 마찬가지로, '우리/그들'의 대립을 도덕적으로 선한 집단과 악한 집단의 사이의 근본적 대결로 간주하는 것은 적대적 대립이 되기 쉽지만, '그들'의 행위가 도덕적 선을 배반하고 있다고 지적하는 것은 정당한 민주적 대결로 이해되어야 한다.

제3장
보수의 이념 과잉

이 장은 제2장에서 살펴본 칼 슈미트의 정치 이론에 비추어 최근 한국의 보수/우파 담론 실천의 성격을 분석한다. 우선, 정치의 핵심을 '그들'과 대립하는 '우리'의 집합 정체성을 구축하는 것으로 파악하는 슈미트의 정치사상이 보수/우파 세력의 담론 실천에서 어떻게 나타나고 있는지를 규명한다. 그리고 보수/우파 세력의 담론적 실천이 슈미트의 반(反)다원주의적이고 전체주의적인 정치 관념과 어떻게 연관되는지를 고찰한다. 보수/우파의 사회정치 담론 실천은 정치적인 것의 본질이 '적'에 맞선 '친구'의 집합 정체성을 구축하는 것에 있음을 아주 잘 보여준다. '선진화' 담론, '삼성' 담론, '친기업' 담론, '포퓰리즘' 담론 등은 진보/좌파 세력을 압도하는 보수/우파의 사회지배 담론이 되었으며, '그들'을 '개인을 넘어선 집단', '주변부적 별종', '이율배반적 권력집단', '편 가르기 집단', '반(反)대한민국 세력'으로 규정하는 보수/우파 담론 전략은 진보/좌파 진영을 포위하고 무력화하는데 커다란 힘을 발휘하였다. 그러나 자신과 다른 입장과 관점을 가진 사람들을 '친북좌파' 혹은 '대한민국 정통성 부정 세력'으로 규정하고, 모든 사회적 논란에 반공주의라는 이념을 덧씌우는 보수/우파의 행태 속에는 이념 과잉의 권위주의적이고 전체주의적인 지향이 자리 잡고 있다.

1. 우리와 그들: 내부와 외부

1) 그들: 개인을 넘어선, 집단

정치적인 것의 본령이 '그들'과 대립하는 '우리'의 집합 정체성을 구축하는 것이라고 한다면, 최근 한국의 보수/우파 세력은 그러한 원칙에 매우 충실한 담론 실천을 수행해왔다고 말할 수 있다. 우선, 보수/우파 세력은 반대파에 대한 비판의 초점을 거의 언제나 특정 개인이 아니라 반대 집단 전체에 맞출 줄 안다. 개인의 문제를 항상 집단의 문제로 전환시킬 뿐만 아니라, '그들' 집단을 배제하고 부정하는 것이 문제의 근원적 해결 방법이라고 역설한다. 아래의 [발췌 1]을 보자.

> [발췌 1]
>
> 이해찬 총리의 품위 없는 말들을 전해 들으면서 참여정부 인사들의 오만함은 참으로 끝이 없음을 다시 한번 느낀다. 그들은 툭하면 다음 대통령선거에서도 자신들이 이길 수밖에 없다고 큰소리를 치는데[...]이 정권 리더들이 입을 열 때마다 이 나라의 평범한 국민으로 살아가기가 참으로 피곤하다[...]그리고 우리 경제가 아직 11대 경제대국으로 버티는 것은 이 정부가 잘하기 때문이 아니라 그들이 청산하려는 과거의 산업화 세력과 쓸개도 뺀 채 세계 곳곳을 누비며 장사를 하는 우리 기업들 덕분이다[...]재주는 곰이 넘고 돈은 엉뚱한 사람이 번다는 비난을 듣지 않으려면 앞으로 남은 2년 동안이라도 참여정부는 어렵게 쌓아올린 이 나라의 부를 낭비하지 않고 축적하는 데 혼신의 힘을 다해야 할 것이다. (조선. 2005.05.26. "진정 우리를 슬프게 하는 것들")

[발췌 1]에서 보수/우파 담론은 당시 차기 대통령선거와 관련한 이해찬 총리의 발언을 먼저 문제 삼고("총리의 품위 없는 말들", "자

신들이 이길 수밖에 없다고 큰소리"), 이렇게 문제 삼은 발언을 총리 개인에 대한 비판을 넘어서서 "참여정부 인사들", "그들", "이 정권 리더들" 등 집권세력 전체에 대한 비판의 소재로 활용한다. 이러한 비판은 '긍정적 자기 표상과 부정적 타자 표상'의 담론전략을 통해 강화된다. "이 정권 리더들"인 '그들'은 "이 나라의 평범한 국민", "11대 경제대국"의 주역인 "과거의 산업화 세력", "쓸개도 뺀 채 세계 곳곳을 누비며 장사하는 우리 기업들"인 '우리'와 대립하는 존재가 된다. 이처럼 개인을 넘어선 집단의 문제로 상대방을 비판하는 노력은 "저들", "그들", "'김정일 감싸기 세력'", "자칭 진보파", "'개혁' '진보' 운운하는 세력", "이 정부 사람들", "이 정권 사람들", "노 정권 사람들", "코드 정권", "집권 세력", "이른바 진보 진영", "좌파 정부", "반대 세력", "과격 세력" 등과 같은 용어법 속에서 확인할 수 있다. 다툼의 진정한 대상은 특정 정치인도 아니고, 대통령 개인도 아니며, 대통령을 포함한 정권도 아닌, 이른바 진보/좌파 진영 전체임을 각인하고 있는 것이다. 그리고 이러한 진영 논리는, 아래의 [발췌 2]에서 볼 수 있듯이, '우리' 진영에 대한 단속에서도 확인할 수 있다.

[발췌 2]

이명박 박근혜 이회창 진영을 막론한 전체 보수 정파들의 정치적 리더십이 흔들리고 있다. 이명박 진영은 집권한 지 3개월도 채 못 돼 좌파와 우파의 협공을 동시에 받고 있다. 박근혜씨와 이회창 진영은 광우병 괴담과 관련해 공격의 표적을 좌파보다는 이명박 정부에 돌리고 있다. 우리 사회의 주전선이 어디 있는가가 흐려진 이념적 혼미라 할 수 있다[...]"어떻게 되찾은 '10년 만의 대한민국'인데 이 정부가 이렇게밖엔 못하는가?"하는 질타가, 한 원로 집회의 노기 서린 분위기였다.(조선, 2008.05.13 "어떻게 되찾은 세상인데...")

[발췌 2]에서 광우병 쇠고기 수입반대 촛불 시위로 위기에 처한

이명박 정권을 보호하기 위해 이회창과 박근혜를 포함한 보수/우파 진영 전체의 결집이 촉구되고 있다.("우리 사회의 주전선이 어디 있는가가 흐려진 이념적 혼미라 할 수 있다") 그리고 10년 만에 되찾은 자신들의 권력을 "10년 만의 대한민국"으로 등치하여 자신들의 권력 상실이 마치 대한민국의 국권 상실인 것처럼 생각하게 만드는 담론 전략을 구사한다. 그러나 반대파의 특정 개인을 문제 삼고 이를 다시 반대 집단 전체의 문제로 전환시키는 보수/우파 세력의 담론 전략은 많은 경우 '악의적 환유'에 바탕을 두고 있다. 아래의 [발췌 3]과 [발췌 4]를 보자.

[발췌 3]

이 의원의 오른쪽 둘째손가락절단은 1980년대를 함께했던 젊은이들의 고뇌와 상처를 상징할 수도 있다[...]그럼에도 우리는 그의 해명의 진정성 여부를 따져보지 않을 수 없다[...]'이광재'라는 이름 석자가 노무현 정권의 도덕성 및 개혁성과 겹쳐져 있기 때문이다[...] 노 정권의 실세라는 이 의원의 이런 독선과 아집이 편 가르기와 흑백논리, 코드 인사로 이어지지는 않았는지 착잡할 뿐이다.(동아. 2005.05.20. "이광재 의원의 기묘한 단지 변명")

[발췌 4]

노래방에 가서 교사들은 교생들과 블루스를 추며 엉덩이를 만졌다. 내일의 우리 교육을 짊어지겠다고 나선 새내기들의 꿈이 이날 밤 어떻게 산산조각이 났을지는 더 물을 게 없다. 그 4명의 남자 교사 중 3명은 전교조 교사인 것으로 밝혀졌다[...]실습 여대생들은 사흘 뒤[...]이 못된 교사들을 처벌해 달라는 뜻을 학교 측에 전달했다. 그러자 전교조 소속 교사들은 이튿 날 먼저 전교조 탈퇴부터 했다[...]누가 이들에게 전교조를 탈퇴해 조직부터 보호하라는 나쁜 지혜를 나누어주었을까[...]성폭행당할 뻔했던 여교사, 성추행당한 여대생들의 마음의 상처는 안중에도 없었다. (조선. 2009.05.05. "전교조 교사들에게 추행당한 예비교사의 푸른 꿈")

[발췌 3]에서는 손가락 절단 문제가 이광재 의원을 비롯한 다수의 노무현 정권 인사들에서 발견되는 문제가 아님에도 불구하고, 마치 그런 것처럼 그것을 정권의 "도덕성 및 개혁성", "독선과 아집", "편 가르기와 흑백논리, 코드 인사"로 연결 짓고 있다. 이는 전형적인 악의적 환유다. 마찬가지로, [발췌 4]에서도 전교조 활동과는 무관하게 발생한 일부 교사의 일탈 행위인 성추행 문제를 전교조의 도덕성 문제로 전환시키는 악의적 환유가 일어나고 있다. 성추행은 무엇보다도 교사로서의 자질과 관련된 문제임에도, 그러한 측면에서 문제를 다루기보다는 당사자들이 전교조 소속 조합원이라는 사실을 빌미삼아 그것을 전교조라는 조직의 일탈 행위로 확대시키고 있는 것이다.("먼저 전교조 탈퇴부터 했다[...]누가 이들에게 전교조를 탈퇴해 조직부터 보호하라는 나쁜 지혜를 나누어주었을까")

2) 그들: 주변부 집단

반대 진영에서 발생하는 거의 모든 문제를 반대파 '집단 전체'의 문제로 치환시키는 보수/우파 세력의 담론은 반대파 집단을 '그들'로 규정하는 방식에 있어서도 다양한 패턴을 드러내 보이고 있다. 보수/우파 세력은 '그들'을 '주변부적 별종'으로 취급하는가 하면 '부도덕한 권력 집단'으로 다룬다. 또한 '퇴행적인 과거사 들추기 집단', '편 가르기 집단', '반(反)대한민국 친북좌파 집단'으로 규정하기도 한다. 우선, '주변부적 별종' 담론과 관련하여, 다음의 [발췌 5]와 [발췌 6]을 보자.

[발췌 5]

오늘의 이 정권을 야당의 누군가는 '운동권 3학년' 수준이라고 했다지만[...] 운동권 '실험정권'의[...]운영상태를 보면서 노 대통령이 이 정권의 실세들인

386과 운동권 출신들을 사실상 지휘하고 통제하고 있는 것인지, 아니면 노 대통령이 그들의 힘과 전략에 의해 동원된 것인지 의문이 들 때가 많았다[...]바라건대 운동권이라도 언제까지 3학년에 머물지 말고 이제 곧 사회에 나가야 할 4학년으로 진급해서 좀 세상 물정을 배웠으면 좋겠다.(조선. 2005.05.23. "붉힌 얼굴도, 쓴소리도 없었다")

[발췌 6]

정당 뒷골목에서 소주잔을 기울이며 혁명을 이야기하거나 권력의 햇살이 들 날만 기다려온 게 세상살이의 전부였던 그들로서는 이 험한 세상의 작동 원리를 알 턱이 없습니다[...]구멍가게라도 책임지고 꾸려본 적이 있었던들 그렇게 허무하게 주저앉지는 않았을 것입니다.(조선. 2005.05.28. "나라를 정돈할 때다")

이 두 발췌문에서 알 수 있듯이, 보수/우파 세력은 연륜이나 경험에서 자신들이 우위에 있다는 위계적 차원에서 '그들'을 비판하는 경향이 있다. 연륜이 많은 '우리'와는 달리, '그들'은 "세상의 작동 원리를 알 턱이" 없는 미숙한 아마추어다. '그들'은 "'운동권 3학년' 수준"이고 "정당 뒷골목에서 소주잔을 기울이며[...]기다려온 게 세상살이의 전부"였기 때문이다. '그들'은 특정한 직업이 없는 재야 활동가였다가 지금은 공인 의식을 갖추지도 못한 채 법을 집행한답시고 설치고 다니는 한심한 사람들이다. '아마추어' 담론과 더불어, 반대파를 주변적이고 무지한 집단으로 규정하는 이른바 '주변화' 전략도 보수/우파 세력이 자주 사용하는 담론 전략이다. "운동권 '실험정권'"이라는 말은 '그들'의 집권이 비정상적이고 일시적인 것일 수밖에 없음을 강조하기 위해 선택된 용어라 할 수 있다. 그리고 탄핵 소동, 행정도시 소동, 친미 반미 소동 등 보수/우파 세력이 즐겨 사용하는 '소동'이라는 어휘도 '그들'을 미숙하고 주변적인 집단으로 단정하기에 유용한 것이라 할 수 있다. 아울러, "4학년으로 진급해서 좀 세상 물정을 배웠으면 좋겠다"와 "구멍가게라도 책임지고 꾸려본 적이 있었던들"과 같은 문장은 '그들'을 무능하고 시대착오적인 비주류 집단으로 단언하는 담론 전략의 산물이라 할 수 있다.

보수/우파 세력에게, '그들'은 이처럼 아마추어적이고 주변적이기만 한 것이 아니라, 떼쓰고, 비명 지르고, 잘 나가는 사람 발목만 잡고, 반대를 위한 반대를 일삼는 비정상적 타자이기도 하다. 아래의 [발췌 7]을 보자.

> [발췌 7]
>
> 국민의 뜻에 따라 제정된 법으로 다스려지는 나라를 법치국가라고 한다면 이 시대 대한민국을 법치국가라고 하는 것은 '외람된 말씀'이다. 과거 군부독재 시절에는 정권 쪽이 초법적 행위를 일삼았지만 군사정권이 물러간 후 지금까지는 또 다른 무법자들이 이 사회를 어지럽히며 나라를 '떼치' 국가로 만들고 있기 때문이다. 그들은 대학 캠퍼스에서, 산업 현장에서, 그리고 거리 곳곳에서 공권력에 도전하면서 법과 원칙을 무기력하게 만들고 있다. (동아. 2006.05.16. "대한민국 군대는 동네북인가")

[발췌 7]에서는 '법치주의'에 대한 왜곡이 나타난다. 법치주의는, 무엇보다도, 근대 민주주의 혁명의 산물로 절대 권력자의 자의적 권력 행사와 남용을 억제하기 위한 장치로 도입된 것이다. 그럼에도 불구하고, 보수/우파 세력은 그것을 '법의 준수'로 한정하며, 정치적 반대파를 억압하고 지배하기 위한 수단으로 삼는다. [발췌 7]에서 보수/우파 담론은 1970-80년대 초법적 권력 행사를 일삼았던 군부독재의 법치주의 훼손을 오늘날 권력 감시와 비판에 따른 시민단체의 부분적 법률 위반과 등치시키고 있다. 그리고 '허수아비 만들기'의 담론 전략이 이에 동원된다. '허수아비 만들기' 전략은 상대방의 주

장 중 즉각 반박 가능한 것만을 선택하여 이를 마치 상대방 주장의 모든 것인 양 과장하는 담론 전략을 가리킨다. 시민단체의 법률 위반 행위 그 자체가 법치주의의 훼손이 될 수는 없다. 법 앞에 만인의 평등이라는 법치주의의 원리에 따라 특정 법률 위반 행위가 처벌받지 않는 경우에 법치주의 훼손을 이야기할 수 있을 것이다. 그러나 정치권력의 불법 행위는 처벌받지 경우가 허다하지만, 시민단체의 권력 비판은 온갖 불법성의 명분으로 단죄되는 것이 현실이다. 보수/우파 세력은 법의 준수가 곧 법치주의라는 허수아비를 만들어 반대파를 "무법자", "떼치" 집단으로 낙인찍고 있다.

나아가, 보수/우파 세력은 이제 '그들'에게 진 빚을 다 갚았기 때문에, '그들'에게서 권력을 다시 찾아오는 것이 당연하다는 '부채 탕감' 레퍼토리도 동원한다. '그들'은 아마추어이고 주변부적 별종이지만, 어쨌든 그들이 권력을 한 번 잡아봤기 때문에, '우리'는 더 이상 '그들'에게 갚아야할 부채가 없다는 것이다. [발췌 8]을 보자.

> [발췌 8]
>
> 지난 대선에서[...]40대는[...]민주화 투쟁 과정에서 꽃잎처럼 스러져 간 분들에게 빚진 마음을 가지고 있었다. '살아남은 자의 슬픔'을 지닌 그들이기에 1987년 6월 항쟁 때는 '넥타이 부대'로 부활해 먼저 간 분들의 민주화 노력에 늦게나마 동참해 보고자 노력했다. 40대의 이러한 '민주화 콤플렉스'를 꿰뚫어본 노무현 캠프는 자신들을 '명품 진보'로 포장했고, 그 전략은 성공했다[...]하지만 이제 우리는 안다. 민주주의와 인권을 강조하며 명품 진보로 포장했던 그들이 사실은 폭압적 김정일 정권의 인권유린에 침묵으로 일관하는 비겁한 '짝퉁'이라는 것을[...]설령 집권 좌파가 명품이었다 해도 우리 국민은 그들에게 더는 빚진 게 없다. 왜냐하면 그들이 독재 타도를 외치며 아스팔트의 전사로 활동할 때 대다수 국민은 산업화를 위해 피땀을 흘렸기 때문이다. (동아. 2006.05.24. "'짝퉁' 진보에 다시는 속지 말아야")

[발췌 8]에서는 1987년 6월 항쟁과 2003년 대통령 선거에서 표출된 대중의 민주적 열망을 "살아남은 자의 슬픔", "민주화 콤플렉스", "빚진 마음" 등으로 치환함으로써, 대중의 민주적 실천을 대상화하는 담론전략이 구사되고 있다. 대중을 민주화의 적극적 실천 주체로서가 아니라 그 방관자 혹은 소극적인 참여자로 대상화하고 있는 것이다. 그리고 그 위에 40대가 진보/좌파 세력의 집권을 지지한 것은 민주화 과정에 관한 그들의 심리적 부채를 탕감한 행위에 다름 아니라는 논리가 성립된다. 보수/우파 세력은 오직 이 점에서만 '그들'이 정권을 잡은 것이 나름의 의미가 있다고 단정한다. 아마추어적이고 주변부적 별종인 그들의 밑천이 이제는 다 드러났기 때문에 대중들은 그들에 대해 더 이상 환상이나 신비감을 가질 필요가 없다는 것이다.

2. 우리와 그들: 상부와 하부

1) 우리: 삼성이 먹여 살린다

'삼성이 먹여 살린다'는 담론은 보수/우파 세력이 즐겨 사용하는 담론 레퍼토리 중의 하나다. 실제로 2000년대의 한국은 '삼성공화국'으로 불릴 정도로 삼성의 사회 영향력이 날로 커지고 있다. 2005년 5월 16일 노무현 전 대통령은 "이미 권력은 시장으로 넘어간 것 같다"고 말했다. 그리고 많은 사람들은 그 권력을 삼성이 서서히 장악해가고 있다고 믿는다. 2005년 5월 2일 발생한 고려대생의 이건희 삼성 회장 명예박사 학위 수여식 반대 시위는 이를 상징적으로 보여주는 사건이다. 150여 명의 고려대생들이 삼성의 무노조주의, 노동 탄압, 편법 상속, 기형적 지배 구조를 비판하며 벌인 시위는 커다란 후폭풍을 불러왔다. 학교 당국은 총장의 공식 사과문 발표와 부총장 이하 모든 보직 교수들의 사퇴를 통해 사태의 책임을 지려 하였으며, 일부 학생들은 고려대학교 역사상 처음으로 총학생회 탄핵을 발의하기도 하였다. 보수/우파 세력은 이러한 분위기 속에서 삼성 권력 불가침 관념을 각인하려 하였다. 아래의 [발췌 9]를 보자.

> [발췌 9]
>
> 도요타에서 요즘 "삼성을 배우자"는 움직임이 일고 있다[...]전 세계가 빠르게 삼성으로 눈길을 돌리고 있다[...]뒤늦게 우리 정부에서도 '삼성 배우기'가 한창이다[...]삼성의 진가는 외국에 나가 보면 피부로 느껴진다. 세계무대에서 인정받는 일류기업으로 당당히 자리 잡은 삼성을 보면서 대견스럽고 뭉클하기까지 한 감정을 맛본 한국인들이 적지 않을 것이다. 그러나 그런 삼성에 대한 대우가 가장 야박한 데가 정작 한국이란 사실은 아이러니다. 우리사회는 '일등'을 칭찬하는 데 인색하다[...]장점과 공은 외면하고, 약점과 허물만 부풀려서 편가르고 매도하기 일쑤다. 반대를 위한 반대를 업으로 하는 '직업 안티꾼'들이 우리처럼 목소리를 높이는 나라도 드물 것이다[...]한국의 지성들이 모였다는 대학에서, 말도 안 되는 돌출행동이 되풀이되는 배경에는 우리 사회에 존재하는 '일등 끌어내리기'의 뒤틀린 정서가 깔려있다. 사실 우리 사회에서 '삼성 배우기'가 가장 절실한 부문은 대학 아닌가. (조선. 2005.05.05. "도요타와 삼성, 그리고 민족 '고대' ")

'삼성 배우기' 담론을 통해 삼성의 지배구조, 편법 상속, 무노조주의 등의 문제는 가려지고 대학과 정부와 세계가 따라야 할 배움의 대상으로서의 삼성은 부각된다. 여기에는 해외에서 "삼성을 보면서 대견스럽고 뭉클하기까지 한 감정을 맛본 한국인들이 적지 않을 것이다"는 개인과 삼성의 동일화 기제도 동원된다. 삼성은 세계 일류기업 도요타와 아프리카 일부 국가들 그리고 한국의 정부 부처가 벤치마킹하는 자랑스러운 존재임에도 불구하고, "반대를 위한 반대를 업으로 하는 직업 안티꾼들"이 "일등 끌어내리기의 뒤틀린" 정서로 삼성의 허물만을 부풀려 매도하고 있다는 '긍정적 자기 표상과 부정적 타자 표상'의 담론 전략도 구사되고 있다. 또한 "삼성에 대한 대우가 가장 야박한 데가 정작 한국"이라고 말하지만, 무엇이 그런 야박함을 보여주는 지표인지 구체적으로 말하지 않는 대신, 기형적 지배구조 등과 같은 삼성의 문제점에 대한 모든 비판이 곧 그런 야박한 대우에 속하는 것처럼 보이게 하는 담론 전략이 작동하고 있다. 삼성 비판을 반대를 위한 반대를 일삼는 직업 안티꾼들의 일등 끌어내리기로 치부하는 것은 삼성에 대한 그 어떠한 비판도 듣지 않겠다는 극단적이고도 권위주의적인 담론 전략이라 할 수 있다.

그런데 삼성 권위의 불가침성 담론은 세계적으로도 손꼽히는 글로벌 기업인 삼성이 한국의 브랜드 가치와 한국민의 자긍심을 높여준다는 차원을 넘어서서, 삼성이 아예 우리를 '먹여 살린다'는 차원의 담론으로 한층 더 강화된다. [발췌 10]을 보자.

[발췌 10]

이 사건으로 삼성의 힘을 새삼 실감한다. 우리나라 노조에 심각한 문제가 많지만, 삼성은 아예 노조 자체를 만들지 못하게 한다[...]삼성의 힘은 전 분야에 퍼져 있다. 삼성 계열사들은 해당 업종에서 대부분 1위다. 삼성은 매출액이 국가 총생산의 17%, 주식시장 시가총액의 22%, 국가 수출액의 20%를 차지하고 있다[...]삼성은 수십 개 대학에 수천억 원을 기부하고 불우 이웃 돕기에 다른 기업은 상상도 못할 돈을 내놓는다[...]삼성문화재단은 우리나라 문화계의 많은 행사를 후원하고 있다[...]삼성이 주는 학술상은 상금액 최고이고 [...]스포츠계도 삼성이 먹여살린다[...]삼성이 유망한 '관료 장학생'을 점찍어 하위직일 때부터 관리한다는 것은 업계와 관계의 오래된 소문이다[...]대통령? 임기 5년의 대통령과 무제한 임기의 삼성 회장 중 누가 더 진정한 파워맨일지 쉽게 답하기 어려운 문제다.(조선, 2005.05.18. "삼성의 나라")

우선, "우리나라 노조에 심각한 문제가 많지만, 삼성은 아예 노조 자체를 만들지 못하게 한다."는 문장은 비문으로 느껴질 정도로 그 의미가 모호하다. 이는 두 문장 사이에 예컨대 '노동법을 따르는 다른 모든 국내 기업들에서는 어쨌든 결성되고 있는 노조를'과 같은 논리적 매개 문장이 누락된 데에 기인하는 것이라 할 수 있다. 아무튼 삼성의 무노조주의가 노동법과 배치된다는 사실은 감추어지고 있다. 대신 이러한 모호성은 글을 읽는 사람이 그 뜻을 추론하게 만든다. 그리하여 마치 삼성의 무노조주의가 노동조합 제도 일반에 대한 부정이 아니라, 우리나라 노동조합에 존재하는 어떤 특수한 문제 때문인 양 생각하게 만드는 결과가 나타난다. 삼성이 문제가 아니라 노조가 문제라는 것이다.

또한 [발췌 10]에서는, 생산과 주식시가 총액 그리고 수출에서 삼성이 한국 경제의 약 20%의 비중을 차지하고 있다는 통계치를 통해 한국인 개개인의 삶과 삼성의 경제 사이의 동일시를 유도하는 담론 전략이 구사되고 있다. 그리고 이러한 동일시는 삼성이 우리를 먹여 살린다는 논리로까지 발전하는데, [발췌 10]은 삼성이 우리를 어떻게 먹여 살리는지를 다양한 영역의 구체적 사례를 통해서 실감나게 보여주려 하고 있다. 하지만 사실 삼성이 기부하거나 후원하거나 먹여 살리거나 관리하는 대상은 거의 대부분 대학, 예술문화인, 학술인, 운동선수, 고급관료 등 각 영역의 엘리트 집단이다. 그런데도 이러한 삼성의 엘리트 집단에 대한 관리를 마치 일반 시민 전체를 먹여 살리는 것처럼 표상하는 담론 전략이 구사되고 있다. 반면, 신자유주의 시대의 삼성과 같은 초국적 기업은 자본 구성의 다국적성으로 인해 국내 경제와의 연관성을 점점 더 상실하고, 고용 없는 성장이나 경제 양극화 현상을 심화시키고 있다는 사실은 삼성 문제와 관련한 사회적 의제에서 배제되고 있다.

2) 우리: 친기업이 곧 친서민이다

1990년대 이래 한국 사회에서 신자유주의는 사회, 경제, 문화 영역의 지배 원리와 가치가 되었다. 경제적으로 그것은 자유 무역, 자본시장 자유화, 변동 환율제, 공기업 사유화, 시장 규제 완화 및 철폐, 조세 감면, 균형 예산 등과 같은 거시 경제 원리들로 구성된다. 그리고 사회문화적으로 신자유주의는 낙수효과(trickle down effect)론, 자유 지상주의, 경쟁 지상주의, 기업가형 개인주의, 단기 성과주의, 법치주의, 엘리트주의 등과 같은 가치와 규범들로 대변된다. 이러한 신자유주의 이념의 지속적인 순환과 전파는 보수/우파 세력의 지배력을 뒷받침하는 중요한 담론 전략이다. 아래의 [발췌 11]을 보자.

[발췌 11]

4.9 총선 민심의 총체적 분포는 '좌파노선 거부'가 압도적이었다. 이 대통령은 작은 정부, 친기업, 규제완화, 투자촉진, 법치회복의 방향으로 기수를 분명하게 돌렸다. 경제뿐 아니라 교육에서도 자유와 자율의 원칙을 적용하기 시작했다. 개인의 창의성, 효율, 경쟁력을 높여 성장 잠재력을 제고하고 국가 전체의 파이를 키움으로써 민생의 전반적 향상을 꾀하겠다는 전략이다.(동아. 2008.05.06. "좌파 궐기, 우파 분열 속의 '광우병 괴담'")

우선, 스스로를 신자유주의 좌파 정권으로 부를 정도로 신자유주의 경제 정책을 광범위하게 추진한 노무현 정부를 마치 작은 정부, 친기업, 규제 완화, 경쟁력 제고 등과 같은 경제 정책을 반대한 '좌파 노선' 정부로 명명하는 것은 과도한 이념적 사고법의 결과로 볼 수 있다. 그러나 어쨌든 [발췌 11]에서, 사회경제 정책들에 나타난 이명박 정부의 신자유주의 정책의 정당성은 "국가 전체의 파이를 키움으로써 민생의 전반적 향상을 꾀하겠다."는 평이하고도 이해하기 쉬운 문구에 의해 뒷받침된다. 시장 경제의 활성화로 국민경제 전반의 몫을 키우고, 이를 통해 궁극적으로 고용과 분배도 개선할 수 있다는 낙수효과론이 개개인들의 경제생활에 관한 헤게모니 담론으로 작동하고 있다.

보수/우파 세력은 낙수효과론을 좀 더 공세적으로 밀고나가 '서민을 위한다는 정책의 피해자는 오히려 서민', '기업을 위한 정책이 곧 서민을 위한 정책'이라는 담론까지 만들어낸다. 우리나라 사람들이 개인 자산의 80퍼센트 가량을 부동산 형태로 보유하고 있기 때문에 만일 집값이 큰 폭으로 하락하면 부자들은 재산을 더 불릴 기회를 잡지만 서민들은 내 집 마련의 꿈을 갖기가 더 어려워지므로 집값 하락의 피해자는 오히려 서민이라는 주장, 광우병 반대 시위로 한우 판매 자영업자와 한우 농가와 같은 서민이 가장 큰 피해를 본다는 주장, 빈곤 계층을 위한 복지 예산을 늘리면 서민들이 더 큰 피해를 본다는 주장 등은 '친기업이 곧 친서민이다'라는 놀라운 역전이 이루어지는 사례들이다. 아래의 [발췌 12]를 보자

[발췌 12]

부자들에게서 빼앗아 나눠주는 분배정책이 궁극적인 서민정책이 될 수는 없다. 이런 정책은 나라 전체의 생산성과 효율성을 떨어뜨려 결국 서민을 더 힘들게 한다. 역설적이지만 기업을 위한 정책이 결국 서민을 위한 정책이라는 것이 세계의 경험이다. 기업을 도와주고 키워주면 서민들에게 더 많은 일자리와 소득이 돌아갔다[...]친기업이 친서민이라고 당당하게 말하고 유권자들을 설득하는 인물이 서울시장이 되고, 대통령도 돼야 나라가 살고 국민이 산다.(동아. 2006.05.09. "'서민 후보' 감별법")

"기업을 도와주고 키워주면 서민들에게 더 많은 일자리와 소득이 돌아갔다."는 것이 "친기업이 곧 친서민"이라는 주장을 뒷받침하는 핵

심 근거이다. 그런데 기업을 도와주면 일자리가 늘어난다는 문장은 마치 "선행은 선행을 부른다."는 말처럼 너무 모호하여 그 어떤 반대나 비판도 하기가 어렵다. 사실 그 문장이 구체적 의미를 지니려면, 최근 십여 년간 한국 경제의 특징적 양상이었던 고용 없는 성장, 양극화, 비정규직 노동자의 증대 등과 같은 문제들에 대한 평가와 해석이 수반되어야 할 것이다. 그리고 "기업을 위한 정책이 결국 서민을 위한 정책"이었다는 "역설"이 세계의 경험을 통해 확인되었다면, 그 구체적인 사례나 근거를 제시해야 할 것이다. 그러나 보수/우파 세력은 자신의 단언을 좀 더 정교화 하는 작업을 하지 않는 대신, 모호하고도 추상적인 용어법으로 대중의 동의를 유도하고 있다. 일자리와 소득을 보전하려면 서민들은 기업을 도와주고 밀어줘야 한다는, 기업 우위의 권력관계를 순순히 받아들일 것을 암묵적으로 요구하고 있는 것이다.

보수/우파 세력은 이러한 '낙수효과론'과 '친기업이 곧 친서민'이라는 믿음을 경제 발전에 관한 하나의 필연적 결론으로 발전시킨다. 아래의 [발췌 13]을 보자.

[발췌 13]

이 시대의 자유주의는 사회민주주의, 케인즈주의, 국가 주도형 경제개발로 인해 지나치게 한쪽으로 치우친 현상을 바로잡으려 한다는 점에서 역사의 새로운 진보이다[...]되도록 개인적선택의 몫을 늘리고 지켜야 한다는 자유주의에 대해 좌파 이념을 거친 '386세대'들은 정서적 거부감을 표출한다[...]그러나 지금 기계적 평등주의야말로 사회적 약자를 희생시키고 신특권층을 양산하고 있다. 이제 자유주의야말로 1980년대 꿈꾸었던 자유와 특권 폐지의 이상에 접근하는, 더디지만 유일한 길이라는 것이 입증됐다. 경제학자 프리드먼은 일찍이 "자유시장 제도를 보장한 나라들만이 번영하면서 그렇지 않은 국가들보다 훨씬 평등하고 더 큰 사회정의를 누리고 있다. 불평등이 가장 심한 곳은 바로 자유시장을 부인하는 사회주의 국가들"이라고 설파했다. 이제 우리의 선택이 자유주의 외에 무엇이 있을 수 있겠는가.(조선. 2005.05.30. "'한국병' 치료약은 자유 확대")

[발췌 13]에서는 우선, 386세대들이 "개인적 선택의 몫"을 늘리는 것에 "거부감"을 갖고 있다고 단언되지만 그것을 뒷받침할 근거는 제시되어 있지 않다. 그리고 가상의 "정서적 거부감"은 "기계적 평등주의"와 암묵적으로 등치된다. 그런데 [발췌 13]에서 더 중요하게 강조되는 주장은 평등을 우선시했던 사회주의, 사회민주주의, 케인즈주의보다 신자유주의가 훨씬 더 평등하고 정의로운 사회를 만들었다는 주장이다. 가장 평등할 것이라고 했던 사회주의나 사회민주주의가 오히려 가장 불평등한 체제였으며, 가장 불평등할 것이라고 했던 자유시장주의가 오히려 가장 정의로운 체제였다는 반전의 담론 전략이 작동하고 있다. 물론 여기서도 단정만 있을 뿐, 그것을 뒷받침할 만한 근거는 제시되고 있지 않다. 여하튼 보수/우파 세력은 신자유주의가 경제의 파이를 키워 고용과 분배를 개선할 수 있는 하나의 정책 대안이라는 차원을 넘어서서, 평등하고 정의로운 체제를 가져다 줄 유일한 해답이 곧 신자유주의라는 지배 담론을 만들어 내고 있다.

그런데 만일 이러한 '낙수효과론'이나 '유일한 대안론'으로도 불평등에 대한 시민의 불만을 달랠 수 없다면 어찌될까? 보수/우파 세력은 '행복론'이라는 장치로 이에 대비하고, 신자유주의가 가장 평등한 경제 체제를 약속해준다는 주장을 정당화한다. 아래의 [발췌 14]를 보자.

[발췌 14]

보수주의자가 진보주의자보다 행복감을 더 느낀다는 연구 결과가 최근 발표됐다[...이유는 보수주의자가 진보주의자에 비해 사회적 경제적 불평등 상태를 쉽게 수용하기 때문이라고 한다. 보수(우파) 성향의 사람들은 불평등한 지위를 '능력 본위'로 해석한다[...]따라서 안분지족하기 쉽다. 반면 진보(좌파)를 표방하는 사람들은 세상은 평등해야 한다고 믿기에 자신의 곤궁한 처지를 내 탓보다는 체제 탓으로 돌리는 경향이 강하다[...]'분배'를 강조하는 진보주의자가 기부를 많이 할 것 같지만 그렇지 않다. 진보주의자는 사회가 분배를 책임져야 한다고 생각하기 때문에 되레 개인 기부에는 인색하다는 것이다. 말과 행동이 다른 셈이다.(동아. 2008.05.10. "보수의 행복, 진보의 행복")

보수주의자가 진보주의자보다 행복할 가능성이 높으며, 진보주의자는 말과 행동이 다른 사람들이라는 것이 [발췌 14]에 나타난 핵심 주장이다. 여기서도 '긍정적 자기 표상과 부정적 타자 표상'의 담론 전략이 구사되고 있다. 한편으로는, 불평등을 개인의 능력의 차이에 따른 당연한 결과로 본다면 현재의 불평등한 상황은 그런대로 만족하고 살 만하다는 보수주의적 설득과, 다른 한편으로는, 자신의 처지에 대한 불만을 체제에 돌리고 말과 행동이 다른 불행한 존재가 곧 진보주의자라고 하는 보수주의적 공격이 동시에 드러나고 있다. 또한 보수주의자는 기부를 많이 한다는 긍정적 자기 표상과 진보주의자는 기부에 인색한 이율배반 집단이라는 경멸적 타자 표상이 나타난다. 요컨대, 불평등은 능력차에 따른 당연한 귀결이니 행복해지려거든 불평등을 순순히 받아들여야 할 것이며, 이율배반적이고 남 탓만 하는 불행한 진보주의자를 따라갈 이유가 없다는 것이 [발췌 14]에 나타난 보수/우파 세력의 주문이다.

3) 그들: 이율배반적 권력 집단

보수/우파 세력이 '그들'을 표상하는 또 다른 주요 전략은 '그들'을 이율배반적이고 부도덕한 집단으로 규정하는 담론 전략이다. '그들'은 자신을 마치 도덕성의 화신인 권력과 자본의 도덕적 일탈을 비판하지만, 실상은 도덕적으로 전혀 나을 것이 없는 이중적 존재에 불과하다는 단언이 그것이다. '그들'이 한반도의 근본 문제가 미국에 대한 예속에 있다고 주장하면서도, 개인적으로는 미국적 배경을 탐하는 이율배반적인 모습을 보인다는 평가도 그에 해당한다. 아래의 [발췌 15]를 보자.

> [발췌 15]
>
> 한국사회는 '미국'을 빼놓고는 말하기 힘들고 어렵다는 것이 현실이다. 이민도 미국으로 가고, 공부도 미국에 가서 하고, 사업도 미국과 하며, 놀기도 미국에 가서 한다. 아마도 두 집 걸러 한 집씩은 이런저런 인연으로 미국과 얽혀 있지 않은 집이 없을 정도다. 속으로는 미국을 좋아하면서 입으로는 욕하고, 개인적으로는 미국과 친하면서 나라 전체로서는 미국을 못마땅해 한다. 이런 이율배반이 없다.(조선. 2008.05.19. "'반미'의 해법")

[발췌 15]에서도 전형적인 '허수아비 만들기' 담론 전략이 작동하고 있다. 미국에 대한 비판이 곧 반미라고 전제된다. 따라서 미국을 존중하면서도 얼마든지 미국을 비판할 가능성은 차단된다. 미국에 대한 비판을 반미로 치부하고 미국의 모든 것을 부정하는 행위로 보는 것은, 그 어떤 비판으로부터도 자유로운 대상이 존재할 수 있다고 믿지 않는 한 성립하기 어려운 논리다. 미국의 대외 정책을 비판하는 것과, 미국계 회사에 취직하고, 미국 대학에서 학위를 받고, 미국 학교에서 어학연수 하는 것이 서로 양립할 수 없는 이율배반이라는 비난하는 이 모든 것은 '허수아비 만들기'이다. 그리고 그 효과는 사회적 강자에 대한 비판의 원천 봉쇄이다.

이러한 '이율배반' 담론은, '그들'도 현실 권력을 탐하는 권력 집단이라는 담론과 연결된다. 그래서 '그들'은 이제 더 이상 사회적 약자가 아니게 된다. 아래의 [발췌 16]을 보자.

[발췌 16]

약한 사람, 없는 사람을 생각하고 배려하고 그들을 보호하려는 노력은 선이다. 바로 이 선의 뿌리에서 사회정의의 감각, 인간적인 연대의식, 각종 사회보장과 사회정책, 나아가 여러 모습의 사회주의도 탄생했다. 그러나 약자를 생각하는 것이 선이요 정의의 출발이라 해서 그렇기에 약자가 곧 선이요 약자가 곧 정의라 할 수 있을까. 없는 사람은, 노동자는 언제나 선이요 정의인 것일까[...]노동운동이 선과 정의를 독점한 것으로 미화하는 것은 '신화'다[...] 조합을 꾸민 노동자는 이미 단순한 '약자'가 아니다. 조직을 가진, 그래서 권력을 가진 노동조합은 그 힘으로 약자인 노동자의 권익을 위해 좋은 일을 할 수도 있고 또 해왔다. 그러나 다른 한편으로 노조는 조직된 힘으로 권력과 결탁하여 궂은일을 할 수도 있고 또 했다[...]이번 사건이 그런 대로 어떤 긍정적인 기여를 했다면 그건 약자가 곧 선이요 정의라는 한국사회의 신화를 깨부수어 주었다는 점이다.(동아. 2005.05.26. "약자의 정의? 약자의 신화...")

[발췌 16]은 노동조합 간부들의 비리 스캔들을 소재로 쓴 글이다. 칼럼의 요지는 사회적 "약자가 곧 선"이라는 생각은 "신화"에 불과하다는 것이다. 사회 정의와 사회 복지의 밑바탕이 된 사회적 약자 보호라는 관념은 선이라 할 수 있지만, 사회적 약자가 곧바로 선이나 정의로 등치될 수는 없다는 것이 그 근거다. 여기에는 사회적 약자 보호라는 '규범'과 사회적 약자라는 '존재'를 구분할 필요성이 강조되지만, 사회적 약자 보호를 규범적으로 선이라고 보는 근거는 제시되어 있지 않다. 이러한 모호성은 독자로 하여금 그 근거를 추론하게 만들기도 하지만, 글쓴이가 사회적 약자 보호를 규범적 선으로 본다는 '표면적 부정' 전략도 함축하고 있다. 사회적 약자는 정의롭지 못한 사회의 산물이며 부당하게 차별 대우 받기 때문에 그들을 보호하는 것이 선이라고 보는 경우와, 정의로운 사회에서 능력이나 노력의 부족으로 약자가 된 사람에게 시혜를 베푸는 것이 선이라고 믿는 경우 사이에 사회적

약자를 보는 관점은 분명이 다를 수밖에 없다. 사회적 약자라는 존재 자체가 각기 다르게 규정되고 있기 때문이다. 전자에서 사회적 약자라는 존재는 정의롭지 못한 사회의 산물인 반면, 후자에서 그것은 능력이나 노력이 모자라서 공정한 경쟁에서 뒤처진 사람들이다. 따라서 전자에서는 약자 보호라는 규범과 약자라는 존재를 구분하기란 사실상 어려우며, 약자라는 존재에서 발생하는 문제는 약자 보호라는 규범의 준거 틀에서 해석되기 쉽다. 반면, 후자에서는 그 구분선이 원래부터 명확하게 존재하는 것이며, 약자라는 존재가 만들어내는 문제는 약자 보호라는 준거 틀에서 다룰 수 없는 것이기 쉽다. [발췌 16]에서와 같이, 노동자의 일탈행위를 '사회적 약자를 선으로 보는' "신화" 해체의 소재로 삼는 것은 이러한 후자의 관점에서 도출되는 결과라 할 수 있다.

'그들'을 이율배반적 권력 집단으로 낙인찍는 보수/우파 세력의 담론 전략은 노무현 전 대통령의 자살을 불러온 노 전 대통령에 대한 검찰 수사 과정에서 극명하게 표출된다. 아래의 [발췌 17]을 보자.

[발췌 17]

국정 최고책임자로 대한민국을 이끈 인물이 거짓말을 늘어놓고 말을 바꾸는 것을 지켜보면서 스스로 '잡범' 수준으로 전락했다는 느낌을 버릴 수 없다. 검찰 수사가 진행되면서 치욕을 당하는 것은 전직 대통령의 명예가 아니라 국민들의 자존심이라는 생각마저 든다[...]뒤를 봐 준 기업인의 돈을 끌어다 쓰는 몰염치한 짓을 저질러놓고 전혀 반성하는 빛을 보이지 않는다[...]노무현식 '도덕성 장사'는 이미 파산했다. 법망을 벗어나기 위해 군색하고 역겨운 거짓을 더 늘어놓지 말고, 이제라도 진실을 털어놓고 국민에게 사죄할 일이다.(동아. 2009.05.11. "전직 대통령 부부의 '잡범'같은 말 바꾸기")

이 사설은 노 전 대통령에 대한 수사가 진행 중이던 시기에 쓰인 글이다. 따라서 수뢰 여부는 아직 법적으로 확인되지도 확정되지도 않은 상태였다. 그럼에도 불구하고, 보수/우파 세력은 이를 기정사실로 단정한다. "인물", "거짓말", "잡범", "몰염치한", "반성", "도덕성 장사", "파산", "군색", "역겨운" 등 매우 경멸적인 용어들을 동원함으로써, '그들'의 정체성에 대한 적대적 감정을 끌어올린다. 그리고 "치욕"을 안겨주는 주체는 전직 대통령이고 그 대상은 오히려 국민이라는 반전도 일어나고 있다. 이러한 담론 전략들을 통해 보수/우파 세력은 '그들'이 개혁성과 도덕성을 앞세웠지만 사실은 부도덕하고 부패한 권력 집단에 불과하다는 낙인을 찍는다.

4) 그들: 포퓰리스트(populist)

포퓰리즘 담론은 최근 보수/우파 세력이 즐겨 사용하는 지배 담론 레퍼토리들 중의 하나다. 포퓰리즘은 사전적인 의미로는 보통사람들의 희망과 요구를 대변하고자 하는 정치사상과 행위를 의미하지만, 학술적으로는 대체로 다원주의와 자유주의를 용인하지 않는 권위주의적이고 전체주의적인 리더십을 지칭하는 말로 사용된다. 그런데 최근 한국의 사회정치 담론에서 그것은 경멸적인 의미로, 즉 선동 정치가들이 즐겨 사용하는 위험한 정치 전략으로 통용된다. 포퓰리즘은 정치 경제 사회 문화 외교 국방 등 영역을 가리지 않고 거의 모든 사회 부문에서 항상 경계의 대상이 되고 있다. 일본과의 독도 문제나 우익 교과서 문제와 관련된 민족주의적 태도는 외교적 포퓰리즘, 빈곤 계층의 복지 향상 노력은 사회경제적 포퓰리즘, 광우병 쇠고기 수입 반대 시위는 정치적 포퓰리즘의 발로라는 비난이 뒤따랐다. 이러한 포퓰리즘 공세는 일반 대중의 민주주의에 대한 요구를 정치에 충실히 반영하려는 노력을 공격하는데 상당히 유효한 전략이 되었다. 아래의 [발췌 18]을 보자.

[발췌 18]

미국 건국의 아버지들이 헌법 제정(1787년) 논의 과정에서 가장 우려했던 것 가운데 하나는 선동가, 즉 포퓰리스트(대중영합주의자) 지도자의 출현 가능성이었다. 대중을 위한다는 구호가 결국 '다수의 폭정'이나 '코드 독재'에 악용될 것을 걱정한 것이다[...]포퓰리스트들의 선동수법 중 '부드러운 수단'은 감성적 호소다. 눈물이 대표적이다. '강한 수단'은 증오다. 그 극단은 테러다. 미국 헌법의 산파인 제임스 매디슨도 선동가들이 '가진 자'와 '못 가진 자' 사이의 갈등을 부추켜 국가 사회가 분열할 가능성을 가장 우려했다. 그 대책으로 만든 것이 대의정치, 법치, 그리고 3권 분립체제였다[...]'바보 노무현'의 출발점은 바로 이 계산법이다. 3전 4기의 무모한 영남 도전 끝에 호남을 설득하는데 성공해 민주당 후보가 됐다. 2002년 대선에서는 '노무현의 눈물'이라는 정치광고로 유권자들의 감성 코드를 자극했고, 결국 당선됐다. 하지만 정치 투신의 동기를 '사회에 대한 증오와 분노'라고 꼽았던 노 대통령은 취임 이후 증오의 정치를 계속했다. (동아. 2007.05.29. "증오의 정치, 눈물의 정치")

[발췌 18]은 "대중을 위한다는 구호", "감성적 호소", "눈물", "분노", "증오" 등과 같은 몇 개의 단어들을 갖고 노무현 정부에 포퓰리즘이라는 불명예를 덧씌운다. 여기에는 '악의적 환유'의 담론 전략이 작동하고 있다. 포퓰리즘의 근본 속성이라 할 수 있는 권위주의 리더십의 반(反)다원주의를 문제 삼지 않고, 민주주의와 사실상 구분되지 않는 포퓰리즘의 일부 현상적 특징을 곧바로 포퓰리즘과 등치시키고 있기 때문이다. 대중에 대한 호소는 포퓰리즘의 필요조건일 수는 있어도 충분조건은 아니다. 포퓰리즘의 충분조건은 권위주의적 혹은 전체주의 리더십이다. 그럼에도 불구하고, 한국의 보수는 포퓰리즘의 필요조건을 마치 그것의 충분조건인양 전도시키고 있는 것이다. 다음으로, [발췌 18]에서는 근대 시민혁명의 성과물인 대의 정치, 법치, 3권 분립체제를 봉건 절대군주의 폭정의 대립물로서가 아니라 다수 대중의

폭정의 대립물로 규정하는 작업이 이루어지고 있는데, 역사에 대한 이러한 전도된 주장은 근대 시민혁명이 사실은 다수 대중의 폭정이었다고 볼 때에만 최소한의 논리적 일관성을 가질 수 있을 것이다.

이처럼 포퓰리즘을 선동 정치와 등치시킴으로써, [발췌 18]은 민주주의 실천을 위한 노력의 중요성을 폄하하고 있다. 좌파, 우파, 중도파 이데올로기에 상관없이 대중의 요구를 최우선으로 대변한다는 포퓰리즘은 그 자체로는 민주주의 원리와 상치되지 않는다. 대중에 의한 정부를 옹호하고 소수 특권 엘리트에 의한 정부를 배격하는 것도 민주주의와 대립하는 것이 아니다. 이념을 따지지 않는 것이 곧바로 잡탕 정치라고 할 수는 없으며, 대중의 요구를 대변하고 소수 특권 엘리트를 배격하는 것이 곧바로 선동 정치라고 할 수도 없음에도 불구하고, [발췌 18]에서는 "대중을 위한다는" 정책과 "가진 자"와 "못 가진 자" 사이의 갈등이 백안시되고 있다. 직접 민주주의는 필연적으로 포퓰리즘의 폐해를 양산한다는 엘리트주의적 발상이 그대로 드러나고 있는 것이다.

5) 그들: 편 가르기 집단

보수/우파 세력이 반대파를 비난하는데 자주 동원하는 또 다른 담론 전략은 '그들'을 '편 가르기 집단'으로 규정하는 전략이다. 2005년과 2006년 사이 그리고 2008년에서 2009년 사이 보수/우파 세력은 수십 가지가 넘는 다양한 딱지를 동원하여 반대파를 공격하였다. '짐승보다 못한 인간', '저주와 증오의 아들 딸', '시정잡배', '막가파', '깡패', '불량 집단' 등과 같은 인신공격형 언어에서 '아스팔트 전사', '철지난 길거리 투사', '거리의 세력', '전문 시위꾼', '직업 안티꾼', '운동권', '음모꾼', '시위대 권력', '운동권 실험 정권', '떼쓰는 집단', '소수의 무법자들', '폭력가투 세력', '촛불세력', '촛불무리', '폭력세력', '과격세력', '탈레반' 등과 같은 폭력운동권 딱지, '친북세력', '종북세력', '북한 추종 세력', '김정일 감싸기 세력', '김정일의 남쪽 친구들', '정통성 부인 세력', '반대한민국 진영' 등과 같은 반공 이념 공세, '반미 상인', '반미 세력', '반미꾼들', '반글로벌화 세력' 등과 같은 반미주의 딱지, '이념에 눈먼 세력', '사이비 이념 종교 선교사', '좌파세력', '좌파 전체주의자들', '수구 좌파', '꼴통 좌파', '좌파 폭탄', '불순 세력', '홍위병', '짝퉁 진보' 등과 같은 좌익 딱지, '신판 기득권 세력', '신판 권력 블록', '노동 귀족', '타락한 올드 레프트' 등과 같은 권력 집단 딱지를 정치적 담론 투쟁에 동원하였다.

보수/우파 세력에게 편 가르기는 맹목적 증오심에서 세상 사람들을 내 편과 네 편으로 나누고, 네 편을 향해 노골적인 적개심과 살기를 표출하는 행위를 의미한다. 세상의 모든 문제를 선과 악의 문제 혹은 정의와 불의의 문제로 파악하여 자신은 선이고 정의이며 상대방은 악이며 불의로 보며, 상대방을 타도해야 할 대상으로 보는 행위를 지칭하는 것이다. 또한 보수/우파 세력은 '그들'의 이런 편 가르기가 우리 사회의 합리적 토론 문화 부재, 명분과 주의주장을 중시하는 편향, 민주화 운동에서 몸에 밴 시위 문화, 특정 이념을 선전 선동하는 음모꾼 등과 같은 요소들 때문에 나타나는 것이라고 단언한다. 그리고 '그들'이 뿌린 편 가르기의 씨앗이 우리사회 곳곳에서 증오의 덩굴을 번식시키고 있다고 주장한다. 그러나 보수/우파 세력의 편 가르기 담론은 자가당착에 가까울 정도로 모순적이며 매우 편의적으로 사용된다. 아래의 [발췌 19]를 보자.

[발췌 19]

노무현 대통령은[...]"원칙이 반칙에 의해 좌절되고 상식이 특권에 의해 훼손되는 사회에서는 신뢰가 피어나지 않는다"고 말했다[...]다시 원칙과 반칙,

상식과 특권의 가르기를 하고 나선 것이다[...]특권과 반칙은 권력을 가진 사람들이 갖고 저지르는 것이다. 이 정권은 지난 2년 반 동안 인사로 자기편 사람들을 보살펴 왔고, 신문법이나 과거사법 같은 법률로 반대편을 제압하려 했다. 권력에 쫓기고 눌리고 있는 세력을 거꾸로 '특권과 반칙' 세력으로 몰아붙이는 것은 누구도 이해할 수 없다.(조선. 2005.05.16. "지금 누가 반칙하고 특권 행사하나")

[발췌 19]은 '그들'을 편 가르기 세력이라고 비난하는 바로 자기 자신이 얼마나 편 가르기의 덫에 빠져있는지를 잘 보여준다. "원칙이 반칙에 의해 좌절되고 상식이 특권에 의해 훼손되는 사회에서는 신뢰가 피어나지 않는다."는 말은 좀처럼 부정하기 어려운 거의 진리에 가까운 진술이라 할 수 있다. 그런데 이처럼 매우 일반적인 진술을 보수/우파 세력은 "원칙과 반칙, 상식과 특권"을 나누는 편 가르기 언어라고 규정한다. 반칙과 특권을 행하는 모든 권력을 비판하는 대신, '반칙과 특권 집단은 내가 아닌 너'라는 편 가르기로 대응하고 있는 것이다. 이는, 보수/우파 세력 자신의 주장대로, 세상 모든 사람을 내 편 아니면 네 편으로 보는 편 가르기의 전형이라 할 수 있을 것이다. 그러나 보수/우파 세력의 이러한 자가당착적 편 가르기 담론은, 편 가르기가 사실상 정치에서 불가피한 일이라는 점을 역설적으로 보여주는 것인지도 모른다. 아래의 [발췌 20]을 보자.

[발췌 20]

적우(敵友노) 관계를 정치의 본질적인 범주로 보려는 견해도 있는 것 같다[...]정치에서는 적의 편, 저쪽 편이냐, 우리 편, 이쪽 편이냐를 가르는 적우의 관계가 기본적인 범주가 된다는 뜻이다[...]'편 가르기'란 비단 그만의 것이 아니라 무릇 정치와 정치인에겐 일반적인 속성이라고자차 할 수 있을 것이다. 노무현 전직이 비난을 받게 된 것은 실인즉 편 가르기를 했다 해서가 아니라 그걸 너무 '잘'해서 나라가 동강이 나버릴 것 같기 때문이었다[...]이명박 대통령도 편 가르기를 한다[...]국정 지지도가 30% 이하로 폭락한 것도 편 가르기를 해서가 아니라 그걸 너무 '잘못'해서 나라가 동강이 나버릴 것 같기 때문이다.(동아. 2008.05.17. "대통령제에 거는 도박")

[발췌 20]에는 위에서 살펴본 자기 스스로가 편 가르기에 충실하면서도 상대방을 편 가르기 한다고 비난하는 자가당착의 논리는 없다. 대신, 정치의 본령의 편 가르기라는 사실을 정확히 지적하고 있다.("정치에서는 적의 편, 저쪽 편이냐, 우리 편, 이쪽 편이냐를 가르는 적우의 관계가 기본적인 범주가 된다는 뜻이다.") 그러나 이 칼럼에서 보수/우파 세력은 여전히 정치를 편 가르기의 공정한 게임으로 볼 생각이 없다. '그들'이 편 가르기를 '잘'하면 나라가 분열되지만, '우리'가 편 가르기를 잘하면 나라가 통합될 것이라고 전제하고 있기 때문이다.

이처럼 '우리'의 편 가르기만이 통합적이라는 보수/우파 세력의 담론 전략은 2009년 노무현 전 대통령 서거에 대한 반응에서도 확인된다. 아래의 [발췌 21]을 보자.

[발췌 21]

정치적 이념적 투쟁과 정권타도 운동으로는 노 전 대통령 서거를 계기로 다시 화두로 떠오른 화해와 용서를 이룰 수 없다. 분열과 갈등을 더욱 부채질할 뿐이다. 노 전 대통령이 꿈꾸었던 '사람 사는 세상'이 분열과 갈등의 세상, 국민이 선거로 선택한 정권을 시위로 타도하려는 세상은 아닐 것이다. 노 전 대통령의 죽음을 애도하는 감성 에너지를 사회통합으로 승화시키는 이성적 노력이 필요한 때다[...]노 전 대통령의 죽음을 정략적 이념적으로 이용하며 반(反)정부 운동의 빌미로 삼고, 나아가 지나치게 미화해 영웅이나 순교자, 열사로 만드는 일은 사후(死後)를 욕되게 하는 것이다.(동아. 2009.05.30. "외환보다 내우가 더 걱정이다")

[발췌 21]에서 보수/우파 세력은 노 전 대통령의 죽음이 마치 "화해와 용서"라는 화두를 던진 것인 양 틀 짓기를 하고 있다. 누구와 누구의 "화해"이며 누가 누구를 "용서"하는지 알 수 없는 모호한 말로 그 죽음을 자신도 애도하고 승화시키려는 것처럼 보이게 한다. "화해와 용서"는 손쉽게 동의와 지지를 받기 위한 '표면적 부정'의 장치인 셈이다. 노 전 대통령 생전에는 그의 '사람 사는 세상'이 분열과 갈등의 편 가르기 세상이라고 비판한 보수/우파 세력은, 그의 사후에는 똑 같은 말을 분열과 갈등이 없는 세상을 가리키는 말로 사용하고 있다. 노 전 대통령의 자살을 불러온 정권의 책임을 묻는 모든 움직임을 "선거로 선택한 정권을 시위로 타도하려는" 것으로 보는 과장어법도 동원하고 있다. 노 전 대통령의 죽음에 대한 정치적 해석을 "이념적"인 행동이라고 규정하는 '공포 전략'도 빠지지 않는다. 이처럼 보수/우파 세력은 스스로 편 가르기에 매우 충실하면서도 '그들'에게는 편 가르기가 아니라 화해와 용서 그리고 사회통합을 지향하라는 주문을 하고 있다.

3. 우리와 그들: 선과 후

1) 우리: 산업화/민주화/선진화

'선진화' 담론은 보수/우파 세력이 자신의 집권 필요성과 정당성을 설파하기 위해 사용한 핵심 사회정치 담론의 하나다. 그것은 21세기 한국의 시대정신처럼 회자되었다. 그런데 단순한 정치적 수사에 불과할 수도 있는 '선진화' 담론이 수사 이상의 특별한 의미를 갖는다면, 이는 아마 그것이 산업화 세력과 민주화 세력 사이의 오랜 반목과 갈등을 넘어선 화해와 통합의 필요성을 역설하고 있는 것처럼 보이기 때문일 것이다. 현대사를 건국과 산업화와 민주화를 성공적으로 거쳐 온 것으로 평가하고, 그 토대 위에서 이제 선진화를 향해 나아가자는 일견 매우 상식적이고 규범적인 것처럼 보이는 주장은, 그러나, 현대사에 대한 하나의 특수한 관점을 보편타당한 해석으로 전환시키기는 은밀한 담론 전략을 내포하고 있다. 마치 1997년 외환위기와 국가부도 사태를 초래한 섣부른 '세계화' 담론이, 그리고 사실상 한국 자본주의의 신자유주의적 재편을 강화하고 은폐하는 수사에 다름 아니었던 세계화 담론이, 1990년대 초반부터 보수와 진보를 막론한 모든 사람들로 하여금 세계화를 피할 수 없는 외적 강제로 받아들이게 했던 것처럼, 최근의 '선진화' 담론은 실제로는 민주화 시대와 민주주의 실천의 의의를 제한하고 포위하고 있으면서도, 외견상으로는 산업화와 민주화의 통합을 이야기하는 것으로 보이게 만드는 담론 전략을 구사하고 있다. 아래의 [발췌 22]를 살펴보자.

> [발췌 22]
>
> 지난 60년간 대한민국은 참으로 숨 가쁘게 달려 왔다. 40-50년대의 '건국의 시대'를 거쳐 60년대와 70년대의 '산업화의 시대'를, 그리고 80-90년대의 '민주화의 시대'를 살아왔다. 우여곡절도 있었으나 모두가 빛나는 성공의 시대였다[...]오늘의 대한민국은 분열과 갈등, 혼돈과 좌절로 심하게 흔들리고 있다[...]이 땅에 대한민국의 선진화를 가로막는 반선진화 사상과 세력이 등장하였기 때문이다. 이들은 '좌파적 역사관'에 의지하여 대한민국의 역사적 정통성을 부정하고[...]균형발전이란 이름으로 전 국토를 난개발하고[...]이념과 정서과잉의 '코드외교'가 일상화되어[...]이래선 선진화에 성공할 수 없다.(조선. 2006.05.11. "선진화냐 몰락이냐...운명의 15년")

[발췌 22]에서 선진화 담론은 현대사를 1940-50년대의 이른바 건

국의 시대, 1960-70년대의 산업화의 시대, 그리고 1980-90년대의 민주화의 시대로 규정한다. 이러한 시기 구분법은 우선, 건국과 산업화란 명분으로 이승만과 박정희를 역사적으로 복권시킨다. 특히 그것은 장기 독재 권력의 대명사로 역사와 대중에 각인된 박정희 집권기를 산업화 시대로 규정함으로써, 그 시대 주도 세력의 복권을 꾀하고 그들에게 역사적 정당성을 부여하려 한다. 박정희 독재 정권에 저항한 일반 대중과 민주화 세력에게, "우여곡절도 있었으나 모두가 빛나는 성공의 시대였다."는 말은 민주화 시대를 성공의 시대로 인정할 테니 박정희 시대도 산업화의 성공 시대로 인정하자는 의미로 다가올 수 있다.

그러나 선진화 담론 전략은 단순히 박정희를 산업화의 주역으로 정립시키는 것에 머물지 않는다. 그것의 진정한 목표는 민주화 시대의 의미를 협소하게 한정하는 것에 있다. [발췌 22]에서 볼 수 있듯이, 선진화 담론은 1980-90년대 민주화 투쟁의 결실이라고 할 수 있는 2000년대의 김대중, 노무현 정권기를 민주화 시대로 보지 않는다. 대신 전두환, 노태우 군사 독재 세력과 손잡고 집권한 김영삼 정부에 의해 민주화의 과제는 해결되었다고 본다. 흔히 '민주화 이후의 민주화 시대'로 불리기도 하는 2000년대를 '반선진화' 세력의 등장에 따른 "분열과 갈등, 혼돈과 좌절의 시대"로 규정하고 있기 때문이다. [발췌 22]에서, 김대중, 노무현 정부는 민주화 시대의 주역이 아니라 반선진화 세력에 불과하다. 이러한 주장은 '긍정적 자기 표상과 경멸적 타자 표상' 전략으로 더욱 강화된다. '대한민국'과 암묵적으로 등치된 '우리'는 지난 시절 빛나는 성공 시대의 주체인 반면, 반선진화 세력인 '이들'은 정서과잉으로 분열과 혼란과 갈등과 난개발을 불러일으키는 사실상의 '반(反)대한민국' 세력이 된다.

이처럼 선진화 담론에서 민주화 세력은 김영삼 정부이거나, 좀 더 넓게는, 뉴라이트 세력을 가리킨다. 뉴라이트재단 이사장 안병직 서울대 명예교수가 "올드라이트는 산업화 세력에 그 연원을 두고 있으나, 뉴라이트는 민주화 운동에 그 뿌리를 두고 있다"고 밝힌 데서 알 수 있듯이, 보수/우파 세력은 올드라이트를 산업화 세력으로, 뉴라이트를 민주화 세력이라고 스스로 규정하고 있기 때문이다. 결국 한국 사회의 산업화와 민주화는 모두 보수/우파 세력이 달성한 것이라는 논리가 만들어진다.

> [발췌 23]
> '5월 광주'는 1980년대 한국 사회의 깊은 내상이었다[...]분노와 좌절 그리고 '5월 광주'를 몰랐던, 또는 방관할 수밖에 없었던 부채의식은 수많은 젊은 이들을 '혁명의 전위'로 끌어냈다. 관념적 좌파 및 친북 주사파가 양산됐고, '반미와 체제 전복'은 그들의 어깨에 붙은 불온한 견장이었다[...]1987년 6월, 그들은 승리했다. 그러나 승리의 과실은 곧바로 기성 정치세력에 넘어갔고 다수의 386그룹은 '운동'을 떠나 현실로 돌아왔다. 그렇게 분화된 386그룹의 한 지류가 2002년 정권을 잡았다.(동아. 2005.05.19. "당신이 실세인가")

이처럼 선진화 담론은 민주화 세력을 김영삼 민자당 정부나 최근의 뉴라이트 세력으로 정립하는 것을 넘어서서, [발췌 23]에서 볼 수 있듯이, 기존의 군사 정권과 손잡지 않은 김대중과 노무현을 포함한 광범위한 민주화 세력을 "친북 반미 좌파" 세력으로 규정한다. 선진화 담론에서 1980년대는 민주화의 시대였겠지만, 1980년 5월의 광주에서 배태된 민주화 투쟁은 수많은 "혁명의 전위", "친북 주사파", "반미와 체제 전복 세력"을 양산했고, 그들 중 일부가 2002년에 권력을 잡았기에, 이들 집권 세력은 민주화 세력이 아니라 친북 좌파라는 것이다. 여기에는 '자동차 발판 기법'이라는 담론 전략이 작동하고 있다. '5월 광주', '깊은 내상', '분노와 좌절' 등은 구체적 내용이 없는 매우 모호한 용어들이다. 5월 광주가 어떤 점에서 깊은 내상이었는지 그리고 5월 광주의 무엇에 대한 분노와 좌절이었는지 드러난 바가 없다. 얼핏 5월 광주의 민주주의적 의의에 공감하는 것처럼 보이는 이러한 모호한 용어들이·실제로 향하는 개념들은 결국 '혁명의 전위', '관념적 좌파 및 친북 주사파', '반미와 체제 전복', '불온한 견장' 등과 같은 매우 이념적인 용어들이다. 5월 광주가 친북 주사파라는 불온한 견장을 양산한 진원지라는 사실을 우회적으로 주장하고 있는 것이다.

요컨대, 선진화 담론은 1980년대 민주화 투쟁의 한 부분이자, 나중에는 투쟁의 대상이었던 독재 정권과 타협했던, 김영삼 정부와 뉴라이트 세력을 민주화 세력으로 규정하고, 그 외 대다수의 실질적인 민주화 세력을 좌파 친북 반미 세력으로 낙인찍는 전략의 산물에 다름 아니다.

2) 그들: 친북좌파, 반(反)대한민국 세력

보수/우파 세력이 반대 세력을 비난하기 위해 동원하는 또 다른 전략은 '그들'을 대한민국 정체성을 부정하는 친북좌파라고 단정하는 전략이다. 한국 사회를 오랫동안 옥죄었던 '빨갱이'라는 반공 이데올로기가 '대한민국 정체성 부정 집단' 혹은 '반대한민국 세력'이라는 담론으로 변형되어 나타나고 있는 것이다. 보수/우파 세력은 자신에 대한 비판과 도전을 거의 습관적으로 '친북좌파' 혹은 '대한민국 정체성 부정'으로 규정하는 이념 과잉의 반응을 보인다. 예컨대, 대다수가 미래의 노동자들인 학생들에게 노동자의 기본 권리를 알려주는 수업은 학교가 수행해야 할 시민 교육의 중요한 한 부분이다. 그러나 보수/우파 세력은 전교조가 주도하는 그런 수업을 섬뜩

한 계급투쟁을 선동하는 반자본, 반시장, 반기업 세뇌교육이라고 단정한다. 그것을 이념 투쟁의 전사를 양성하는 의식화 교육으로 보는 과잉 이념적 반응을 보이는 것이다. 효순이 미선이 추모 촛불 집회에서부터 평택 미군기지 이전 반대 운동, 한미 FTA 반대 투쟁, 그리고 광우병 쇠고기 수입반대 촛불 시위 등에 이르기까지, 최근 우리 사회의 중요한 현안에 대한 시민들의 거의 모든 집합 행동은 북한의 선전선동과 연관된 불순 세력의 친북반미 이념 투쟁으로 몰아간다. 아래의 [발췌 24]를 보자.

[발췌 24]
일부 세력이 벌이는 '광우병 공포 세뇌'는 북한의 선전선동과도 무관하지 않은 것 같다. 북은 지난달 24일 평양방송을 통해 "이명박 역도가 미친소병 위험으로 미루어 오던 쇠고기를 아무런 제한조건도 없이 수입하기로 미국과 합의했다"고 주장한 뒤 발언 수위를 높여가고 있다[...]'효순이 미선이'에서 광우병 괴담까지 촛불집회를 주도하는 세력의 코드는 친북 반미다.(동아. 2008.05.10. "광우병 촛불집회 배후세력 누구인가")

정부 비판 활동을 거의 습관적으로 친북좌파로 몰아붙이는 보수/우파 세력은 광우병 쇠고기 수입 반대 시위에 대해서도 어김없이 친북반미라는 카드를 내 놓는다. [발췌 24]에서는 북한이 미국 광우병 쇠고기와 관련하여 성명을 발표했다는 이유만으로 국내의 수입 반대 시위가 북한의 선전선동과 연결된 친북활동이 된다는 좀처럼 납득하기 어려운 논리까지 동원하고 있다. 심지어 보수/우파 세력은 신영철 대법관의 재판 독립성 훼손에 대한 판사들의 비판마저도 이념과 성향에서 확실한 색깔을 보이는, 즉 좌파 판사들의 위험한 행동으로 몰아가는 모습을 보이기도 한다. 이처럼 반공 이념에 충만한 한국의 보수/우파 세력은 자신들과는 다른 목소리를 친북좌파라고 규정하는 이념의 과잉을 드러내고 있는 것이다.

확실히 보수/우파 세력이 즐겨 사용하는 친북좌파라는 말은 수십 년간 한국사회를 지배해온 반공 이데올로기의 한 요소이다. 그런데 친북좌파라는 용어는 최근 '대한민국 정체성 부정', '역사적 정통성 훼손', '반대한민국'이라는 용어들과 호환되기도 한다. 아래의 [발췌 25]를 보자.

[발췌 25]

작년 대선에서 유권자들은 10년간 왜곡돼온 대한민국의 정체성과 약화된 성장동력을 다시 일으켜 세우겠다는 이명박 후보의 손을 들어줬다. 이 정부는 대한민국의 정체성을 훼손하는 장애물을 없애고, 시장경제시스템 및 교육 경쟁력의 강화를 통한 성장동력 확충에 박차를 가해야 한다. 물론 대한민국의 헌법적 가치를 복원하고 시장경제 발전을 가로막는 잔재들을 제거하는 작업에 대한 저항이 만만찮다[...]두 번의 좌파정권이 심어놓은 편향된 이념과 기득권의 힘이 만만치 않다는 얘기다[...]과학기술부가 밝힌 '좌편향 역사교과서 및 반(反)시장적 경제교과서 바로잡기'는 대한민국의 자긍심과 정체성 회복을 위해 필수적인 과제다.(동아. 2008.05.17. "'대한민국 왜곡' 바로잡기 속도 내라")

[발췌 25]에서 보수/우파 세력은 지난 10년의 김대중, 노무현 정권이 좌파 정권이며 그 기간 동안 "대한민국의 정체성"과 "자긍심"이 훼손되고 왜곡되었다고 주장한다. 지난 10년 간 '역사바로세우기 작업', '좌편향 역사 교과서', '반시장 경제 교과서', '반공영적 공영 방송', '사이비 학자들의 비학문적 선동주의' 등에 힘입은 반(反)대한민국세력이 대한민국의 정체성을 심각하게 훼손하고 부정하였다고 단정한다. 보수/우파 세력에게 대한민국의 정체성은 대체로 1948년 대한민국 정부 수립, 한미동맹, 자유민주주의 정치 체제, 반공산주의,

자유 시장경제 시스템, 산업화와 같은 요소들로 구성된다. 반면, 과거사 규명, 독재와 인권 탄압, 분단체제 해소, 저임금 장시간 노동, 중소기업과 농촌 경제에 대한 차별, 소득 양극화 등과 같은 문제들에 대한 비판적 논의는 대한민국의 정체성을 부정하는 친북좌파 활동으로 규정된다. 그러한 논의들 자체가 대한민국의 정체성을 규정하는 작업의 핵심 요소임을 인정하지 않을 뿐만 아니라 죄악시하는 것이다. 보수/우파 세력은 정체성 규정 작업이라는 것이 이미 존재하는 경계를 확인하는 것이 아니라, 끊임없이 규정되고 재규정되는 열린 과정임을 인정하지 않는다. 여기에는 자신들이 설정한 대한민국 정체성을 강요하고, 그에 대한 다양한 반론과 이견의 존재가능성을 인정하지 않는 보수/우파 세력의 전체주의적 성향이 자리 잡고 있다. 대한민국 정체성에 관한 자신들의 입장과 다른 모든 논의를 곧바로 대한민국 정체성 부정 논리로 몰아가는 것은 전체주의 논리와 별로 다를 것이 없기 때문이다.

이른 바 '친북좌파 반(反)대한민국 세력'에 맞선 보수/우파 세력의 부단한 싸움과 '그들'에 대한 극도의 혐오감과 적대감은 '그들'의 패배로 상징될 수도 있는 노무현 전 대통령의 자살이라는 전대미문의 사건 앞에서도 별로 잦아들지 않는다. 아래의 [발췌 26]을 보자.

[발췌 26]

그는 대통령의 권위와 품위에 걸맞지 않은 언행으로 빈번히 비난을 자초했고 선거 개입 발언으로 2004년에는 탄핵 위기까지 가는 오점을 남겼다. 지나치게 좌(左)로 기운 경제 사회 교육 정책은 다수 국민을 충분히 설득하지 못하고 끊임없는 논란을 불러일으켰다[...]대한민국의 역사를 '오욕의 역사'로 규정해 분열과 갈등을 키웠다는 점도 부정하기 어렵다[...]노 전 대통령의 죽음이 애석한 일이긴 하지만 그를 죽음으로 몰고 간 직접적인 원인은 어디까

지나 권력 비리였다. 그리고 유서에 쓴 것처럼 '삶과 죽음을 자연의 한 조각'으로 파악한 극단적인 선택이었다. 우리의 관심은 최고 권력자의 도덕성에 대한 성찰과 함께 다시는 이런 불행이 되풀이되지 않도록 하는 데 맞춰져야 한다[...]노 전 대통령이 죽음을 선택한 방식은 국가 이미지를 손상하고 청소년들에게도 좋지 않은 영향을 미치지 않을까 우려된다[...]노 전 대통령은 '깨끗한 정치'와 도덕성을 내세워 당선됐지만 퇴임 후 본인은 물론 가족과 형의 비리 혐의가 불거지면서 도덕의 깃발은 무참히 찢겨졌다[...]그의 삶과 죽음은 한계에 도전하다 끝내 그 벽을 넘지 못하고 생을 마감한 한 인간의 비극적인 이야기다.(동아, 2009.05.24. "영욕 너머로 떠난 노무현 전 대통령")

[발췌 26]을 관통하는 일관된 기조는 그의 죽음은 전적으로 개인적인 죽음일 뿐이라는 것이다. 탄핵을 포함한 그의 재임기간의 모든 논란은 스스로가 자초한 것이고, 그의 죽음도 자신의 권력비리에 기인하는 것이며, 그의 삶과 죽음 자체가 도덕성의 한계를 넘어서지 못한 데에 따른 개인적 비극일 따름이라는 것이다. 보수/우파 세력은 심지어 그의 죽음이 국가 이미지와 청소년에 미치게 될 좋지 않은 영향을 염려하는 여유까지 보이고 있다. '적'의 죽음 앞에 던지는 조사라고 할 수도 있는 이 글에서도 보수/우파 세력은 노 전 대통령의 죽음은 전적으로 자신이 자초한 것이라는 냉혹한 태도를 거두어들이지 않고 있다.

4. 결론

2005년에서 2009년 사이 보수/우파 세력의 담론 실천은 진보/좌파 세력을 압도하였으며, 그들의 담론 헤게모니를 확실하게 구축하였다. 무엇보다도, 보수/우파 세력의 담론 실천은 정치적인 것의 본질이 자유주의자들이 말하는 것처럼 대화와 소통을 통한 합의의 형성에 있는 것이 아니라, 슈미트의 말대로 '그들'에 맞선 '우리'의 집합 정체성을 구축하는 것에 있음을 아주 잘 드러내 보였다. 보수/우파 세력에게, '우리'와 '그들'의 대립은 '내부/외부' 구분법의 강화를 의미하는 바, 보수/우파 세력은 '그들'의 모든 문제를 항상 개인을 넘어선 집단의 문제로 전환시키는 정치적 능력을 잘 발휘하였다. 또한 '그들'을 아마추어적인 주변부적 별종으로 취급함과 동시에 자신들은 실력이나 연륜의 측면에서 항상 '그들'보다 낫다는 관념을 확산시키는데도 주력하였다. 보수/우파 세력의 '우리'와 '그들' 사이의 대립은 위계적이고 권위주의적인 '위/아래' 구분으로 나타나기도 한다. '삼성' 담론, '친기업' 담론, '포퓰리즘' 담론 등은 진보/좌파 세력을 압도하는 보수/우파의 사회 지배 담론이 되었다. 삼성이 한국 경제에서 갖는 중요성은 보수/우파와 진보/좌파를 막론하고 거의 절대적인 것으로 간주되며, 이는 아예 "삼성이 우리를 먹여 살린다."는 주장으로 표출되기도 한다. 그리고 "친서민이 곧 반서민"이 되고 "친기업이 곧 친서민"이 된다는 매우 역설적인 논리가 널리 유포될 정도로 신자유주의적 가치관이 한국 사회를 지배하였다. 나아가 더 많은 민주주의를 요구하는 대중적 요구를 포퓰리즘이라고 낙인찍는 '포퓰리즘' 담론을 통해, 보수/우파 세력은 자신의 지배를 훨씬 더 효과적이고 부드럽게 관리하고 있기도 하다. 이러한 '삼성', '친기업', '포퓰리즘' 담론은 세상에 대한 대중의 상식적 이해의 밑바탕이 되는 관념으로 작동하고 있으며, 보수/우파 세력의 담론 지배력을 공고히 하는데 매우 중요한 기여를 하고 있다.

한편, 이와 같은 지배 담론 이외에도, 보수/우파 세력은 '이율배반적 권력 집단' 혹은 '편 가르기 집단' 등과 같은 담론 전략을 통해 '그들'을 효과적으로 포위하고 통제한다. '이율배반적 권력 집단' 담론은 흔히 진보/좌파 세력의 장점으로 간주되는 도덕성을 직접 공격함으로써, 그들이 대중과는 가까울 수 없는 권력 집단이라는 지배의 논리로부터 벗어날 수 없음을 강조한다. 또한 스스로가 '우리'와 '그들' 사이의 대립을 극대화하고 있음에도 불구하고, 한국의 보수/우파 세력은 '그들'을 복종하지 않는 '편 가르기 집단'으로 몰아붙인다. 요컨대, '삼성', '친기업', '포퓰리즘', '이율배반적 권력 집단', '편 가르기 집단'과 같은 담론은 지배 질서에 대한 순종을 요구하는 '위/아래' 구분법을 끊임없이 재생산한다. 마지막으로, '산업화/민주화/선진화' 담론은 한국 현대사를 보수/우파 세력이 주도한 성공의 역사로 정당화하려는 작업의 일환으로 만들어진 것으로, 특히 민주화마저도 '그들' 진보/좌파 세력이 아니라 김영삼 정부나 뉴라이트 세력 등과 같은 보수/우파 세력이 완성한 것으로 규정하려는 의도의 결과물이다. 여기에서 '그들' 진보/좌파 세력은 산업화와 민주화와 선진화라는 대한민국의 운명적 경로를 위협하는 '반선진화' 세력이다. 한국의 보수/우파 세력은 자신과는 다른 입장과 관점을 가진 사람들을 '저주와 증오의 아들 딸', '거리의 세력', '반대를 위한 반대를 일삼는 집단', '친북좌파', '반대한민국 세력', '대한민국 정통성 부정 세력'이라는 적대성의 낙인을 찍는다. 대한민국의 정통성이라는 말은 보수/우파 세력이 주도한 오직 하나의 역사만을 운명적으로 수용할 것을 강요하는 담론에 다름 아니다. 그리고 보수/우파 세력의 이러한 행태 속에는 모든 사회적 논란에 반공주의라는 이념을 덧씌우는 과잉 이념적 성향이 자리 잡고 있다. 또한 보수/우파 세력은 자신과는 다른 입장과 견해를 가진 사람들을 민주주의를 향한 정당한 경쟁자로 보기 보다는, 국가 정체성을 위협하는 이질적 존재로, 따라서 배제하고 절멸해야 할 '적'으로 보는 권위주의적이고 전체주의적인 사회정치 관념에서 헤어나지 못하고 있다.

제4장
진보의 정치 빈곤

이 장은 제2장에서 살펴본 경합적 다원주의론에 비추어 최근 한국의 정치권력 이행 과정에서 드러난 진보/좌파 사회정치 담론 실천의 성격을 분석한다. 그리고 그러한 정치 과정이 과연 근본주의적 적대를 넘어선 민주적 대립 전선의 작동 과정으로 평가될 수 있는지를 탐구한다. 진보/좌파 사회정치 담론은 반대파에 대한 비판의 초점을 개인을 넘어선 '그들' 집단 전체에 맞추지 못하는 경향이 있다. 그것은 '우리'와 '그들' 사이의 대립을 '그들' 내부의 대립으로 대체하여 '우리'를 대립 전선에서 배제하는 모습을 드러내 보이기도 한다. 나아가, '우리'를 '그들'의 집합 정체성에 통합시키는 자기부정의 행태를 보이기도 한다. 이러한 정치의 빈곤은 '우리/그들' 사이의 모든 대립을 '친구/적' 사이의 적대적이고 파괴적인 대립으로 간주하는 모습으로도 종종 나타나는데, 이는 '선의의 적' 혹은 '대립자들' 사이의 경합적 대결로서의 정치를 이해하지 못하는 자유주의적 한계에 기인하는 것이라 할 수 있다. 권력의 위계적 상/하 관념을 극복하지 못하고, 보수/우파 세력의 권위주의를 오만과 독선이라는 통치 스타일의 문제로 접근하며, 색깔론의 전체주의 적대 논리를 체계적이고도 적극적으로 반박하지 못하는 한계 속에서, 한국 진보/좌파 담론의 민주적 대결 정치에 대한 전망 부족을 확인할 수 있다.

1. 우리와 그들: 집합 정체성 구축

1) 그들: 개인들

한국 보수/우파의 진보/좌파 진영에 대한 비판이 반대파의 거의 모든 '개인' 문제를 '집단'의 문제로 확대하는 특성을 보인다고 한다면, 진보/좌파 진영의 보수/우파 세력 비판은 좀처럼 '개인'을 넘어선 그들 '집단'에 대한 비판으로 나아가지 못하는 정반대의 경향을 보인다. 다시 말해서, 진보/좌파 담론은 비판의 초점을 의식적으로 보수/우파 집단 전체에 맞추지 못하는 경향이 있다. 예를 들어, 2005년 5월에 논란이 된 신문법 개정을 격렬하게 반대한 집단은 한나라당, 조선일보, 중앙일보, 동아일보 등의 보수/우파 집단이었지만, 진보/좌파 담론은 이들 집단을 보수/우파 세력이라는 말보다는 '비판론자', '언론권력', '특정 신문사' 등과 같은 개별적, 중립적 용어들로 명명하였다. 또한 2006년 5월에 발표된 스위스 국제경영개발연구원의 국가별 세계경쟁력 지수와 관련하여, 한국의 국가경쟁력이 38위에 불과하다는 보수/우파 세력의 비판에 대하여 진보/좌파 진영은 그것을 '언론'의 대서특필이나 과잉반응으로 규정할 뿐, 그러한 반응의 정치적, 집단적 성격을 명확하게 드러내는데 많은 관심을 기울이지 않았다. 그리고 2006년 5월의 상속세 개편 논란과 관련하여, 진보/좌파 담론은 상속세 개편을 강력하게 요구한 세력은 보수/우파 집단이었음에도 불구하고, 그 집단을 '일부 보수언론'이나 '재계' 등과 같은 모호하고도 기계적인 용어법으로 명명하였다. 이러한 대응에는 '그들'의 집단적 성격이 명확히 드러나기 보다는 '그들'이 개별적 존재로 환원되는 효과가 더 크게 나타날 수 있다.

이와 같은 용어법의 문제를 넘어서서, 진보/좌파 담론에서 '그들'

과 대립하는 '우리' 집합 정체성을 형성하려는 노력 부재의 또 다른 양상을 아래의 [발췌 1]에서 확인할 수 있다.

[발췌 1]

이명박 정부가 국정운영 철학으로 비즈니스 프렌들리를 내세우면서 노동자의 권익은 종종 무시되고 있고, 성장 위주의 경제정책은 빈익빈 부익부를 부채질해 노동자의 곤궁한 삶을 더욱 어렵게 만들고 있다. 노동계 최대 현안인 비정규직 문제는 해결될 조짐이 없고, 도리어 공공부문 구조조정이라는 또 다른 역경이 눈앞에 다가와 있다. 이럴 때일수록 노동부의 역할이 한층 중요하다. 노동부가 중심을 잡고 제 역할을 다해야 정책의 균형을 맞출 수 있기 때문이다. 그런데 이영희 노동부 장관은 이런 기대와는 달리 자꾸 거꾸로 가려는 듯하다[...]노동부가 노동과 고용 정책은 뒷전에 두고 친기업 코드맞추기에만 급급해한다면 존재의 의미가 없다. 이 장관은 노동부의 본분이 무엇인지 진지하게 성찰해볼 필요가 있다.(경향. 2008.05. "노동절에 생각해보는 노동장관의 본분")

[발췌 1]에서 진보/좌파 담론은 이명박 정부가 친기업 정부임에는 분명하지만, 노동부 장관의 본분은 노동부라는 부처의 성격을 잘 고려하여 좀 더 친노동적인 정책을 도입하는 것에 있다는 사실을 강조한다. 이러한 논법은 보수/우파 진영 내부의 균열을 유도하는 전략을 내포한 것으로 평가할 수도 있다. 그러나 그것은 '그들'과 대립하는 '우리'의 집합 정체성 형성으로서의 정치를 충분히 발전시키지 못하는 명백한 문제를 안고 있다. [발췌 1]에서 지적하고 있는 노동 관련 문제들("노동자 권익 무시", "빈익빈 부익부", "비정규직 문제", "공공부문 구조조정" 등)이, 진보/좌파 진영의 일반적인 평가처럼, 이명박 정부의 "비즈니스 프렌들리"와 "성장 위주의 경제정책"에 기인하거나 혹은 더욱 악화되는 것이라면, 그 책임도 이명박 정부 전

체 그리고 이명박 정부와 이해관계를 같이하는 사회집단 전체에게 묻는 것이 진보/좌파 담론의 적절한 정치적 대응일 것이다. 그런데 [발췌 1]에서는 이명박 정부로 대변되는 보수 집단 전체의 책임은 비즈니스 프렌들리나 성장 위주 경제 정책 등 사뭇 양가적인 판단과 뒤섞이는 반면, 노동자들이 직면하고 있는 경제적 생활 조건의 명백한 악화에 대한 책임은 마치 이영희라는 개인과 노동부라는 개별 기관이 맡아야 하는 것인 양 다루는 문제가 나타나고 있다. "정책의 균형"이란, 말하자면, 비즈니스 프렌들리와 비정규직 문제 사이의 균형을 지칭하는 말 일진데, 진보/좌파 진영의 입장에서 그 책임을 온전히 이명박 정부와 보수 집단 전체에게 묻는 정치의식을 [발췌 1]에서 찾아보기는 어렵다.

더욱 중요하게, 박근혜 한나라당 전 대표에 대한 진보/좌파 세력의 대응 방식에서도 개인을 넘어선 집단 전체의 문제로 보수/우파 세력을 비판하지 못하는 한계가 종종 노정된다. 그 한계는 박 전 대표를 종종 '우리'와 대립하는 '그들'로서가 아니라, '우리'를 대신하여 '그들'과의 대립을 만들어가는 개별적 존재로 다루는 것으로 나타난다. 그리하여 우리/그들의 대립이 '그들' 내부의 대립으로 대체되거나, 그 대립에서 '우리'가 사실상 배제되는 결과를 초래한다. 아래의 [발췌 2]를 보자.

[발췌 2]

박 전 대표가 '쇠고기 파문'과 관련해 이 대통령에게 "국민의 소리를 들어야 하며 이념의 문제는 아니다"라고 발언했다는 대목에 주목하고자 한다[...] 사실 보수 또는 보수주의에 관한 것이라면 박 전 대표야말로 일정한 대표성을 갖춘 정치인이기도 하다. 국가보안법, 사학법 등 보·혁이 날카롭게 부딪치는 사안에 대해 그는 일관되고도 단호하게 보수적 가치를 옹호해왔다. 그러한 박 전 대표조차도 적어도 이번 쇠고기 파문에 대해서는 정부와 수구언론의 행태가 국민의 소리를 구시대적 색깔론으로 덮으려는 책동이라는 사실을 비판하고 있는 것이다.(경향. 2008.05. "박근혜 전 대표조차 질타한 '쇠고기 색깔론'")

[발췌 2]의 핵심 주장은 박 전 대표조차도 이명박 정권이 미국산 쇠고기 전면 개방 반대 시위를 친미좌파 음모로 호도하는 것을 지나친 이념적 반응으로 비판한다는 것이다. 이명박 정권의 색깔론이 보수/우파 세력에게조차 외면당할 정도로 시대착오적이라는 사실을 강조하는데 박 전 대표의 발언을 적절하게 활용하는 담론 전략이 구사되고 있다. 하지만 이러한 전략은 작지 않은 대가도 수반한다. 박 전 대표와 이명박 대통령 사이의 갈등을 부각시키느라 박 전 대표의 정치적 보수성을 모호하게 다루는 문제를 야기하기 때문이다. [발췌 2]에서는 "국가보안법"과 "사학법" 등에 대하여 박 전 대표가 "일관되고도 단호하게 보수적 가치를 옹호해왔다"는 가치중립적 평가가 나타나고 있는데, 이것이 함축하는 의미는 모호하다. 그것은 마치 쇠고기 파문에 색깔론을 들먹이는 것은 부적절하지만, 국가보안법과 사학법에 색깔론을 동원하는 것은 용인할 수 있다는 의미로 읽힐 수 있다. 혹은 쇠고기 수입 반대를 위해서라면 국가보안법과 사학법에 대한 그녀의 이념적 색깔론적 반응은 존중될 수 있다는 의미로도 읽힐 수 있다. 요컨대, [발췌 2]는 이명박 대통령과 박근혜 전 대표 사이의 갈등을 강조함으로써 이명박 정권을 고립시키고 보수/우파 세력의 분열을 촉진시키는 담론 전략을 사용하고 있는 것으로 평가될 수도 있지만, 그것이 과연 이명박 개인뿐만 아니라 박근혜도 포괄하는 보수/우파 집단 전체를 고립시키는 효과를 거둘 수 있는지는 미지수다. [발췌 2]에서와 같이 쇠고기 수입과 국가보안법 그리고 사학법을 아우르는 그들 보수/우파 집단 전체에 대한 비

판이 조직되지 못한다면, 쇠고기 수입을 둘러싼 보수/우파 세력 '그들'과 진보/좌파 세력 '우리' 사이의 대결이 자칫 '그들' 사이의 대립, 즉 현실적으로 가장 유력한 차기 대권 후보인 박근혜 전 대표와 현 집권 세력 사이의 대결로 대체되어버릴 위험이 적극적으로 고려되기 어려울 것이다.

이러한 '정치의 빈곤'은 종종 '우리' 정체성을 부정하는 모습으로 나타나기도 한다. 아래의 [발췌 3]을 보자.

> [발췌 3]
>
> "5월 31일은 무능정권을 심판하는 날이다. 무책임한 정권에 대한 국민봉기의 날이다."[...]이 야당의 목소리는 집권세력 때문에 쌓인 시민의 스트레스를 풀어주고 막힌 가슴을 뻥 뚫어줄 것이다. 못난 야당도 야당이다. 이 야당이라도 없었다면 시민들은 지난 3년을 참느라고 모두 화병이 났을 것이다. 2년을 더 참을 생각에 속이 곪아 터질 지경에 이르렀을 것이다[...]시민들은 이미 마음속으로 집권세력을 탄핵하고 정권교체도 다 했다[...]만에 하나 지금 수구적보수정권의 등장 가능성이 높아졌다고 치자. 그것은 실패를 반복하는 가짜 개혁 세력 그들 때문이다. 그들이 퍼뜨리는 환멸과 절망이라는 바이러스 때문이다. 그들이 수구정권 등장의 배후세력이다. 누구 탓을 하나. 돈공천, 비리와 부패, 건설업자의 시의회 건설위 장악 등을 그대로 둘 것이냐고 한다. 그러나 미안하지만, 그 모두 한나라당이 아니라 집권세력의 책임이다. (경향. 2006.05. "반우리당 대연합을 구축하라")

[발췌 3]에서 '우리'는 '그들'과 대립하지 않으며, 심지어는 '그들' 그 자체가 되고 만다. 우선, 여당과 집권세력은 '우리'가 아니라 "실패를 반복하는 가짜 개혁 세력"인 '그들'이다. 여기에는 '진짜 개혁 세력'만이 '우리'가 될 수 있다는 전제가 내포되어 있지만, 실제로는 그 어떤 진정한 개혁의 목소리도 [발췌 3]에서 찾아볼 수 없다. "무

능정권을 심판"하고, "지난 3년을 참느라고 모두 화병"이 날 지경이고, "마음속으로 집권세력을 탄핵하고 정권교체도 다" 했으며, "돈공천과 비리와 부패"의 책임이 집권세력에 있다는 주장은 틀린 말은 아니겠지만, 집권세력에 대한 보수/우파 세력의 공격과 별반 다르지 않을 것이다. [발췌 3]의 담론 전략이 진보/좌파 세력에게 진정으로 도움이 되기 위해서는, 가짜 개혁 세력에 대한 비판을 종국적으로 진짜 개혁 세력의 위치를 확인하고 또 그것을 확장하는 것으로 나아가야 할 것이다. 하지만, [발췌 3]에는 '우리' 정체성의 부정, 즉 '우리' 진보/좌파 세력의 '그들' 보수/우파 세력으로의 사실상의 통합을 주문하는 정반대의 모습이 나타나고 있다.

2) 우리: 그들의 담론 프레임

진보/좌파 담론의 정치 빈곤은 사회적 쟁점에 대한 '그들'의 담론 프레임을 '우리'의 것으로 받아들이는 모습 속에서도 드러난다. 진보/좌파 무능론, 보수 실력론, 경제 살리기론, CEO 리더십 담론, 공공기관장 재신임론 등과 같은 보수/우파 담론은 진보/좌파 담론에서도 상당히 폭넓게 통용되었으며, 산업화/민주화/선진화 담론, '친기업이 곧 친서민' 담론, 포퓰리즘 담론 등과 같은 보수 지배담론에 대해서는 진보/좌파 담론이 결코 제대로 된 본격적인 대응을 한 적이 없다. 우선, 아래의 [발췌 4]에 나타나 있는, '실력론'과 '무능론'에 대하여 살펴보자.

[발췌 4]

5.31 지방 선거를 앞두고 현장을 뛰는 열린우리당 후보나 의원들은 두 가지 비판을 많이 듣는다. '무능하다'와 '싸가지 없다'는 것이다[...]무능론의 첫 번째 원인은 경제다. 내수가 살아나지 않으니 중산층과 서민은 죽을 맛이다.

> 노무현 정부는 인위적인 경기 부양을 하지 않는다고 자랑했다. 처음엔 그런가보다 했지만, 지금은 '사실은 경제를 모르는 것 아니냐'고 의심하는 사람이 늘었다[...]무능하다는 지적에 청와대와 당 지도부에서는 '억울하다'는 항변이 나온다. '우리는 특별히 잘못한 것이 없다'는 것이다. 바로 그게 문제다. 현 정권은 주로 '부작위의 업적'을 쌓았다. 국민들 위에 군림하지 '않았고', 검찰을 비롯한 권력기관을 통제하지 '않았다'. 뭔가를 '한' 것이 있긴 있을 텐데, 그게 잘 안 보인다[...]이명박 서울시장은 유능하다. 청계천과 서울시 교통체계 개편이라는 업적이 있다. 그는 대통령이 되면 경부운하를 뚫겠다는 야심을 드러내고 있다. '토목 공화국'을 만들려고 하느냐는 반박이 있지만, 어쨌든 뭔가를 '하겠다'고 말하고 있다.(한겨레. 2006.05. "당신들이 잘나서 정권 잡았나")

[발췌 4]의 담론 효과가 진보/좌파 집합 정체성 형성에 어떤 긍정적 의의를 부여하는 것으로 나타나는지 알기 어렵다. 우선, [발췌 4]는 "인위적인 경기 부양"과 장기적 경제 체질 사이의 관계에 대한 적절한 판단 근거도 제시하지 않은 채, 노무현 정부가 "사실은 경제를 모르는 것 아니냐"며 보수/우파 세력의 진보 무능론을 확대재생산하고 있다. 또한 "국민들 위에 군림하지" 않고 "권력기관을 통제하지" 않은 것과 같이 민주주의 발전에 중요한 덕목으로 평가될 수 있는 사안조차도 "부작위의 업적"으로 폄하한다. 나아가, 이러한 비난은 정치적으로 좀 더 개혁적이고 진보적인 지향성을 내포하고 있지도 않다. 오히려 정반대다. 청계천 사업과 교통체계 개편에 대한 그 어떠한 비판적 검토도 없이, 그리고 대운하 사업이 초래할 막대한 환경 파괴에 대한 어떠한 고려도 없이, 이명박과 보수/우파 세력 실력론에 편승하고 있기 때문이다.("이명박 서울시장은 유능하다", "업적이 있다", "어쨌든 뭔가를 '하겠다'고 말하고 있다")

이러한 경향은 이명박 한나라당 정부에 대한 비판을 노무현 정부에 대한 비판과 한 묶음으로 전개함으로써 보수/우파 세력 비판의 정당성과 설득력을 확보하려는 태도에서도 엿보인다. 예컨대, 노무현의 탈권위주의와 이명박의 실용주의가 모두 포퓰리즘이라는 비판, 노무현의 인사와 이명박의 인사가 모두 '코드 인사'라는 비판, 노무현의 좌파 신자유주의와는 달리 이명박의 우파 신자유주의는 한국 경제를 소생시킬 수도 있다는 기대, 노무현의 행정수도 이전과 이명박의 대운하 정책은 모두 많은 국민들이 반대하는 정책이라는 지적 등이 이에 해당한다. 진보/좌파와 보수/우파를 구분하거나 혹은 더 많은 진보와 개혁을 지향하지도 않으면서, 둘 사이의 형식적 유사성에 매몰되는 태도가 진보/좌파 담론의 한 귀퉁이를 차지하고 있는 것이다.

진보/좌파 세력의 보수/우파 담론 프레임 수용은, 보수/우파 세력이 자신의 계급적 본질에 대한 비판을 개인적 혹은 인성적 스타일의 문제로 전환함으로써 좀 더 근본적인 위기를 피하려는 담론 전략에 진보/좌파 세력이 쉽게 빠져 드는 것에서도 확인할 수 있다. 예를 들어, 2008년 미국산 쇠고기 수입 협상을 둘러싼 이명박 정권의 위기에 대하여 보수/우파 세력은, 한편으로는 그것이 친북좌파의 개입과 선동에 의해서 일어난 일이라고 말하면서, 다른 한편으로는 이명박 대통령의 최고경영자형(CEO) 통치 스타일을 문제 삼았다. 대통령이라는 자리는 기업 최고경영자 자리와 달라서 모든 일을 속도전으로 밀어붙일 수 없다는 것이 보수/우파 세력의 이명박 통치 스타일에 대한 비판의 주요 내용이었다. 물론 보수/우파 세력의 비판은 이명박 정부가 박정희 식 압축 성장 모델에 친근감을 갖고 있는 것이나 '열심히 하면 국민이 알아주겠지' 하는 생각으로 밤낮없이 뛰어다닌 것은 모두 경제를 최상의 가치로 여기는 국민의 요구에 바탕을 둔 것이라는 전제 속에서 이루어졌다. 이를 통해서 문제의 근원이 이명박 대통령이 출범 이후 줄곧 보여준 민주적 가치에 대한 부정에 있는 것이 아니라, 최고경영자형 통치 스타일이라는 개인적이고 인성적인 문제에 있는 것으로 규정하고자 했다. 진보/좌파 담론은, 아래의 [발췌 5]에서 볼 수 있듯이, 이러한 프레임에 편승하였다.

[발췌 5]

그리고 이명박 대통령은 나름대로 경제를 살리기 위해 '최선'을 다하고 있습니다. 그런데 문제는 이명박 대통령의 방식이 대다수 국민의 기대를 배반한다는 것입니다. 이명박 대통령은 자신의 모든 권능을 경쟁만을 지고의 가치로 섬기는 '시장'에 넘겨 버렸습니다[...]따라서 '주식회사 대한민국'의 최고경영자(CEO) 이명박은 자신의 약속을 충실히 이행하고 있는 셈입니다. 당연한 얘기가 되겠지만 경영자 이명박은 국민을 자신의 직원으로 여기고, 시장은 국민을 '소비자'로만 봅니다[...]이명박 대통령의 국정 동반자는 여당도 야당도 물론 국민 대중도 아닙니다. 시장입니다. 더 구체적으로는 '돈'입니다. 그런데 왜 벌써 이 지경이 되었을까요. 이명박 대통령이 관리하는 시장의 '돈'은 물처럼 순리대로 흐르지 않기 때문입니다.(경향. 2008.05. "불꽃 속에 핀 연꽃, 촛불집회")

기업가형 개인주의가 바람직한 가치로 널리 추구되는 사회 환경에서, 대통령이 최고경영자형 리더십에 빠져 있다고 비판하는 것이 과연 얼마나 효과를 가질 수 있을지 의문이다. 이명박 대통령의 위기를, 보수/우파 담론 프레임과는 달리, 최고경영자로서의 위기라는 차원에서가 아니라 민주적 덕목과 자질을 결여한 지도자로서의 위기라는 차원에서 다루는 관점이 결여되어 있기 때문이다. 그리고 "나름대로 경제를 살리기 위해 '최선'을 다하고" 있다는 평가는 '그들'과 대립하는 '우리'의 집합 정체성 형성에 별반 도움이 되기 어렵다.

그러한 평가는 누구에게나 적용될 수도 있고 또 그 반대가 될 수도 있는 매우 보편주의적인 담론이기 때문이다. 보수/우파 세력의 최고경영자형 리더십 담론 프레임에 대한 진보/좌파 담론의 이런 식의 대응은, 심지어 '그들의 성공이 곧 우리의 성공'이라는 등식의 설파로 나타나기도 한다. 예컨대, 공인으로 훈련받지 못한 사람을 대통령으로 뽑은 것도 우리 국민이고, 신자유주의와 양극화에 지쳐 대통령을 메시아로 착각했던 것도 우리 국민이고, 대통령이 망하면 같이 망하는 것도 우리 국민이기 때문에, 지나친 기대와 급속한 실망을 버리고 정권의 성공을 위해 힘을 모으자는 정치적 책임윤리 담론이 진보/좌파 담론의 일부로 등장하기도 한다.

한편, 2008년 2월 집권 이후, 보수/우파 세력은 금융공기업 최고경영자, 국책연구기관장, 한국방송 사장, 감사원장에 이르기까지 수백여 곳의 공공기관장들을 해임하였다. 이에 대한 진보/좌파 세력의 비판은 법률로 임기가 보장된 기관장에 대한 사표 강요는 법치주의의 위반이라는 점과, 정권 코드에 맞는 사람들로의 기관장 교체가 결국은 공공기관을 정권의 시녀로 만들겠다는 퇴행적 행위라는 사실에 집중하였다. 진보/좌파 담론의 이러한 비판은 기관장 교체에 대한 비교적 적절한 대응이라 평가할 수 있다. 하지만, 그 속에서도 진보/좌파 담론은 종종 공공기관 '개혁'이나 기관장 '재신임' 등과 같은 보수/우파 담론의 프레임을 그대로 수용함으로써, 자신의 입지를 스스로 제한하는 모습을 드러내 보이기도 하였다. 아래의 [발췌 6]을 보자.

[발췌 6]

요즘 공공기관에 때아닌 감사 바람이 불고 있다[...]과거 세무조사나 검찰수사를 무기로 야당이나 기업을 협박해 자리를 빼앗던 독재정권의 수법을 그대로 보는 듯하다[...]지난 정부에서 권력의 낙하산을 타고 공공기관장에 임명된 사람이 새 정부 들어 법정 임기를 내세우며 무턱대로 버티는 것도 보기 좋은 모습은 아니다. 그러나 그런 사람을 내보내기 위해 법을 무시하고 수단과 방법을 가리지 않는 것 또한 정당화될 수 없다.(경향, 2008.05. "'사표 안내면 먼지 털겠다'는 권력")

[발췌 6]에서 진보/좌파 담론은 공공기관장 사퇴 압력이 정당화될 수 없는 불법 행위이며 독재정권의 수법이라고 비난한다. 타당한 비판이긴 하지만 여기에도 중요한 논리적 모순이 내포되어 있다. 공공기관장의 임기가 법률로 보장된 것인 한, 그 자리가 정무직이든 혹은 낙하산이든 그 임면은 법률을 따르는 것이 법치주의에 부합한다. 이러한 원칙이 무너질 때 그것은 불법이나 초법으로 불릴 수 있다. 그런데 [발췌 6]에서는, 한편으로는, 임면이 현행 법률을 따르지 않을 수 있는 가능성을 열어 두면서도("법정 임기를 내세우며 무턱대고 버티는 것도 보기 좋은 모습이 아니다."), 다른 한편으로는, 사퇴 종용이 법치주의 위반이라는("법을 무시하고 수단과 방법을 가리지 않는 것") 모순된 논법이 전개되고 있다. 이러한 한계는 공공기관장 사퇴를 둘러싼 진보/좌파 담론의 "공공기관장 물갈이가 이해되지 않는 바는 아니다", "정무직은 재신임을 묻는 게 정치적 도의라는 말은 설득력이 있다", "전문성 없이 임명된 '낙하산'들은 물러나는 게 마땅하다"는 것과 같은 논의에서도 확인된다. 재신임이라는 보수/우파 세력의 담론 프레임에 법치주의라는 프레임으로 완전히 맞서지 못하고, 스스로의 담론 입지를 좁히는 정치의 빈곤이 드러나고 있는 것이다.

3) 우리: 정치적 대립 전선 해제

이상에서 밝힌 진보/좌파 담론의 정치 빈곤, 즉 보수/우파 집단 전체를 향한 의식적인 비판의 부재나 사회정치 쟁점들에 대한 보수/우파 담론의 무비판적 수용은, 좀 더 근원적으로, 정치란 그들에 맞선 우리의 집합 정체성 형성 혹은 우리와 그들 사이 대립 전선의 끊임없는 획정에 있다는 사실을 부정하는 것에서 연원한다고 볼 수 있다. 아래의 [발췌 7]을 보자.

[발췌 7]

보수다 진보다, 우파다 좌파다 해서 전 국민이 이념의 노예가 되어 미움의 세력화투쟁을 벌이던 시대가 있었다. 제주 4.3사건으로 상징되는 해방 후 좌, 우익간의 학살극이나 수백만 명의 목숨을 앗아간 6.25 동족상잔 등은 이념에 묶인 미움의 세력간에 빚어진 참극이었다. 그러나 1990년대에 구 소련체제가 무너지고 동구권이 붕괴되면서 좌, 우 이데올로기간 미움의 세력화나 권력화를 위한 투쟁은 사실상 막을 내렸다. 그 미움이 물러간 자리에는 환경이나 삶의 질 문제 등이 새로운 세력화의 핵심으로 등장했다.(경향. 2006.05. "'미움의 세력화' 시대는 가고")

[발췌 7]에서는 모든 민주 정치에 본래적인 진보/보수(좌/우) 대립이 암묵적으로 "이념의 노예"가 된 "미움의 세력화투쟁"과 등치되고 있다. 4.3 제주 사건과 6.25 동족상잔은 그 근거로 제시된다. 물론 이 사건들은, 의심할 바 없이, 좌/우 적대의 불행한 산물이었다. 민주 정치는 그러한 적대를 최대한 예방할 수 있어야 한다. 그러나 [발췌 7]에서는 적대적인 좌/우 대결이 역사적으로 매우 불행한 결과를 낳았다는 사실과, 좌/우의 모든 정치적 대결이 반드시 적대로 귀결된다는 논리 사이의 구분이 이루어지지 않고 있다. 그로 인해, 좌/우의 정치적 대결이 '적들' 사이의 생명을 건 투쟁, 즉 적대의 형태가 아니라 '대립자들' 사이의 불확정적인 헤게모니 투쟁, 즉 경합의 형태를 띨 가능성이 얼마든지 있다는 사실은 부각되지 못한다. [발췌 7]에서는 좌/우 대결을 곧 바로 이념 간 미움의 세력화투쟁인 양 다룸으로써, 대립자들 사이의 끊임없는 헤게모니적 실천의 중요

성을 간과하고, '그들'에 맞선 '우리'의 정치적 대립 전선을 해체하는 결과가 초래되고 있다.("좌, 우 이데올로기간 미움의 세력화나 권력화를 위한 투쟁은 사실상 막을 내렸다.") 하지만, 정치적 좌/우 대립은 [발췌 7]에서와 같이 결코 사회주의/자본주의의 대결로 환원될 수 없으며, 자유와 평등이라는 민주적 가치 실현을 둘러싼 좌/우 세력화는 오히려 민주 정치의 핵심을 구성한다고 보아야 할 것이다.

사실, 자유와 평등을 둘러싼 사회 세력 간 대립을 이념 문제로 해석·전환하는 것은 한국 보수/우파 세력이 즐겨 사용하는 담론 전략들 중의 하나에 해당한다. 보수/우파 세력은 진보/좌파 담론에 흔히 이념적 잣대를 들이대며 반응한다. [발췌 7]은 보수 담론의 이념적 과잉 반응에 한국의 진보/좌파 담론이 너무나도 많이 포위되어 있음을 보여주는 하나의 사례로 볼 수 있다. 이러한 문제는 아래의 [발췌 8]에서도 확인할 수 있다.

[발췌 8]

한나라당 박근혜 대표의 피습사건에 대해서는 정치권도 일말의 책임을 느껴야 한다는 여론이 각계에서 제기되고 있다[...]이번 테러 사건은 온갖 자극적이고 모욕적 언사를 동원한 '막말 정치' '편가르기 정치'로 증오와 갈등, 폭력성을 부추켜온 정치권의 행태와 무관하지 않다. "보수, 진보 갈등이 심화하면서 지지세력 결집을 위해 적대적 언어를 일상화함으로써 극단적 사고와 행동을 부추켜온 정치권의 모습이 테러라는 일탈행위의 원인을 제공한 것"이라는 학계 인사들의 지적은 여야 정치권이 새겨들어야 할 대목이다. 정부와 정치권은 법치주의의 확립, 대화와 상생의 정치야말로 이같은 불행한 사태의 재발을 막는 근본 해결책임을 직시하기 바란다.(경향. 2006.05. "증오의 정치문화 이젠 바꿔야")

[발췌 8]은 2006년 5월에 발생한 박근혜 한나라당 전 대표에 대한

면도칼 테러 사건과 한국의 정치 문화를 다루고 있다. 테러 사건을 적대적 대결 문화, 즉 반대파를 절멸하고 파괴해야 할 적으로 보는 정치 관념의 결과로 간주할 수 있다는 것이 [발췌 8]의 핵심 논지라 할 수 있다.("적대적 언어를 일상화함으로써 극단적 사고와 행동을 부추켜온 정치권의 모습이 테러라는 일탈행위의 원인을 제공") 그리고 그러한 적대를 극복하는 것이 민주 정치의 과제라는 함의도 읽을 수 있다.("이 같은 불행한 사태의 재발을 막는") 이러한 긍정성에도 불구하고, [발췌 8]에서 진보/좌파 담론은 근본주의적 적대와 구분되는 민주적 대립 정치의 영역을 고려하지 못하는 한계를 보이고 있다. 그 결과, 민주 정치에 대한 진보 개혁 담론이 "편 가르기 정치"와 "대화와 상생의 정치" 등과 같은 정치에 대한 보수/우파 담론의 프레임에 포획되는 결과가 나타나고 있다. "편 가르기 정치"와 "대화와 상생의 정치"는 정치의 밑바탕에 있는 대결과 갈등의 차원을 무시하거나, 갈등과 대결을 바람직하지 않은 비정상의 현상으로 단정하기 위해 흔히 동원되는 전략적 개념들이다. 이러한 보수 담론에의 포획은 대결과 상생을 동시에 추구하는 과정으로서의 민주주의 정치 공간을 스스로 제한하는 결과를 낳을 수 있다.

[발췌 9]

정치권과 시민사회도 정략적 대응을 경계해야 한다. 노 전 대통령의 서거라는 국면이 초래할 사회적 갈등에 편승해 정치적 득실만 따진다면 그를 두 번 죽이는 일이다. 노 전 대통령의 죽음은 신구 권력의 갈등이 증폭되는 와중에 일어났다는 점에서 용서와 화해의 전기를 마련하는 데도 힘을 쏟아야 한다. 고인 스스로도 자신의 죽음이 대립과 분열 격화로 이어지는 것을 원하지 않을 것이다[...]노 전 대통령의 돌연한 서거는 앞으로 적잖은 사회적 논란과 파장을 부를 수 있다. 벌써 일각에선 그의 죽음이 현 정권의 몰아붙이기식 수사가 낳은 결과라는 주장에서부터 권력형 비리에 따른 사필귀정이라는 매몰찬 반론까지 위험스러울 만큼 다양한 의견들이 분출하고 있다. 그러나 극단적 접근들은 소모적 혼란만 부를 가능성이 크다. 결코 바람직하지 않다. 이럴 때일수록 우리 사회의 문제점을 되돌아보고 다시는 이러한 비극이 되풀이되지 않도록 모든 사회 구성원들의 진지한 자기 성찰이 필요하다.(경향. 2009.05. "노무현 전 대통령의 비보를 접하고")

2009년 5월 23일에 발생한 노무현 전 대통령의 서거에 대하여 보수/우파 세력은 대체로 도덕성과 청렴성을 정권 정당성의 토대로 삼았던 노 전 대통령이 불법 자금을 받음으로써 그러한 기반을 스스로 허물었고, 또한 그 사실이 만천하에 공개됨으로써 자살이라는 극단적 선택을 하게 되었다고 보았다. 이에 반해, 진보/좌파 진영은 대체로 노 전 대통령의 자살이 일차적으로는 검찰이 노 전 대통령의 불법 자금 수수 혐의를 조사하는 과정에서 아직 확인되지 않은 혐의사실을 끊임없이 언론에 흘리고, 언론은 또 그것을 기정사실화 하여 대중에 공포함으로써, 불법 수뢰 여부와 관계없이 노 전 대통령을 정치적으로나 도덕적으로 이미 파탄시킨 것에 기인했다는 입장을 견지하였다. 좀 더 본질적으로는, 국세청과 검찰을 동원한 이명박 정권의 노무현 전 대통령에 대한 기획 수사가 이러한 비극적 결말의 원인이었다고 보았다. 그런데 [발췌 9]는 진보/좌파 진영의 이러한 일반적인 반응과는 다른 또 하나의 입장을 보여주고 있다. 그것은 정치적 대립 전선을 해체하라는 요구다. [발췌 9]의 담론은 "정략적 대응", "정치적 득실만을 따진다면", "위험스러울 만큼 다양한 의견", "극단적인 접근", "소모적 혼란만 부를 가능성", "결코 바람직하지 않다"는 등의 관념을 동원하여, 전직 대통령의 자살에 대한 현재 권력의 정치적 책임을 묻는 행위를 사실상 봉쇄하고 있다. 그리고 "고인 스스로도 자신의 죽음이 대립과 분열 격화로 이어지는 것을 원하지 않은 것"이라고 해석하고 "모든 사회 구성원들의 진지한 자기 성찰이 필요하다"고 주장하고 있음에도 불구하고, 용서와 화해 그리고 진지한 자기 성찰의 내용이 무엇이 되어야 하는지에 대한 아무런 이야기를 하고 있지 않다. 근본주의 적대의 비극적 결말이라고 볼 수 있는 매우 비상한 상황에 직면하여, 민주적 대결 정치의 필요성과 중요성을 강조하지 못하고 화해와 통합이라는 자유주의적 반정치를 주문하는 일이 진보/좌파 진영 일부에서 일어나고 있는 것이다.

2. 우리와 그들: 적대와 경합

1) 그들: 권력 집단

진보/좌파 세력이 '그들' 보수/우파 세력을 비판하는 방식의 또 다른 특징은 그것이 피통치자 대중으로서가 아니라 주권자인 시민으로서 권력을 바라볼 필요성을 적극적으로 부각시키지 못한다는 점이다. 물론 우리가 대의 정치 시스템을 존중하는 한, 통치 엘리트와 대중의 구분은 불가피한 것이고, 엘리트와 대중의 괴리를 대의 정치의 미작동이라는 차원에서 문제 삼는 것은 기본적으로 타당한 접근법이라 할 수 있다. 그럼에도 불구하고, 대의 정치에서 나타나기 쉬운 지배 엘리트와 대중이라는 위계적 상/하 관념을 권력의 주인으로서의 시민과 권력의 피위임자로서의 정치인이라는 관념으로 끊임없이 바로잡으려는 노력은 민주주의의 심화와 확장에 필수적으로 요청되는 작업이라 할 수 있다. 진보/좌파 담론은 권력의 주인은 일반 시민이며, 정치인은 주인의 말을 충실히 따라야 한다는 관점을 지속적으로 제기해야 하며, 대의자가 주권자의 뜻을 따르지 않는 것을 징계하고 주권자의 의지를 관철해야 한다는 민주주의 기본 규범을 강조해야 한다.

하지만 진보/좌파 담론에서 종종 나타나는 지배 엘리트와 대중이라는 권력의 위계적 상/하 관념은 정치적 좌/우(진보/보수)를 불문한 권력 엘리트 집단 전체에 대한 불신 혹은 비판과 연결되곤 한다. 아래의 [발췌 10]을 보자.

[발췌 10]

이명박 정부가 초기부터 부자 내각, 쇠고기 수입 문제 등으로 신뢰에 큰 도전을 받고 있다[...]지난 20여 년 동안 민주화의 결과 땅에 떨어진 정치지도층에 대한 불신과 혐오, 그에 따른 정치 행정 엘리트 및 국가 권위의 총체적 추락과 깊은 연관이 있다. 한국의 민주화 과정은 정치지도층이 유례없는 수모를 겪은 기간이었다[...]이런 비리 폭로 과정은 대통령, 국가, 지도층 전반에 대한 심각한 신뢰의 위기를 불러와 정치 냉소화를 초래했다. 또한 보수니 진보니 하는 구분이 사회의 실정과는 동떨어진 싸움도구이거나 한풀이에 지나지 않는다는 것을 보여주었다. 민주화란 국가의 이름을 빌린 정권들이 5년간 국가권력을 이용하다 나가는 그 이상도 그 이하도 아니었다[...]한국사회 역시 시민사회라는 이름 아래 국가 권위를 무시하는 경향이 겹쳐 상당히 무질서한 모습으로 나타나게 되었다.(경향. 2008.05. "한국 지도층의 위기")

[발췌 10]에서는 정치 지도층, 정치 행정 엘리트, 대통령, 국가 권위의 실추와 이들이 겪는 신뢰의 위기가 마치 민주화의 결과인 것처럼, 그리고 심지어는 시민사회의 발전이 그러한 경향을 더 부추기고 있는 것처럼 서술되고 있다. 이 때문에 정치 엘리트의 권위 추락도 "수모"라는 온정적 용어법으로 설명되고 있다. 나아가, [발췌 10]에는 이명박 정부의 신뢰성 위기를 진보/보수를 막론한 정치 엘리트에 대한 신뢰성 위기의 한 형태로 전환하는 담론까지 전개되고 있다. 보수와 진보의 구분은 "사회의 실정과는 동떨어진 싸움도구이거나 한풀이"에 불과한 것으로 단정된다. 또한 민주화는 "국가의 이

름을 빌린 정권들이 5년간 국가권력을 이용"하는 것에 지나지 않는 것으로 규정된다. 명백한 '그들'의 문제조차도 '우리'의 문제로 치환시키고, '그들'의 반민주성조차도 민주주의 무용론의 소재로 전환시켜버리는 일이 진보/좌파 담론 안에서 일어나고 있는 셈이다.

이런 유형의 담론은 2006년 5월에 있었던 서울시장 선거유세에 관한 진보/좌파 세력의 반응에서도 확인할 수 있다. 당시 강금실, 오세훈 두 서울시장 후보가 앞 다투어 진행한 디지털 영상 시대에 호소할 수 있는 문화적 감성과 유머감각과 연출력과 오락 등에 바탕을 둔 선거 유세를 새로운 '정치실험'으로 높이 평가한 반면, 후보들의 정책 토론회는 그러한 기대를 모두 철회하게 만드는 요인으로 평가된다. 후보들의 보라색과 녹색 옷은 "도시적이고 반정치적인 이미지"를 갖추었기에 긍정적이지만, 후보들의 무채색 정치 전투복은 "정치판은 역시 '생산'하는 곳이 아니라 '부서뜨리는 곳'이라는 사실만을 확인"하게 만든다고 평가한다. 그들과 대립하는 우리의 집합 정체성을 형성하는 것이 정치라는 사실을 염두에 둔다면, "반정치적 이미지"를 환영하고 격렬한 정책 토론의 장을 비생산적인 파괴의 공간으로 보는 식의 반응은 나오기 어려울 것이다. 권력의 위계적 상/하 관념을 효과적으로 극복하지 못하고 스스로 피통치자적 위치를 설정하는 한, 사회집단들 사이의 격렬한 다툼으로서의 정치야말로 권력의 주인인 시민의 의지를 관철하기 위한 중요한 수단이라는 사실을 적극적으로 제기하기는 어렵다.

2) 그들: 오만한 독선 집단

진보/좌파 세력이 보수/우파 지배 세력을 비판하고 공격하는데 자주 동원하는 또 다른 담론 레퍼토리는 '그들'이 오만하고 독선적이라는 주장이다. 그러한 주장은 미국산 쇠고기 수입 전면 개방, 대운하 건설, 4대강 사업, 반정부 시위 단체 정부 보조금 지원 금지, 대통령 측근의 방송사 및 방송 관련 기관 사장 임명, 도심 내 대규모 집회 원천 금지, 부도덕한 인사들의 청와대 비서관 및 장차관 임명 등에 관한 사회정치적 논쟁에서 거의 예외 없이 등장하였다. 오만과 독선이라는 말과 함께, 일방주의적 행태, 신뢰의 위기, 토목공사식 밀어붙이기, 불도저식 국정 운영, 속도전, 오기, 독주 등과 같은 용어들도 흔히 사용되었다. 이러한 지적은 보수/우파 지배 세력의 비민주적 혹은 반민주적 통치에 대한 비판임이 분명하다. 이명박 정권이 대다수 시민의 의사를 무시하고 소수 권력 집단의 이익만을 추구하는 것을 문제 삼고 있기 때문이다. 하지만, '오만한 독선 집단'은 정치의 본령에 근거를 둔 적절한 담론 전략으로 간주되기에는 작지 않은 한계를 지니고 있다. 우선, 오만과 독선은 진보와 보수 혹은 좌와 우를 가리는 정치학적 개념보다는, 개인과 집단의 인성적 스타일적 특징을 규정하는 심리학적 개념에 더 가깝다. 따라서 그것은 정치적 좌/우를 불문하고 리더십의 인성적 스타일을 지칭하는 말로 두루 쓰일 수 있다. 아래의 [발췌 11]을 보자.

[발췌 11]

김종필 총리가 종종 이런 말을 했습니다. "저 푸른 집(청와대)에만 들어가면 사람이 변한다." 김대중 대통령 주변에서 DJP연합 당시 합의한 내각제 개헌 약속을 지키지 않으려고 한다는 것을 꼬집는 말이었습니다[...]인명진 목사도 비슷한 말을 하더군요[...]그가 내린 결론은 "일단 대통령이 되면 나머지 나라를 이끌어가는 건 제 몫"이라는 겁니다[...]요즘 쇠고기 파동 등 나라 돌아가는 일을 보면 정말 그렇다는 생각이 듭니다. 백성의 소리를 듣고 있는지, 참모들은 정말 제대로 조언을 하고 있는 건지 의문이 듭니다[...]지도자는 말을 하는 것보다 듣는 것을 즐겨야 한다고 합니다. 그런데 인 목사가 지적한 것처럼 대통령이 되면 전보다 훨씬 많은 정보를 접하기 때문에 남의 조언을 잘 듣지 않게 됩니다. 모처럼 용기를 내어 하는 조언도 곧이곧대로 듣지 않고 개인 또는 집단의 애로사항을 해결하려는 '민원'쯤으로 치부합니다[...]듣는 것, 참 어려운 일입니다.(경향. 2008.05. "대통령과 초심")

한국의 보수/우파 세력이 2008년의 한미 쇠고기 협상 결과에 대한 시민의 압도적 반대 여론을 따르지 않는 것은 민주주의 기본 원리에 대한 부정으로 볼 수 있다. 그런데 [발췌 11]은 이것을 모든 통치자가 빠져들기 마련인 권력의 함정과 연결한다("저 푸른 집(청와대)에만 들어가면 사람이 변한다", "대통령이 되면 전보다 훨씬 많은 정보를 접하기 때문에 남의 조언을 잘 듣지 않게 됩니다"). 하지만 이처럼 문제를 민주주의 논리가 아니라 통치의 논리로 바라봄으로써, [발췌 11]은 권력의 반민주성을 마치 불가피한 것처럼 자연화하고 당연시하는 오류에 빠지게 된다.("듣는 것, 참 어려운 일입니다") 근대 시민과 정치 지도자 사이의 관계를 봉건적 "백성"과 절대 권력자의 그것에 비유하는 것도 그러한 한계의 또 다른 모습이라 할 수 있다.

진보/좌파 담론이 지배 권력의 오만과 독선을 비판하기 위한 장치로 흔히 동원한 '소통' 담론도 민주주의 문제를 이처럼 통치의 문제틀 속에서 바라보는 한계로부터 자유롭지 못하다. 소통은 민주주의 투쟁의 결과일지언정 그 자체가 목적이 될 수는 없다. 왜냐하면, 쇠고기 수입 반대 시위에서처럼, 만일 소통이 목적 그 자체로 추구되면 권력자의 뜻과 의지의 일방적 소통에 의해 대중의 민주주의 요구가 결과적으로 봉쇄될 위험이 있기 때문이다. 아래의 [발췌 12]를 보자.

[발췌 12]

국민이 분노하는 것은 정보 부족 때문이 아니라 정부가 국민의 건강권과 국가의 검역주권 등을 지키려 노력하기는커녕 한-미 자유무역협정 비준 등

정치적 목적을 위해 일방적으로 양보하는 등 국민을 안중에 두지 않는 독선적이고 오만한 국정운영 방식 때문이었다. 근본은 바꾸지 않은 채 일방적인 홍보만 강화한다고 해서 문제가 해결되지 않는다. 소통은 각계각층의 의견을 골고루 듣고 수렴하는 쌍방향의 대화를 의미한다. 지난 대선 때 자신을 도왔던 측근들이나 한나라당 사람 등 이른바 자기편하고만 만나는 것은 진정한 소통이 아니다.(한겨레. 2008.05. "국민과의 소통, 진정성을 보여라")

[발췌 12]는 미국산 쇠고기 수입과 관련한 시민의 분노와 요구가 '소통론'으로 모아지고, 이명박과 한나라당의 보수 지배 권력이 그러한 소통론을 수용함에 따라, 이제 쟁점은 공유된 소통의 진정성 문제로 옮아가고 있음을 보여준다. 그리하여 시민과 우익 지배 세력 사이의 대립은 "국민의 건강권과 국가의 검역주권"이라는 민주주의 핵심 사안에서, "독선적이고 오만한 국정운영 방식"이라는 통치 스타일의 문제로, 그리고 "각계각층의 의견을 골고루 듣고 수렴하는 쌍방향의" 소통 문제로 그 쟁점이 이동하게 된다. 결과적으로, '우리'와 '그들'의 민주적 대립전선은 명확하게 각인되지 못하고 민주주의의 실천은 급진화되지 못한다.

3) 그들: 색깔론자

한국의 보수/우파 세력이 반공이데올로기를 동원하여 자신에 대한 반대를 거의 기계적으로 빨갱이나 친북좌파로 낙인찍어온 행태를 염두에 둘 때, 진보/좌파 진영이 보수 집단을 색깔론자라고 규정하는 것은 매우 당연한 반응이라 할 수 있다. 그런데 단순히 색깔론이라고 지적하는 것을 넘어서서, 진보/좌파 세력은 색깔론을 과연 유효하게 비판하고 있는가? 색깔론에 대한 대응 방식은 어떤 특징을 보이는가? 그것에 대한 대응 논리는 무엇인가? 아래의 [발췌 13]을 보자.

[발췌 13]

더욱 우려스런 것은 정부에 비판적인 움직임이 나타날 때마다 등장하는 철지난 색깔론이다. 정부와 여당은 이번 촛불집회를 마치 좌파 정권의 선동전문가들이 개입해 부추긴 것처럼 주장하고 있다. 자신들에게 반대하는 세력에게 '빨간 딱지'를 붙임으로써 합리적인 주장까지 매도하던 행태를 아직도 버리지 못한 것이다.(한겨레. 2008.05. "성난 민심의 근원 아직도 모른단 말인가")

색깔론에 대한 진보/좌파 세력의 가장 일반적인 반응은, [발췌 13]에 나타난 바와 같이, 그것을 "철지난" 혹은 "시대착오적인" 것이라고 규정하는 것이다. "철지난", "낡은", "천박한", "시대착오", "과거로의 역주행", "오래전 졸업한", "색안경", "후안무치", "소아병적", "즉물적" 등과 같은 용어들이 색깔론의 부당성을 강조하기 위해 흔히 사용된다. 그러나 이러한 용어법에도 불구하고, 진보/좌파 세력의 색깔론 비판은 보수/우파 세력이 왜 색깔론을 즐겨 동원하는지, 그리고 색깔론을 구체적으로 어떻게 논박해야 하는지를 충분히 보여주지 못하는 한계가 있다. [발췌 13]에서는 "자신들에게 반대하는 세력에게 '빨간 딱지'를 붙임으로써 합리적인 주장까지 매도하던 행태"라는 말로써 색깔론의 부당성을 일정 정도 폭로하고 있긴 하지만, 마치 '빨간 딱지'가 반대파의 비합리적 주장을 제어하기 위한 적절한 수단이었던 것처럼 암묵적으로 전제하는 모습도 나타나고 있다. 아래의 [발췌 14]에 나타난 색깔론 비판에서도 그것에 대한 충분한 논박은 이루어지지 않고 있다.

[발췌 14]

정부를 비롯해 이른바 보수언론 등에서는 이번의 쇠고기 수입에 대한 반대여론을 '반미 · 반정부 투쟁'으로 폄훼하려는 시대착오적인 '색깔론'까지 제기하고 있다[...]상식적으로 판단해 봐도 알 일이다. 광우병의 위험이 단 0.001%라고 있다면 그것의 위험성을 알리고 예방할 수 있는 방안은 무엇인지 더불어 생각하는 게 공동체의 상식이자 원칙이지 그것을 어떻게 '반미·반정부·반이명박'으로 몰아갈 수 있는가. 지금이라도 정부는 '광우병 경고=반정부반이명박'이라는 소아병적이고 즉물적인 판단을 넘어[...]사려깊게 되새기기를 바란다. (경향. 2008.05. "'쇠고기 민심'에도 '색깔론'인가")

색깔론을 즐겨 동원하는 집단에게 그것이 "시대착오적인" 것이며 "소아병적이고 즉물적인" 것이라고 비판하는 것이 얼마나 실효성 있는 대응이 될 수 있을까? 그리고 "소아병적인"과 "즉물적인"은 무엇을 지칭하는 말인가? 진보/좌파 세력은 "철지난"과 "시대착오적인" 등과 같은 비난에 전혀 개의치 않는 색깔론자들과 소통하기란 고통스런 일이라고 푸념하지만, 실제로 보수 색깔론자들이 자기방어 하지 않을 수 없는 진보적 담론 자원을 개발하고 담론 전략을 마련하는 작업은 좀 더 적극적으로 추구하지 못하는 경향이 있다. 예컨대, 색깔론은 보수/우파 세력이 쇠고기 수입 협상과 같은 사회적 현안에 대한 자기 정당화 논리가 군색해지고, 자신들이 감당해야 할 책임을 회피하기 위한 담론 전략으로 동원한다는 사실을 강조하는 것과 같은 대응을 할 수 있을 것이다. 더욱 중요하게는, 색깔론이 하나의 가치와 신념을 강요하고 그에 대한 모든 비판을 공동체의 통일성을 위협하는 요소로 보는 전체주의 논리를 따르고 있다는 사실을 강조할 수 있다. 이러한 관점에서 아래의 [발췌 15]를 보자.

[발췌 15]

판사들은 이념이 아니라 사법부의 독립성이라는 대명제 앞에 모여들었다[...] 사법부의 발전을 위해 순수하게 모인 판사들에게까지 색깔을 뒤집어씌워 편가르기 하는 행태는 그 어떤 이유에서건 용납될 수 없다. 이번 사태의 본질은 명백하다. 신 대법관이 재판에 관여함으로써 사법부의 독립성을 훼손했고, 이

> 에 대한 대법원의 사후 조치가 미흡했기 때문에 판사들이 목소리를 내고 있는 것이다. 사법부의 독립은 헌법과 정의의 문제다[...]사법부의 독립 문제를 진보와 보수의 틀에 놓고 재단하고, 판사들의 자발적인 논의 과정을 좌우의 대립이라는 색안경을 쓰고 보려 한다면 이번 사태의 해결은 더욱 어려울 것이다. 사법부를 이념과 색깔로 옭아매려는 시도야말로 사법부의 독립을 위태롭게 하는 일이다.(경향, 2009.05. "'신영철 파동'의 본질을 왜곡하지 말라")

[발췌 15]는 사법부의 독립이 문제의 핵심임을 강조하면서도, 판사들의 행위가 이념적으로 경도된 행위로 이해되어서는 안 된다는 해명에 더 많은 초점을 맞추고 있다. 그러나 판사들의 행동을 법원 내 보혁 갈등과 좌우 대립 구도로 몰아가서는 안 된다는 주장은 색깔론에 대한 수세적 대응이라고밖에 볼 수 없다. 보수/우파 세력이 왜 색깔론을 동원하는지를 묻는 것과 같은 좀 더 적극적인 대응이 결여되어 있기 때문이다. 적극적 대응은 색깔론이 대중에게 먹혀 들 것이라고 염려하기보다는, 그것이 현안에 대한 보수/우파 세력의 설득력 있는 논리의 부재를 감추기 위해 동원된다는 사실에 주목할 때 좀 더 쉽게 채택될 수 있다. 요컨대, 보수/우파 세력의 색깔 공세에 대한 진보/좌파 세력의 대응은 그것이 철지난 시대착오적인 것이라고 지적하는 것을 넘어서서, 색깔론이 왜 전가의 보도처럼 동원되는지를 실질적으로 드러낼 뿐만 아니라, 그것을 내용적으로 극복하는 담론적 실천에는 이르지 못하고 있다. 더욱 중요하게, 진보/좌파 담론은 색깔론이 자유와 평등의 민주주의 원리를 근본적으로 위협하는 전체주의적 적대 논리에 빠져있다는 비판을 철저하게 조직하지 못하는 한계를 드러내고 있다.

3. 결론

진보/좌파 세력의 사회정치 담론은 '그들'에 맞선 '우리' 집합 정체성의 구축이라는 정치 과정을 충분히 실현하지 못하는 한계를 지니고 있다. 진보/좌파 사회정치 담론은 반대파에 대한 비판의 초점을 의식적으로 개인을 넘어선 '그들' 집단 전체에 맞추지 못하는 경향이 있다. 뿐만 아니라, '우리'와 '그들' 사이의 대립을 '그들' 내부의 대립으로 대체하여 '우리'를 대립 전선에서 스스로 배제하는 모습을 드러내기도 한다. 심지어는 '우리'의 집합 정체성을 '그들'의 정체성에 통합시켜 버리는 한계를 보이기도 한다. 이러한 정치의 빈곤은 '우리/그들' 사이의 모든 대립을 기본적으로 '친구/적' 사이의 적대적이고 파괴적인 대립으로 간주하는 모습으로도 종종 나타나는데, 이는 '선의의 적' 혹은 대립자들 사이의 경합적 대결로서의 정치를 이해하지 못하는 자유주의적 한계에 기인하는 것이라 할 수 있다. 다른 한편으로, 진보/좌파 세력은 위계주의, 권위주의, 근본주의 적대에 대해서도 민주주의 정치의 본령을 분명하게 각인하려는 노력과 의지를 충분히 보여주지 못하고 있다. 우선, 스스로를 피통치자적 위치에 놓고 '그들'을 권력집단으로 비판하는 것은 권력의 위계적 '상/하' 관념에 별반 심각한 도전이 되지 못한다. 주권자로서의 시민에 의한 권력 비판과 피통치자 대중으로서의 권력에 대한 비판은 동일하지 않기 때문이다. 나아가, 보수/우파 세력의 권위주의적 사고와 태도가 지닌 반민주성을 직접 문제 삼지 않고 오만과 독선 그리고 불통이라는 통치 스타일의 문제로 접근하는 것도 근본주의적 적대에 대한 적절한 대응이라고 보기 어렵다. 아울러, 자신과는 다른 입장을 친북좌파나 반대한민국 세력의 그것으로 낙인찍는 보수/우파 세력의 색깔론이 지닌 전체주의적 적대 논리를 체계적이고도 적극적으로 반박하지 못하는 자유주의적 한계를 진보/좌파 사회정치 담론에서 발견할 수 있다.

이처럼, 진보/좌파 사회정치 담론이 '그들'과 대립하는 '우리' 집합 정체성의 형성이라는 정치 과정을 충분히 실천하지 못하고, 근본주의적 적대를 극복할 수 있는 민주적 대결 정치의 공간을 확대하지 못하는 사이, 최근 한국의 사회정치 담론은 '삼성이 먹여 살린다', '친기업이 곧 친서민', '포퓰리즘', '산업화/민주화/선진화'라는 권위주의 담론에 지배되었다. 또한, 진보/좌파 세력을 '주변부적 별종', '부도덕한 권력 집단', '편 가르기 집단', '친북 좌파 반대한민국 세력'으로 낙인찍는 근본주의 적대 논리가 한국의 사회정치 담론을 지배하게 되었다. 물론, 이 장에서는 다루어지지 않았지만, 진보/좌파 사회정치 담론은 '경제성장과 국민소득 증대의 불일치', '양극화와 빈곤화의 심화', '신자유주의 이데올로기로서의 선택과 집중의 논리', '복지제도의 강화 필요성' 등과 같은 '우리'의 정체성을 구축하는 진보 담론을 적극적으로 제기한 것이 사실이다. 하지만, 이러한 대항 담론은 담론 투쟁에서 보수/우파 세력의 근본주의적 적대 담론을 압도하거나 대체할 만큼 강력하지 못했던 반면, 진보/좌파 세력은 보수/우파 세력의 근본주의 적대 관념 그 자체에 대해서도 효과적으로 대응하지 못하는 한계를 보였다. 요컨대, 최근 한국의 사회정치 상황은 정치적 대립 전선이 명확하게 부각되지 못하고 민주적 대결 정치가 활성화되지 못함으로 인해, 시민의 정치적 정체성이 근본주의적 적대 논리에 흡수되고 민주주의가 위험에 빠지게 된 것으로 평가할 수 있다. 이러한 민주주의의 위기에서 빠져나오고 자유와 평등이라는 근대 민주주의 핵심 가치를 더욱 확대하고 심화하기 위해서는 민주주의 정치가 제대로 작동해야 한다. 한편으로는, 정치적 대립을 서로 화해할 수 없는 적들 사이의 목숨을 건 투쟁, 즉 적대로 보는 근본주의적 경향과, 다른 한편으로는 그것을 '우리'와 '그들' 사이의 대립과 갈등을 초월하는 소통과 합의의 형성으로 이해하는 자유주의적 경향을 넘어서야 한다. 민주주의 정치는 '그들'이 자유와 평등이라는 공통의 상징 공간을 '우리'와 공유하는 한, '그들'을 파괴해야 할 적으로 보지 않는 것에 토대를 둔다. 또한 그것은 자유와 평등의 실현 방식을 둘러싸고 '그들'과 첨예하게 대결하는 '우리'의 집합 정체성을 구축하는 과정에서 실현된다.

제5장
'종북(從北)' 담론

보수/우파 세력이 반대파를 공격하는데 '종북' 담론을 즐겨 사용하고 진보/좌파 세력이 그것을 매카시즘적 색깔론이라고 반박하는 것은 한국의 구조화된 사회정치 담론의 한 모습이다. 지난 수 년 사이, 정치, 경제, 사회적 쟁점을 둘러싼 보수/우파 세력과 진보/좌파 세력 사이의 대결은 종종 이념적 종북 논쟁으로 빠져들었다. 정책의 측면에서, 보수/우파 세력은 북한의 3대 세습, 북한 인권, 북핵 문제에서부터 국가보안법 폐지, 주한미군 철수, 한미동맹 해체, 국군 해외파병 금지, 그리고 제주 해군기지 반대, 한미 자유무역협정 폐기 촉구, 한미 정례군사훈련 반대, 천안함 폭침론에 대한 의문 제기 등에 이르기까지 폭 넓은 문제들에 '종북' 프레임을 덧씌웠다. 정치 세력의 차원에서는, 통합진보당의 이석기 의원과 경기동부연합의 주사파 그룹, 통합민주당, 청와대, 민주노총, 전교조, 야권연대 등을 종북으로 몰아가거나 종북주의 혐의를 캐물었다. 시장경제, 자유민주주의, 법치주의, 한미동맹 등을 대한민국 정체성의 근간으로 보는 보수/우파 세력은 자신들이 종북으로 규정한 세력을 국가관이 의심스러운 집단이라고 비난하지만, 진보/좌파 진영은 보수/우파 세력의 민주주의관을 의심한다. 진보/좌파 세력에게 종북 담론은 기본적으로 해방 이후의 친일파로부터 오늘날의 보수/우익 세력까지 이어져 오는 색깔론의 연장인 반면, 보수/우파 세력에게는 방어적 민주주의의 불가피한 수단으로 간주되기도 한다.

1. '종북'의 지시 대상

1) 보수/우파의 '종북': 카멜레온

'종북' 혹은 '종북주의'라는 말은 지난 10여년 사이 한국 사회정치 담론의 핵심 언어 중 하나로 자리 잡았다. 원래 그것은 북한 문제에 대한 진보 진영 내부 논쟁에서 처음으로 불거져 나온 말이었다. '종북주의'는 2001년 사회당과 민주노동당 사이의 입장 차이를 표상하는 말로 언뜻 사용되었다가, 2008년 민주노동당 분당 과정에서 평등파가 자주파를 비난하는 과정에서 본격적인 정치 용어로 등장하게 되었다. 사실, 한국 사회에서는 이미 오래 전부터 '종북'보다 훨씬 더 강력한 정치 용어인 '빨갱이'라는 말이 널리 회자되어 왔지만, 보수/우파 세력은 재빠르게 진보 내부의 '종북'과 '종북주의'를 자신들의 '빨갱이'를 대신하여 반대파를 공격하는 주요 무기로 삼기 시작했다. 그리하여, 정책의 측면에서는, 제주 해군기지 건설에서부터 한미 동맹에 이르기까지, 그리고 정치 세력의 측면에서는, 통합진보당의 주사파 출신 정치인에서부터 민주당의 대통령 선거 후보에 이르기까지, 다양한 사회정치적 쟁점과 정치 세력에 종북주의라는 경고장이 발부되었다. 아래의 [발췌 1]을 보자.

[발췌 1]

이들 세력의 요구는 주한미군 철수와 국가보안법 철폐에서부터 총선과 대선에서의 보수세력 심판론에 이르기까지 북한 정권의 주장과 일치한다. 북한의 대변자 같다.(동아. 2012.02.24. "'우리민족끼리' 외치더니 탈북자는 죽어도 좋은가")

[발췌 1]에서, 합법 정당의 강령("주한미군 철수"와 "국가보안법 철폐")뿐만 아니라, 보수 집권 세력에 대항한 선거 캠페인("총선과 대선에서의 보수세력 심판론")조차도 북한을 이롭게 하는 행위로 규정된다. 보수/우파 세력에게 종북은 흔히 북한의 노선을 맹목적으로 추종하거나 남북문제의 주된 책임을 남한 보수 정권에게 돌리는 행위로 통칭된다. 그리고 "인류의 보편적인 가치에 어긋나는 북한의 3대 권력세습, 열악한 인권, 핵 개발 등에 동조하는 것이 종북이다."(동아. 2012.06.12. "北 주장 '박근혜 종북 행보' 朴 측 석명 불가피하다")는 주장에서 나타나듯이, 종북을 가늠할 핵심 기준을 종종 북한의 3대 세습, 북한 인권, 북핵 문제 등에 대한 공개적 입장에서 찾는다. 따라서 이러한 문제들에 대해 침묵하거나 혹은 북한의 입장에서 그것을 생각하거나 발언하는 정치 집단은 '종북'이 될 수 있다.

물론, 보수/우파 세력이 이 세 가지 사안에 대한 태도만을 '종북'의 판단 근거로 삼는 것은 아니다. 그들에게, '국가보안법 폐지', '주한미군 철수', '한미동맹 해체', '국군 해외파병 금지' 등과 같은 정치 강령도 종북의 훌륭한 리트머스 종이가 된다. 그들은 "2000년 6.15 남북공동선언 이후 '우리민족끼리' 분위기 속에 한미동맹 해체와 북한식 연방제 통일을 주장하는 종북세력이 발호했다"(동아. 2012.05.18. "'이념의 시대 갔다'던 MB, 지금 사태 보고 있나")고 주장한다. 나아가, 보수/우파 세력은 정치 정책과 현안을 둘러싼 논란에까지도 종북주의 잣대를 들이대는 바, 제주 해군기지 반대, 한미 자유무역협정 폐기 촉구, 한미 정례군사훈련 반대, 천안함 폭침론에 대한 의문 제기 등을 "종북주의" 정치투쟁으로 단정한다.

정치 세력의 측면에서도, 보수/우파가 말하는 '종북'의 범위는 매우 넓다. 가장 좁게는, 통합진보당의 이석기 의원 혹은 경기동부연합의 주사파 정치 세력을 가리키는 것으로, 가장 넓게는, 2012년 대통령 선거를 앞둔 야권 연대를 지칭하는 용어가 바로 '종북'이다. 우선, "제19대 국회는 적색 불안에 휩싸여 있다. 주사파 또는 종북주의자로 알려진 통합진보당의 비례대표 당선자 2명이 국회의원이 됐기 때문이다."(동아. 2012.05.31. "19대 국회와 적색 불안")와 같은 레드 콤플렉스를 환기하는 주장에서 나타나듯이, 보수/우파 세력에게 통합진보당을 만든 이석기를 포함한 경기동부연합은 분명한 종북 세력이다. 물론, 이러한 종북 공세의 대상은 비단 통합진보당에만 한정되지 않는다. 보수/우파 세력은 "과거에 주사파 386들이 정치권이 진출할 때 민주노동당에 많이 들어갔지만 민주당에도 적지 않게 들어갔다."(동아. 2012.06.04. "'민주당 주사파' 본색 드러낸 임수경 막말")는 하태경 새누리당 의원의 말을 빌어, 민주당에도 종북주의 꼬리표를 달아준다. 그리고 청와대가 2006년 당시 이른바 일심회 간첩단 사건에 대한 수사 중단을 요구했을 뿐만 아니라 이후에는 그들을 사면까지 했다는 이유로 노무현 정권의 청와대에까지 종북주의 혐의를 캐묻기도 한다. 나아가, 보수/우파 세력은 민주노총을 통합진보당의 기반이 되어 각종 반정부 및 반미 '종북활동' 종자돈을 대준 조직으로, 전교조를 '과격함'과 '종북성향'이 관통하는 '섬뜩'한 조직으로 몰아가기도 한다. 아울러, 많은 시민단체들을 '친북좌파'로 간주하고, 그들의 활동을 "종북이념에 터잡은 편견"의 산물로 본다. 심지어는, 아래의 [발췌 2]에서 볼 수 있듯이, 보수/우파 세력은 2012년 대통령 선거를 앞두고 결성된 시민단체 모임인 '원탁회의'에 대해서도 종북주의 공세를 이어간다.

[발췌 2]

원탁회의의 핵심 멤버인 백낙청 서울대 명예교수와 청화 스님, 함세웅 신부, 김상근 목사[...원탁회의는 주요 인사의 전력이 친북과 종북을 오가는 집단이다. 청화 스님은 2005년 경기 파주 보광사에 간첩과 빨치산 묘역 조성을 주도한 실천북교전국승가회의 상임고문이다. 함세웅 신부와 김상근 목사는 국가 보안법 철폐, 주한미군 철수, 남북연방제 통일을 주장한 민주주의민족통일전국연합의 지도위원을 지냈다. 전면에 나선 이들 종교인 뒤에는 오종렬 한국진보연대 상임고문 같은 골수 종북주의자도 자리 잡고 있다. 이들이 원하는 '2013 체제'란 무엇인가. 백 교수가 남북 분단 모순과 자본주의 체제 모순의 동시 극복이라는 현학적인 말로 포장하고 있지만 그 핵심은 북한의 연방제와 유사한 남북 연합체제다. (동아. 2012.10.26. "'원탁회의 세력'은 어떤 나라 만들겠다는 것인가")

[발췌 2]에서, 2012년 대통령 선거에서의 야권 승리와 정권 교체를 위해 문재인 민주통합당 대선 후보와 안철수 무소속 후보의 단일화를 촉구한 원탁회의 활동은 종북주의로 프레이밍된다.("원탁회의는 주요 인사의 전력이 친북과 종북을 오가는 집단이다", "골수 종북주의자도 자리잡고 있다", "북한의 연방제와 유사한 남북 연합체제다") 그래서 보수/우파 세력에게, "뼛속까지 종북"인 세력이 관여하여 탄생하는 정권은 "대한민국 정통정권"이 될 수가 없으며 되어서도 안 된다. 이처럼 이석기, 통합진보당, 민주당, 청와대, 민주노동, 전교조, 원탁회의 등을 향한 '종북'의 칼끝은 급기야 광범위한 일반 시민을 겨누기까지 한다. 보수/우익 세력은 인터넷 웹사이트에서 현역 장병, 부동산 중개업자, 항공사 기장 등 일반인들의 북한체제 찬양과 종북 활동이 공공연하게 벌어지고 있다든가, 2012년 대통령선거 재검표를 요구하는 촛불 집회에 우리나라 컴퓨터에는 들어있지 않은 "광명납작체"라는 북한 글씨체의 플래카드가 사용되었다는 이유로 촛불 시위를 북한과 연결된 것으로 몰아가는 것과 같은 방식으로 '래드 콤플렉스'에 비견될 수 있는 폭 넓은 사회적 '종북 콤플렉스'를 생성시키고 있다.

2) 진보/좌파의 '종북': 프로크루스테스의 침대

자신들의 거의 모든 반대 세력에게 '종북' 꼬리표를 붙이는 한국 보수/우파의 카멜레온 같은 행태는 그들 대부분이 과거에 대한민국을 혁명으로 전복하려한 사회주의자들이었다는 믿음에 연원한다. 그래서 진보/좌파가 자신의 과거를 반성하는 공개적인 전향 선언을 하지 않는 한, 그들의 '종북' 그림자는 사라질 수가 없는 것이 된다. 아래의 [발췌 3]을 보자.

> [발췌 3]
>
> 지구상 최악인 북한식 사회주의를 이 땅에 건설하겠다며 민중혁명을 기도한 것이 민주화운동으로 둔갑했다. 대한민국 전복 기도자들을 대한민국 국민 세금으로 상찬한 것이다[...]민주화보상위는 이명박 정권에서도 사노맹 사건 관련자들을 비롯한 폭력 혁명 세력과 종북세력에게 민주화 훈장을 달아줬다. 유동열 치안문제 연구소 선임연구관은 "민주화보상위가 인정한 민주화유공자 가운데 순수하게 자유민주주의를 위해 활동한 사람은 10%밖에 안 될 것"이라고 말했다. 민주화보상위는 법에 명시된 '자유민주주의라는 헌법적 가치실현을 위한 민주화운동'과 '친북 종북 활동'을 가리지 않고 '가짜 민주화유공자'를 양산해 종북 좌파 네트워크 확산을 부채질했다[...]대한민국 파괴 활동으로 훈장 받은 자들도 반드시 재심사해야 한다. 이를 그냥 두고는 대한민국을 바로 세울 수 없다. (동아. 2012.06.08. "이 대통령, '간첩 훈장'부터 떼라")

[발췌 3]에서, 사회주의 이념을 토대로 이루어진 민주화 운동은 '가짜' 민주화 운동이다. 자유민주주의 체제 안의 활동만이 진정한 민주주의 실천으로 간주될 수 있기 때문이다. 그리하여, 주체사상을 신봉하는 종북세력이나 사회주의를 지향한 사노맹과 같은 조직의 구성원은 오히려 "대한민국 파괴 활동"을 한 사람들이 된다. 앞서

밝혔듯이, 보수/우파 세력에게 '종북'은 비단 주사파만을 지칭하는 것이 아니라 과거 사회주의 사상을 지지하였던 세력 일반을 가리키는, 매우 확장성이 높은 정치 용어이다. 그래서 자신의 "과거를 고백하고 반성"하는 공개적인 "전향 선언"을 하지 않는 한, 한때 사회주의 사상을 추구한 정치 세력은 여전히 종북으로 볼 수밖에 없다는 것이 [발췌 3]에 나타난 보수/우파의 논리다. 그리고 이것은 과거의 사상을 현재의 활동에 덧칠하는 보수/우파 세력의 이념 과잉을 정당화한다.

이러한 '종북' 공세에 대한 진보/좌파 세력의 대응은 무엇보다도, 그것이 "자기 생각에 동조하지 않는 사람들에게" 씌우는 "올가미"라는 점에 초점을 맞춘다. 마치 프로크루스테스의 침대처럼, 제주 강정 해군기지, 한미 자유무역협정, 천안함 사건, 4대강 사업, 한진중공업 사태 등과 같은 정책 현안에 대한 정부의 입장을 따르지 않는 모든 사람들에게 무차별적으로 '종북' 딱지를 붙인다는 것이다. 아래의 [발췌 4]를 보자.

> [발췌 4]
>
> 이 땅에서 종북주의자가 되기는 식은 죽 먹기다[...]우선 삶이 무너지면 종북좌파가 된다. 무슨 얘긴가[...]"권리금도 없고, 단골도 사라지고, 가게 차리면서 얻은 빚도 갚을 수 없어지고, 신용불량자가 되고, 삶이 무너진다. 머리띠를 묶게 된다. 깡패들이 몰려온다. 그런데 경찰은 깡패 편이다. 언론에서는 법을 무시하는 데모꾼이라고 비난한다. 조금 지나면 '좌파' '종북세력' '빨갱이'라고 매도한다. 이들은 좌파가 무언지 종북이 무언지도 모르는 사람들이다." 그랬다. 정부와 수구언론은 용산참사와 제주 강정마을 투쟁을 이념문제로 몰아 종북 색칠을 했다. 4대강 사업 반대에서도 한진중공업 사태에서도 그랬다. (경향. 2012.06.06. "삶이 무너지면 종북좌파가 된다")

[발췌 4]에는 [발췌 3]에 나타난 보수/우파의 주장에 대한 반박이 함축되어 있다.("정부와 수구언론은 용산참사와 제주 강정마을 투쟁을 이념문제로 몰아 종북 색칠을 했다. 4대강 사업 반대에서도 한진중공업 사태에서도 그랬다") "종북", "좌파", "빨갱이" 딱지가 이념의 문제와는 무관한 일반 시민들의 생존권 투쟁을 호도하고 억압하기 위해 동원되는 수단이라는 것이다. 진보/좌파 세력에게, 정권에 대한 비판을 이적 행위로 낙인찍는 것은 민주주의에 역행하는 일이며, 종북 딱지는 보수/우파 정부의 숱한 실정을 감추기 위한 도구에 다름 아닌 것이다. 그리고 진보/좌파는 만일 보수/우파의 주장대로 종북 세력이 사회 곳곳에서 암약하고 있는 것이 사실이라면, 그들의 실정법 위반 의혹을 즉각적으로 입건하여 수사하면 될 일이라고 반박한다. 보수/우파가 '종북'의 실체를 드러내보이지도 못하면서 "북한의 지시를 받고 암약하는 세력이 6만 명" 등과 같은 발언으로 공포와 불안과 위협의 '종북 콤플렉스'를 조장하고 있다는 것이다.

2. '종북'의 담론 자원

1) 보수/우파: 의심스러운 국가관

앞서 살펴본 것처럼, 보수/우파 세력이 종북으로 지칭하는 대상은 정책의 측면에서나 정치 세력의 측면에서나 매우 폭 넓게 걸쳐있다. 그만큼 그것은 모호한 것이다. 그런데 이를 한풀 더 벗겨 보면, '대한민국 정체성과 정통성을 부정하는' 태도와 활동이라는 관념이 종북 담론의 밑바탕에 자리 잡고 있음을 알 수 있다. 보수/우파는 어떠한 정책 혹은 정치 이념에 관한 것이든 간에, 자신들에 대한 반대가 대한민국 정체성과 정통성을 인정하지 않은 사람들에 의해 오랫동안 지속적으로 제기되어 왔다는 믿음에서 그들의 모호하지만 완고한 종북 관념을 고수한다. 이들이 주장하는 대한민국 정통성과 정체성의 근간은, 아래의 [발췌 5]에서 알 수 있듯이, 자유민주주의, 시장경제, 법치국가로 요약된다.

[발췌 5]

새누리당은 강령 전문에서 대한민국 건국을 '자랑스러운 역사'로, 자유민주주의 시장경제와 법치주의를 대한민국 정체성으로 규정했다. 이는 너무나도 당연한 역사인식이요 국가관이다. 헌법 속의 대한민국 정체성이 바로 '자유민주주의 시장경제 법치국가'로 요약된다. 그런 점에서 새누리당 정강은 헌법정신을 따르고 있다. (동아. 2012.02.22. "정당과 후보의 정체성을 묻는 선거")

[발췌 5]에서, 새누리당의 강령과 대한민국의 헌법 정신은 자유민주주의와 시장경제와 법치주의로 일치한다. 그리고 그것은 대한민국 정체성의 본질을 구성한다. 보수/우파는 이처럼 대한민국의 '내부'를 규정한 후, '외부'를 구성하는 작업을 본격적으로 실행한다. 그 속에서, 보편적 복지, 대학서열 해체, 노동자 차별 금지 등과 같은 요구는 자유민주주의와 시장경제라는 대한민국 정체성의 '외부'가 된다. 아래의 [발췌 6]을 보자.

[발췌 6]

과거의 민주노동당이 주축을 이룬 진보당은 강령에 보편적 복지사회 실현, 대학서열 해체, 주택 공영제 실시, 생산수단 소유구조의 공공성 강화, 주한미군 철수, 한미동맹체제 해체 등을 명시하고 있다. 그 기저에는 반미와 종북주의가 자리잡고 있고, 시대착오적인 '사회주의 체제'를 지향하고 있다고 봐도 과언이 아니다[...]야권 연대를 하더라도 대한민국의 뿌리를 흔드는 우를 범하지 말아야 한다.(동아. 2012.03.10. "野圈연대 한다며 대한민국 뿌리 흔들 셈인가")

통합진보당의 강령이 "종북주의", "대한민국의 뿌리를 흔드는" 것이라고 단언하지만, [발췌 6]에서는 그것이 어떤 점에서 자유민주주의 시장경제 체제를 부정하는 것이 되는지를 알 수 없다. 보편적 복지, 대학서열 해체, 주택 공영제, 생산수단 소유구조의 공공성 강화, 주한미군 철수 등이 자유민주주의 시장경제와 배치된다는 근거는 제시되지 않으면서, 마치 그것들이 서로 근본적으로 양립할 수 없는 것인 양 전제된다. 이런 모순은 "통진당[...]강령에는 기간산업 국공유화, 실업자를 포함한 노동자에 대한 차별 금지 등을 추구한다고 밝혀 시장경제와 자유민주주의 체제에 동의하는지도 의문이 든다." (동아. 2012.04.26. "김선동式 從北정당이 '진보당'일 수 없는 이유")와 같은 주장에서도 확인할 수 있다. 이런 강령이 자유민주주의 시장경제와 부합하는지를 굳이 구체적으로 따지지 않는 배경에는 통합진보당이 "'사회주의 체제'를 지향"하고 있기 때문에 그러한 강령을 채택한다고 보는 태도가 자리잡고 있을지도 모른다. 그러나 설사 그렇다고 하더라도, 상대방이 무슨 말을 하든지 간에 그것은 그들이 종북주의자 혹은 사회주의자이기 때문에 하는 말이라고 보는 것은 한국 보수/우파의 고질적인 이념 과잉의 또 다른 모습을 보여주는 것이라 할 수 있다. 그런데 보수/우파 세력의 대한민국 정체성 담론은 비단 통합진보당만을 겨냥하는 것은 아니다. 보수/우파 세력은 민주통합당도 대한민국 정통성을 인정하는지가 불분명하다고 압박한다. 민주통합당이 대한민국 임시정부, 5.18 민주화운동, 1987년 노동자 대투쟁, 국민의 정부, 참여정부, 2008년 촛불 등의 정신을 계승한다고 하면서도, 1948년 대한민국 건국을 자신의 강령 전문에 포함시키지 않고 있다는 것이다. 그러면서 그들은 민주통합당이 대한민국의 정통성에 대해 어떤 입장을 갖고 있는지 분명히 밝힐 것을 요구하기도 한다.

그리고 보수/우파의 대한민국 정체성과 정통성에 대한 강조는 남한이 지난 60여 년 간 한미 동맹을 토대로 확실한 성공의 역사를 만들었다는 신념과 자부심과 짝을 이루기도 한다. 아래의 [발췌 7]을 보자.

> [발췌 7]
>
> 한미 동맹이 없었다면 북한의 위협에 시달리느라 세계 10위권의 경제강국을 만들지 못했을 것이다. 1955년 65달러이던 1인당 연간소득을 2만 달러까지 올려놓은 기적은 자유민주주의 개방시장경제체제를 선택한 데다 한미 동맹 울타리 안에서 경제건설에 매진했기에 가능했다. 종북·반미·반정부로 국기를 흔들고 있는 세력도 동맹 안보와 경제 도약의 단맛을 한껏 빨아먹으며 발 뻗고 잔다.(동아. 2012.03.21. "46용사에게 더 죄스럽다")

[발췌 7]에서, 한미 동맹은 오늘날의 "경제건설"과 "경제강국"을 가능하게 해준 울타리다. 대한민국의 "기적"은 "자유민주주의 개방시장경제체제"와 "한미 동맹"을 선택한 덕분에 가능했다는 것이다. 보수/우파 세력에게, 이승만의 리더십 덕분에 한미 동맹이 구축될 수 있었고, 자유민주주의 시장경제의 가치를 미국과 공유할 수 있게 되었다. 또한, 한국은 6.25 전쟁에 참전한 미군의 사상자 수가 15만 명이 넘을 정도로 미국의 도움을 크게 받았으며, 이후에도 한미 동맹은 북한의 도발과 전쟁의 강력한 억제 장치가 되었다. 보수/우파의 이러한 믿음은 "미국이 지원한 옥수수죽으로 점심을 때우던 시절에 초등학교를 다녀 산업화, 민주화의 과정을 지켜봤으며 이제 아마 세종대왕 치세 이후 민족 최고의 성세기를 살고 있으니 말이다. 반만년 역사 속에서 이 같은 복을 누렸을 선조가 얼마나 될까?"(동아. 2012.06.07. "현충일 아침에 태극기를 달며")라는 말에서 나타나듯이, 지난 60여 년간 세종 이래 "민족 최고"의 성공한 역사를 스스로가

주도해왔다는 자부심으로 발전하기도 한다. 그리고 이러한 긍정적 자기표현은 [발췌 7]에서 나타난 것과 같은 "종북 · 반미 · 반정부" 세력에 대한 부정적 표현("동맹 안보와 경제 도약의 단맛을 한껏 빨아 먹으며 발 뻗고 잔다.")과 대비를 이루며, 대한민국 정체성과 정통성 담론을 더욱 강화하는 작용을 한다.

2) 진보/좌파: 의심스러운 민주주의관

이처럼 보수/우파 세력의 종북 담론은 대한민국 정체성과 정통성을 그것의 매우 중요한 정당화 근거로 삼지만, 이에 대한 진보/좌파 세력의 반응은 그다지 적극적이지 않다. 자신들이 추구하는 대한민국 정체성이 무엇이며, 그것이 보수/우파의 그것과 어떻게 같고 다른지를 밝히는 작업에 커다란 관심을 보이지 않는다는 것이다. 예컨대, 보수/우파 세력이 한미동맹을 대한민국 정체성의 핵심 요소라고 강조하면, 진보/좌파 세력이 추구하는 한미관계의 바람직한 모습이 무엇이며, 그것이 한미동맹과 대한민국 정체성에 어떤 의의를 갖는지 밝히는 식의 대응을 찾아보기가 어렵다는 것이다. 대신, 진보/좌파 세력은 국가 정체성 담론이 지닌 '국가주의'나 '민주주의관'의 문제를 지적하는 방식으로 보수/우파 세력에 맞선다. 아래의 [발췌 8]을 보자.

[발췌 8]

박근혜 의원은 "국가관이 의심스러운 사람들"의 공직 배제를 입에 담고 있다. 친여 수구언론 또한 침소봉대 견강부회 등의 케케묵은 방법으로 종북몰이 담론을 확대재생산하고 있다. 요컨대 이들은 사람의 뇌 속을 들여다본 뒤 "너는 종북이야" "당신은 사상이 의심스러워"라며 내쫓겠다는 것인데, 과연 그 종북주의의 기준과 국가관의 건전성 따위를 심사 판정하는 권리를 어느 누가 독점적으로 소유할 수 있단 말인가. '종북세력 심판관'을 자처하는 세력은 겉으로는 자유민주주의를 수호한다는 명분을 내걸고 있지만 실제로는 자유민주주의의 기본을 무너뜨리는 반민주적인 발상으로 국가공동체를 혼란에 몰아넣고 있는 셈이다.(경향. 2012.06.09. "6월항쟁 25주년과 비민주적 '종북몰이'")

[발췌 9]

박근혜 전 새누리당 비상대책위원장은[...]"기본적인 국가관을 의심받고 있고 국민들도 불안하게 느끼는 이런 사람들이 국회의원이 돼서는 안 된다고 생각한다"며 "사퇴하는 것이 옳다고 본다"고 말했다[...]그의 발언은 이보다 훨씬 커다란 문제를 살피는 계기가 되고 있다. 그것은 박 전 위원장의 국가관이다[...]우리는 다시 묻는다. 박 전 위원장은 민주주의에 대해 어떤 견해를 갖고 있나. 국가이익을 절대시하는 국가주의로 오해될 수 있는 국가관이나 정치철학 같은 모호한 개념보다 민주주의관을 묻는 것이 더 구체적이라고 본다. 또 유력 대선 후보에게서 최우선적으로 검증돼야 할 것이 민주주의관이다.(경향. 2012.06.04. "박근혜의 민주주의관을 묻는다")

[발췌 8]에서, 국가관이란 용어는 실체가 불분명한 개념이다.("국가관의 건전성 따위를 심사 판정하는 권리를 누가 독점적으로 소유할 수 있단 말인가?") 또한, 국가관이란 하나일 수가 없음에도, 자신의 관점과 다른 것을 '불온한' 것으로 보는 것은 "자유민주주의의 기본"에 반하는 것이다. 그래서 진보/좌파 세력에게, "건전한 국가관"을 들먹이는 것은 "국가라는 추상적 실체의 힘을 빌려 집단의 이름으로 개인을 불러내는"(경향. 2013.02.07. "악마는 디테일에 있다?") 전체주의와 국가주의의 위험이 크다. 그리고 [발췌 9]에서 볼 수 있는 바와 같이, 진보/좌파 세력은 종종 국가관을 묻는 보수/우파 세력에게 그들의 '민주주의관'은 과연 무엇인지를 묻는 것으로 맞대응한다.("국가

이익을 절대시하는 국가주의로 오해될 수 있는 국가관이나 정치철학 같은 모호한 개념보다 민주주의관을 묻는 것이 더 구체적이라고 본다.") 보수/우파가 5.16 쿠데타, 유신 헌법, 12.12 쿠데타, 5.18 광주 학살에 대해 어떻게 생각하는지를 밝힐 것을 요구함으로써, 그들의 민주주의관을 문제 삼는 것이다.("우리는 다시 묻는다. 박 전 위원장은 민주주의에 대해 어떤 견해를 갖고 있나", "유력 대산 후보에게서 최우선적으로 검증돼야 할 것이 민주주의관이다.") 요컨대, 보수/우파의 '대한민국 국가관' 프레임에 진보/좌파는 '민주주의관'이라는 프레임으로 맞서고 있는 것이다.

그럼에도 불구하고, 진보/좌파의 '국가주의'와 '민주주의관' 담론은 여전히 방어적으로 동원되는 추상적이고 모호한 성격을 탈피하지 못하는 경향이 있다. 위의 [발췌 5]에서 볼 수 있듯이, 보수/우파는 자신들의 단골 레퍼토리인 국가 정체성을 언급할 때마다 거의 예외 없이 그 핵심을 자유민주주의 시장체제와 한미동맹 등으로 규정한다. 그리고 [발췌 6]과 [발췌 7]에서 알 수 있듯이, 보편적 복지, 대학 서열 해체, 주한미군 철수, 노동자에 대한 차별 금지 등은 그러한 국가 정체성을 부정하는 주장으로 몰아붙인다. 그런 점에서, 보수/우파 세력의 국가관 담론은 결코 실체가 없는 모호한 것이라고 보기 어렵다. 그래서 진보/좌파의 입장에서는 자유와 평등을 지향하는 자신의 다양한 강령적 정책적 주장이 과연 대한민국 정체성의 핵심에 위배되는 것이라 할 수 있는지를 따지는 작업이 필요할 수도 있다. 그런데도, 국가 정체성 담론에 대한 진보 개혁의 반응에는 이런 문제를 직접적이고도 적극적으로 다루는 경우를 찾아보기 어렵다. 요컨대, 진보/좌파 세력은 국가 정체성 담론을 민주적이고 진보적인 것으로 전취하는 노력을 등한시하고 결과적으로 그것을 보수의 전유물로 남겨두는 한계를 넘어서지 못한다.

3. '종북' 용법의 정당성

1) 보수/우파: 방어적 민주주의론

보수/우파는 자신들의 종북 담론을 크게 네 가지 측면에서 정당화한다. 첫째는 종북 담론이 과거 권위주의 정권의 색깔론과는 다르다는 것이다. 둘째는 이념 색깔은 철저하게 파헤쳐야 하기 때문에 색깔론이 문제시되어야 할 이유는 없다는 것이다. 셋째는 방어적 민주주의 논리이다. 넷째는 내재적 접근에 대한 비판이다. 우선, 종북 담론이 과거의 색깔론과 다르다는 주장과 관련하여, 아래의 [발췌 10]를 보자.

> [발췌 10]
> 색깔론은 권위주의 정권 시대에 무고한 사람을 북한과 엮는 것을 비판할 때 쓰던 용어다. 종북주의 행태가 분명한 정당이 '색깔론 구태' 운운하는 것은 솔직하지 못하다.(동아. 2012.04.18. "통합진보당, 북한의 지침 따르는지 밝혀라.")

[발췌 10]에서, 종북 담론과 색깔론은 다르다. 한편으로, 비록 독재 정권이라는 말 대신 "권위주의 정권"이라는 말이 선택되고 있긴 하지만, 색깔론이 과거 독재 정권이 반대파를 억압하기 위해 사용했던 부당한 지배 수단이었음을 인정하고 있다.("무고한 사람을 북한과 엮는 것을 비판할 때 쓰던 용어") 그러나 다른 한편으로, 최근의 종북 담론은 남한 사회 내 종북주의 성향이 명백한 집단을 대상으로 한다는 점에서 과거의 색깔론과 다를 뿐만 아니라 정당한 것이 된다.("종북주의 행태가 분명한 정당이 '색깔론 구태' 운운하는 것은 솔직하지 못하다") 이러한 구분법을 토대로, 한국의 보수/우파는 과거에는 민주화 운동과 종북주의가 혼란스럽게 뒤섞여 있었지만, 오

늘날의 민주화 시대에는 양자를 구분하는 것이 한층 더 쉬워졌을 뿐만 아니라 훨씬 더 중요해졌다는 입론을 구축한다. 그 속에서, 민주화 과제가 이미 해결된 현재의 상황에서 반정부 투쟁은 더 이상 민주주의 운동이 아니라 종북주의 운동으로 간주될 수 있다는 사실을 암묵적으로 전제한다.

이처럼 종북 담론과 색깔론을 구분하는 것과는 달리, 색깔론은 언제나 정당한 것이라는 언술도 보수/우파 세력의 대표적인 종북 담론 전략에 속한다. "색깔론이 뭐가 문제냐"는 것이다. 아래의 [발췌 11]를 보자.

> [발췌 11]
>
> 정체성이 뭔가. 자체의 색깔을 명징하게 드러내는 '핵심적 가치'일 것이다 [...]"또 색깔론이냐"고 받아치는 사람이 있다면 되묻겠다. 색깔론이 왜 문제인가. 대한민국의 정통성을 인정하고 정체성을 자랑스러워한다면 누가 색깔론을 편들 먹히겠는가. 대한민국을 부정 폄훼하는 이념 색깔은 대한민국 안보와 5000만 국민의 안녕복리를 치명적으로 위협할 수 있기 때문에 끝까지 따지고 해소해야 한다.(동아. 2012.02.22. "정당과 후보의 정체성을 묻는 선거.")

[발췌 11]에서, '색깔'은 정치 집단의 정체성을 명징하게 드러내 보이는 수단이다. 색깔은 곧 정체성인 것이다. 그래서 정치의 핵심 가치 혹은 정체성을 묻는 색깔론은 문제시되어야 할 이유가 전혀 없는 것이 된다.("색깔론이 왜 문제인가". "색깔론을 편들 먹히겠는가") 더욱이, 색깔론은 대한민국의 "안녕"과 "복리"를 위해 더욱 철저하게 관철되어야 하는 것이 된다.("이념 색깔은 대한민국 안보와 5000만 국민의 안녕복리를 치명적으로 위협할 수 있기 때문에 끝까지 따지고 해소해야 한다.") 그럼에도, 보수/우파 세력에게, 대한민국의 정통성과 정체성을 인정하지 않는 종북 색깔을 가진 집단이 '색깔론

공세' 혹은 '이분법적 사고' 운운하는 것은 "도둑이 매를 드는 꼴"에 해당할 뿐이다. 그런데 흥미로운 사실은 한국의 보수/우파 세력이 이처럼 색깔론의 정당성을 옹호하면서도, 자신들의 종북 담론이 신 메카시즘이나 히틀러의 나치즘에 비유되는 것에는 한사코 반대하는 모습을 보인다는 점이다. 한편으로는 색깔론이 뭐가 문제냐며 반문하면서, 다른 한편으로는 자신들을 메카시즘이나 히틀러주의와 구분하려 한다는 것이다. 그러나 얼핏 모순적으로 보이는 이 두 가지 언술은 색깔론이 문제될 게 없다고 해서 메카시즘이나 나치즘이 문제될 게 없다고까지 주장하지는 않는다는 것을 인지시킴으로써 종국적으로는 색깔론의 정당성을 보호하려는 담론 전략이라 할 수 있다.

보수/우파 세력의 세 번째 종북 담론 정당화 논리는 그들의 '방어적 민주주의'론에서도 찾아볼 수 있다. 아래의 [발췌 12]을 보자.

[발췌 12]

자유민주주의를 위협하고 북한 주민의 인권을 유린하는 공포정치 체제가 존재하는 동안은 광화문 사거리에서 김일성 만세를 부르는 행위가 표현의 자유일 수 없다[...]자유 민주주의 기반을 파괴하려는 세력에 선전선동의 자유를 무제한으로 허용할 수는 없다.(동아. 2012.11.01. "국보법 '찬양고무죄' 死文化에 경종 울린 대법 판결.")

[발췌 12]의 핵심 논지는 자유민주주의의 적에게는 관용을 베풀 수 없다는 '방어적 민주주의론'이다. 이 관념은 종북 담론과 색깔론이 자유민주주의 체제의 근간을 이루는 사상과 양심의 자유를 억압한다는 비판에 대한 일종의 대응 수단이다. 색깔론의 딜레마를 해결하기 위해 도입된 논리라 할 수 있다. 자유민주주의를 신봉한다면서 사상과 양심의 자유를 억압하는 것은 분명히 서로 모순된다. 그래서 보수/우파 세력은 자유민주주의는 사상과 양심의 자유를 인정하지만, 자유

민주주의를 부정하는 사상과 양심의 자유는 제한되어야 한다는 방어적 민주주의 논리를 들고 나오는 것이다. 북한의 "공포정치 체제"와 남한의 김일성주의자들은 자유민주주의의 '적'이기 때문에, 종북 세력의 양심과 사상과 표현의 자유는 제약되어야 하는 것이 마땅하다는 것이다. 그리고 국가보안법은 이를 뒷받침하기 위해 반드시 필요한 법률이 된다. 종종 보수/우파 세력은 종북 세력이 비겁하게 숨지 말고 자신의 사상을 드러낼 것을 요구하기도 하지만, 이는 현재의 국가보안법 체제에서는 불가능한 일이다. 그래서 이른바 종북 세력에게 광화문 사거리에서 김일성 만세를 부르는 것이 허용될 날을 기다리기 보다는, 그 사상을 따라 살 수 있는 곳으로 떠나라는 정치적 배제와 거부의 언어를 구사한다. 사실, 방어적 민주주의론은 사상과 양심과 표현의 자유 그 자체가 아니라, 그것에서 비롯된 행동이 자유민주주의 체제에 직접적으로 명백하고 현존하는 위협이 될 때만 그것에 대해 법률적 책임을 물을 수 있다고 본다. 그럼에도 불구하고, 자유주의의 적에게는 자유를 허용할 수 없다는 보수/우파 세력의 단순한 주장에는 이러한 근원적 관념에 대한 성찰이 결여되어 있다. 그래서 주체사상은 자유주의를 용납하지 않지만 자유주의는 주체사상도 용인할 수 있다는 사실, 바로 이러한 개방성이 자유주의가 전체주의보다 더 큰 생명력과 힘을 갖는 이유라는 사실은 보수/우파 세력의 방어적 민주주의론에서 고려되지 않는다.

네 번째로, 보수/우파 세력의 종북 담론 정당화 작업은 종종 '내재적 접근법'에 대한 비판으로 나타나기도 한다. 아래의 [발췌 13]을 보자.

[발췌 13]

송두율은 루츠의 내재적 접근법에 동독 대신 북한을 대입한 버전을 만들었다. 그는 1988년 "북한사회를 평가하려면 북한사회 내부의 내재적 요구를 중점적으로 살펴봐야 한다"고 주장했다. 북한정권의 주요 정책이나 인권문제 등을 북한의 특수성을 감안해 평가해야 한다는 얘기다. 이것이 우리나라에서 자생적 주체사상파가 확산되는 불씨가 됐다[...]그의 내재적 접근법은 김일성 왕조의 관점에서만 북한을 이해하는 이념적 편향성을 안고 출발했다[...]내재적 접근론자는 북한이 핵 실험 등으로 대한민국뿐 아니라 전 세계를 상대로 협박을 해도 북한을 자극해서는 안 된다며 역성을 든다. 천암함 폭침이나 연평도 포격 때도 마찬가지였다. '바깥'의 보편적 기준으로 문제의 핵심을 파악한 뒤에 '안'의 정황을 헤아리는 것이 누가 봐도 올바른 연구 방법일 텐데 앞뒤가 바뀌었다. 이들이 종북세력이다[...]북한 체제의 근간을 뒤흔드는 3대 세습, 북한 인권, 북핵 문제는 신성불가침이다. 그러면서 2300만 북한 주민의 지옥 같은 삶에 대해서는 내재적 접근을 하지 않는다.(동아. 2012.05.29. "송두율 키즈.")

[발췌 13]은 북한의 권력 세습, 인권 문제, 핵무기 개발 등에 대한 일부 진보 진영의 태도가 이른바 '내재적 접근법'에 기인한 것이라고 평가한다.("북한의 주요 정책이나 인권문제 등을 북한의 특수성을 감안해 평가해야 한다는 얘기다", "내제적 접근론자는 북한이 핵 실험 등으로 대한민국뿐 아니라 전 세계를 상대로 협박을 해도 북한을 자극해서는 안 된다며 역성을 든다.") 이 입장은 앞서 살펴본 단순 논리에 기댄 종북 공세와는 사뭇 다른 측면이 있다. '내재적 접근법'의 인식론적 문제점을 지적하려 하기 때문이다. '내재적 접근법'은, [발췌 13]에도 나타난 것처럼, 어떤 사회를 "내부의 내재적 요구를 중점적으로 살펴"보는 태도의 중요성을 강조하는 접근법이다. 다시 말해서, 다른 사회에 대한 내부자적 관점을 채택해야만 그 사회 내부의 합리성을 제대로 이해할 수 있다는 문화 상대주의 입장이다. 하지만, [발췌 13]은 북한에 대한 일부 진보 진영의 내부자적 관점을 곧 "김일성 왕조"에 이념적으로 편향된 관점과 등치하여 종북으로 단정한다. 아울러, "'바깥'의 보편적 기준으로[...]'안'의 정황을

헤아리는 것이 누가 봐도 올바른 연구 방법"이라는 주장에는, 외부의 보편적 기준이라는 것이 제국주의적 침략의 명분이 되어왔다는 역사적 사실에 대한 무지가 자리잡고 있다. 극단주의적인 '내재적 접근법'은 문화 간 교류에서 종종 부적절한 것으로 비판받지만, [발췌 13]에는 문화 상대주의의 장점과 한계점을 균형 있게 성찰하는 모습은 보이지 않는 대신 날선 종북 공세가 두드러진다.

2) 진보/좌파: 빨갱이론, 용북(用北)

보수/우파의 종북 담론에 맞서는 진보/좌파의 대표 담론 수단은 '색깔론' 비판이다. 종북 담론은 색깔론과 다를 바 없는, 보수/우파 세력이 선거 때나 정치적 궁지에 몰릴 때면 어김없이 꺼내드는 '전가의 보도' 혹은 '마지막 밑천'과도 같은 것이라는 주장이다. 진보/좌파 세력은 종북 담론 혹은 색깔론을 크게 네 가지 측면에서 비판한다. 첫 번째는 색깔론이 시대착오적이며 이미 효력을 상실했다는 비판이다. 두 번째는 색깔론이 매카시즘적이라는 주장이다. 세 번째는 그것이 사상과 양심의 자유를 억압한다는 비판이다. 네 번째는 친일파의 주요 무기가 바로 색깔론이었다는 주장이다. 이를 하나씩 살펴보자. 우선, 첫 번째 비판과 관련하여, 아래의 [발췌 14]를 보자.

[발췌 14]

색깔론이란[...]그 실효성이 크지 않다는 점은 그간 각종 선거 결과들이 입증하고 있다. 중도나 젊은층 지지 확보에 목을 맨 새누리당이라면 더더욱 할 일이 아니다. 색깔론은 반공 교육에 익숙한 4050세대 이후라면 모를까 요즘 젊은이들의 언어가 아니다[...]새누리당은 '이미 역풍이 불고 있다'는 내부 경고음이 들리지 않는가.(경향. 2012.06.07. "새누리, 통진 당권파와 '적대적 공존'을 즐길 셈인가")

[발췌 14]에서, 색깔론은 선거에서 이미 수명이 다했으며 더 이상 실효성이 없는 것이 되었다.("실효성이 크지 않다는 점은 그간 각종 선거 결과들이 입증하고 있다", "요즘 젊은이들의 언어가 아니다.") 그리고 색깔론에 동의하지 않는 대중들로부터 "역풍"을 맞을 위험이 크다.("'이미 역풍이 불고 있다'는 내부 경고음이 들리지 않는가"). 색깔론이 효과가 없다는 점을 강조하는 진보/좌파의 대응은 당장은 색깔론의 공격을 받는 쪽의 손실이 커 보일지 몰라도 결국에는 공격하는 쪽도 손실을 보게 된다는 사실을 부각시키는 것으로 나타나기도 한다. 이러한 '실효성' 문제와 더불어, '시대착오성'도 진보/좌파가 색깔론을 다루는 주요 수단이 된다. 1970년대식의 색깔 논리는 오늘날의 청년 세대에게 먹힐 수가 없다는 것이다. 말하자면, "지금이 어느 땐데 색깔론을 들먹이느냐"고 되묻는 셈이다. 그러나 진보/좌파는 이러한 '실효성'과 '시대착오성' 담론이 보수/우파의 종북 담론을 실질적으로 제어하는데 그다지 큰 힘을 갖지 못한다는 사실도 알고 있다. 아무리 '시대착오'와 '역풍'을 내세워도, 보수/우파는 색깔론을 철회할 의도가 없다는 것을 오랫동안 너무나도 잘 보여 왔다고 보기 때문이다. 진보/좌파에게, 색깔론은 보수/세력이 "관성적으로" 의존하고, "마지막으로 기댈" 언덕이며, "앞으로도 진화할지언정 쉽게 소멸하지 않을", 한 마디로 "백약이 무효"인 병증과도 같은 것이다.

이러한 평가는 자연스럽게 보수/우파의 색깔론이 이성적, 합리적 사고와 논리를 결여한 저열한 대중 선동에 다름 아니라는 비판으로 이어진다. 종북 색깔론을 일종의 메카시즘으로 보는 것이다. 아래의 [발췌 15]를 보자.

[발췌 15]

종북 색깔론은 건재하다. 여전히 활개치고 있다. 옛날엔 빨갱이로 몰던 것이 지금은 친북·종북 몰이인게 약간의 변화다. 어쨌든 그때나 지금이나 "너 빨갱이(종북이)지" 하면 증거가 불충분해도 게임 끝이다[...]강조하거니와 기본적으로 색깔론은 논리와 상관이 없다. 때론 비논리가 색깔론의 성립조건이며, 만약 논리가 닿는 부분이 있다면 그건 색깔론이 아니란 생각이 들 정도다. 심지어 색깔론에 대한 어떤 진지한 성찰, 비판도 색깔론이 논리를 갖추게 만드는 데 도움이 될 수 없을 거란 생각도 한다. 논리적인 색깔론은 이미 형용모순이며, 적극적으로 논리를 거부하는 것이 색깔론이기 때문이다.(경향. 2013.07.31. "양이 사람을 잡아먹는다.")

[발췌 15]에서는, 앞의 '시대착오'와 '실효성' 담론에서와는 달리, 색깔론이 분명한 현실적 영향력과 위력을 갖는 것으로 인정된다. ("종북 색깔론은 건재하다. 여전히 활개치고 있다", "그때나 지금이나 '너 빨갱이(종북이)지'하면 증거가 불충분해도 게임 끝이다.") 그래서 이에 대한 대응은 색깔론을 시대착오적이라며 무시하는 것이 아니라, 그것의 비논리적 맹목성을 지적하는 것에 초점을 맞춘다. ("때론 비논리가 색깔론의 성립조건이며, 만약 논리가 닿는 부분이 있다면 그건 색깔론이 아니란 생각이 들 정도다.") 말하자면, 색깔론과는 그 어떠한 이성적이고 합리적인 대화가 불가능하다는 사실을 역설하는 것이다.("색깔론에 대한 어떤 진지한 성찰, 비판도 색깔론이 논리를 갖추게 만드는데 도움이 될 수 없다", "적극적으로 논리를 거부하는 것이 색깔론이기 때문이다.") 그리고 진보/좌파에게, 보수/우파의 이처럼 비논리적이고 맹목적인 색깔론은 저열한 매카시즘적 정치 공세에 불과한 것이다.

종북 색깔론에 대한 진보/좌파의 또 다른 대응은 그것이 사상과 양심의 자유를 억압한다는 점을 부각시키는 것으로 나타난다. 종북 색깔론은 사상과 양심의 자유와 근본적으로 대립한다는 것이다. 아래의 [발췌 16]을 보자.

[발췌 16]

종북보다 무서운 건 따로 있다. 그것은 이분법적 색깔론이 횡행하는, 사상과 양심의 자유를 부정하는 나라다. 민주주의와 언론자유가 과거로 역주행하는, 극우적 광신적 반공적 폭력이 판치는 파시즘 사회다.(경향. 2012.06.06. "삶이 무너지면 종북좌파가 된다.")

[발췌 16]에서, 종북 담론의 해악은 그것이 "이분법적 색깔론이 횡행하는", "극우적 광신적 반공적 폭력이 판치는 파시즘 사회"를 불러온다는 점에 있다. 종북 색깔론이 "민주주의와 언론자유가 과거로 역주행"하게 만든다고 보는 진보/좌파는 색깔론의 사상과 양심의 자유에 대한 억압 효과를 다양한 층위에서 지적한다. 우선, 색깔론이 정부 정책에 대한 비판을 걸핏하면 북한 체제나 주체사상과 연관시킴으로써 민주주의와 언론자유를 심각하게 위협한다는 것이다. 다음으로, 북한 체제와 사상에 동의하지 않지만, 그것이 북한 민중에 의해 정당한 체제와 사상으로 받아들여지고 있다는 점을 존중하는 것도 민주주의 원리와 합치한다는 사실을 색깔론은 이해하지 못한다는 것이다. 나아가, 진보/좌파는 북한을 따르고 주체사상을 신봉하는 것도 개인의 사상과 양심의 자유라는 차원에서 보장될 수 있어야 한다고 본다. 사상과 양심을 법률로 재단하고 구속할 것이 아니라, 사상의 시장에서 공개적으로 경쟁하고 시민의 선택에 맡겨 두도록 하는 것이 민주주의에 부합한다고 보기 때문이다. 주체사상에 입각한 활동이 대다수 남한 사람들에게 확실하게 명백하고 현존하는 위협이 되기 전까지는, 그것을 사상과 양심의 자유 차원에서 바라보아야 한다는 것이다. 자유주의가 전체주의보다 더 큰 힘과 생명력을 갖는 이유는 그것이 사상의 자유를 부인하는 사상까지도 용인하는 개방성을 지니고 있기 때문이라는 사실이 그러한 주장의 근거로 종종 제시되기도 한다.

종북 색깔론에 대한 진보/좌파 세력의 또 다른 대응법은 그것이 친일파에서 연원하고 독재 세력에 의해 꽃피웠다는 역사적 사실을 드러내는 방식이다. 종북 색깔론의 '친일-독재' 계보학을 보여주는 작업인 것이다. 아래의 [발췌 17]을 보자.

> [발췌 17]
> 반민특위는 '반민족행위처벌법'에 따라 일제에 협력한 자를 최고 사형 또는 무기징역형 등에 처하고 재산을 몰수할 계획이었다. 그런데 특위 활동의 결과는 초라했다. 사형 당한 친일 반역자는 단 1명도 없다. 징역형으로 수감된 사람도 고작 14명으로 대부분이 풀려났다. 청산해야 할 역사를 바로잡지 못한 것은 당시 이승만 정권의 방해 때문이었다. 친일파 척결을 주도했던 소장파 의원들을 간첩으로 몰아 체포(국회프락치사건)하더니 반민특위 폐기 법안을 통과시켜 특위를 가동 1년 만에 무력화시켰다.(경향. 2013.08.19. "민주주의가 뒷걸음 치게 해서는 안된다.")

[발췌 17]에서, 반민특위 활동의 실패는 결정적으로 이승만 정권이 "친일파 척결을 주도했던 소장파 의원들을 간첩으로 몰아 체포"한 것에서 비롯된 것이다. 친일파는 "간첩"과 친북을 방패로 역사의 단죄를 피해갔다는 것이다. 해방 이후 재빨리 반공주의자로 변신해 좌익, 빨갱이, 주사파 때려잡기에 나선 장본인은 다름 아닌 바로 친일파였다는 사실을 드러냄으로써, [발췌 17]은 보수/우파 세력의 종북 담론이 친일파의 빨갱이 사냥과 맞닿아 있다는 점을 부각시킨다. 그리하여, 친일파의 색깔론이 그들의 친일 죄과를 덮어준 면죄부가 된 것처럼, 보수/우파의 종북 담론은 그들의 죄과를 은폐하는 효과적인 장치가 된다. 더불어, 자신의 정당성을 종북 담론에 기대는 보수/우파는 스스로의 정당성을 색깔론에 기댄 친일파의 훌륭한 계승자가 된다.

4. 결론

보수/우파 세력의 종북 담론은 카멜레온과도 같은 모습을 보인다. 그들이 종북으로 지칭하는 대상은 매우 다양하다. 정치적 정책적 현안의 측면에서 그들은 북한의 3대 세습에 대한 입장에서부터 제주 해군기지 반대에 이르기까지, 그리고 한미동맹에 관한 태도에서부터 4대강 사업에 대한 반대에 이르기까지 수많은 사안에 '종북'의 꼬리표를 붙인다. 정치적 실체의 측면에서도 통합진보당 주사파 그룹에서부터 야권 연대에 이르기까지, 민노총과 전교조와 같은 대규모 노동조합 조직에서부터 인터넷 사이트의 일반 이용자에 이르기까지 수많은 대상들에게 종북주의 혐의를 묻는다. 이처럼 다기한 현안과 대상을 종북주의라는 하나의 틀에 묶이게 되는 결정적 이유는 그것들이 보수/우파 세력의 견해에 어긋난다는 단 하나의 사실에 있는지도 모른다. 종북 담론은 보수/우파 세력이 반대파를 위해 준비한 일종의 프로크루스테스 침대인 셈이다. 따라서 아무리 시대착오라고 비난받아도, 그들의 오랜 전가의 보도인 색깔론과 종북론을 폐기할 이유는 별로 없을 듯하다. 심지어 보수/우파는 종북 담론을 매카시즘과 무관한 것으로 만들고자 하는 바, 매카시즘과 나치즘은 거부되어야 하지만 색깔론은 매우 정당한 것이라고 주장한다. 그리하여 오히려 색깔론이 뭐가 문제냐고 반문한다. 여기에 방어적 민주주의론은 그들의 종북 담론의 정당화 근거로 등장하기도 한다. 맹목적 종북 담론과는 달리, 방어적 민주주의론은 내재적 접근법 비판과 함께 종북 담론의 가장 합리적인 영역에 속한다고 볼 수도 있을 것이다. 그것을 어떻게 평가할 것인가는 보수/우파 종북 담론의 궁극적 과제이다. 반면, 진보/좌파 진영은 보수/우파의 종북 담론이 가깝게는 군사독재 정권에서 멀리는 친일파로부터 이어져온 빨갱이 담론의 연장으로 본다. 그리고 그것을 역사적 시효가 다한 시대착오의 논리라고 단정한다. 그만큼 비이성적이고 비합리적인 종북 빨갱이 담론을 보수/우파 세력이 막무가내로 밀어붙이고 있다고 지적하지만, 수십 년이 지나도 사라지지 않는 종북 빨갱이 담론을 단순히 시대착오적인 것이라고 치부할 일만은 아닐지도 모른다. 보수/우파 세력이 자신의 반대파를 억누르기 위한 명분으로 색깔론을 동원했다고 지적하는 것을 넘어서는 좀 더 적극적인 대응이 진보/좌파 진영에 필요한 것처럼 보인다. 보수/우파의 종북 담론과 대한민국 정체성 담론을 더 이상 그들의 전유물로 놔두지 않는 작업이 요청될 수도 있다. 다양한 정치적 정책적 요구와 주장이 어떻게 헌법적 가치와 조응하는지를 보여주는 대한민국 정체성 논쟁을 본격적으로 조직한다거나, 내재적 접근법의 의의를 대중적으로 설득한다거나, 혹은 방어적 민주주의론이 민주주의의 근본이념과 가치를 어떻게 보호하고 위협하는지를 보여주는 것과 같은 방식으로 종북 색깔론 담론을 돌파하는 전망과 실천이 필요한 것이다.

제6장
경제 민주화 담론

이 장은 2012년 대통령 선거의 가장 핵심적인 이슈의 하나였던 '경제 민주화' 담론을 분석한다. 당시 경제 민주화 공약이 양대 정치 세력에 의해 어떤 위상으로 자리 매김 되었는지 살펴보고, 그것을 뒷받침하는 담론 자원들이 어떻게 동원되었는지를 분석한다. 2012년 대통령 선거 시기에 경제 민주화는 진보 세력과 보수 세력 모두에게 하나의 '시대정신'처럼 통용되기도 하였으나, 보수 세력은 그것을 '재벌 때리기'로 틀짓기 하는 작업도 게을리 하지 않았다. '낙수효과론'은 이미 철지난 레코드판 취급을 당하기도 했지만, 대기업 중심의 익숙한 성장 논리는 본격적인 재벌 개혁을 방지하고도 남을 만큼 여전히 위력적인 것이었다. 재벌 개혁이라 할 만한 것은 재벌의 지배구조 개선이 아니라 불공정 행위 단속의 차원으로 해소되었다. 경제 민주화 여부를 판별할 수 있는 결정적 준거를 마련하지 못한 진보 세력은 경제 민주화에 대한 기대와 요구가 결과적으로 박근혜 후보에게 수렴되도록 하는 반(反)정치의 한계까지도 노정하였다. 진보 세력은 박근혜 보수 정부가 경제 민주화의 약속을 저버렸다고 비난하지만, 경제 민주화가 100개가 넘는 관련 법안들로 분산 표상된 상황에서 경제 민주화는 충분히 실현되었다고도 혹은 전혀 실현되지 않았다고도 말할 수 없는 애초부터 공허한 구호였는지도 모른다.

1. 경제 민주화의 '담론 위상'

1) 진보/좌파: 시대정신

'경제 민주화'는 2012년 대통령 선거의 핵심 의제였다. 진보와 보수를 막론하고, 출마한 주요 후보들은 그것의 실행을 최우선 공약으로 내걸었다. 진보 세력은 '시대정신'이라는 표현을 써가며 경제 민주화에 커다란 의욕을 보였고, 보수 세력도 적어도 대외적으로는 경제민주화 요구를 적극으로 수용하는 입장을 취했다. 확실히, 경제 민주화 이슈에 관한 원초적 우위성은 진보 세력이 확보하고 있었다. 경제 민주화를 선거 공약으로 채택한 보수 세력이 경제 민주화가 진보의 전유물이 되어서는 안 되며 보수와의 대타협을 통해 추진되어야 한다고 말할 정도로, 그것은 진보 세력에게 유리한 의제였다. 2000년대 이래 갈수록 심화되어온 경제적 양극화와 2008년에 일어난 세계 금융위기와 2011년에 분출한 지구적 '점령 운동'이라는 국내외 상황에서, 진보 세력은 헌법 119조 2항을 동원해가며 경제민주화를 거스를 수 없는 하나의 시대적 요구, 즉 '시대정신'으로 규정하고자 했다. 아래의 [발췌 1]을 보자.

[발췌 1]

새 시대의 핵심적 요구는 경제민주화라고 할 수 있다[...]정부가 과감하게 시장에 개입하고 분배 개선에 나서지 않으면 1 대 99로 상징되는 양극화는 더욱 심화할 것이다. 정치권이 시장 실패의 치유 역량을 발휘하지 못하면 월가 점령 시위 같은 분노의 파도는 거세질 수밖에 없다[...]1 대 99 사회에 대한 분노는 우리 사회에도 깊게 배어 있다. 이런 분노를 치유하고 건강한 미래를 만들어가기 위해선 경제민주화가 긴요하다. 우리 헌법 119조 2항은 균형있는 국민경제와 적정한 소득분배, 경제력 남용 방지 등 경제민주화를 위해 국가는 경제에 관한 규제와 조정을 할 수 있도록 규정하고 있다[...]탐욕스런 자본의 고삐를 풀어 승자독식의 벌거벗은 사회가 되도록 놔둬서는 안 된다는 게 시대정신이다. 여야 정치권이 다투어 경제민주화를 공약으로 내거는 것은 바람직한 현상이다.(한겨레. 2012년 1월 28일. "자본주의 위기와 우리 헌법의 경제민주화 조항")

[발췌 1]에서, 경제 민주화는 "새 시대의 핵심적 요구"이며 "시대정신"이다. 흔히 '대세', '시대적 과제', '세계사적 과제', '저변에 흐른 민심', '시대변화에 따른 불가피한 선택' 등으로도 표현되었던 경제 민주화의 당위성과 불가피성은 "1대 99로 상징되는 양극화", "시장 실패", "분노의 파도", "탐욕스런 자본", "승자독식의 벌거벗은 사회", "여야 정치권이 다투어 경제민주화를 공약으로 내거는" 등과 같은 용어들에 의해 더욱 더 뒷받침 되고 있다. 또한, 2008년의 세계 금융위기("1대 99 사회")와 2011년의 지구적 점령 시위("월가 점령 시위")는 경제 민주화를 시대정신으로 내세울 수 있도록 하는 강력한 사회경제적 배경이 되고 있다. 아울러, 헌법 119조 2항("균형있는 국민경제와 적정한 소득분배, 경제력 남용 방지", "국가는 경제에 관한 규제와 조정을 할 수 있도록 규정")은 경제 민주화의 법률적 근거가 되고 있다.

확실히, 진보 세력의 '시대정신'으로서의 경제 민주화 프레이밍은 보수/우파 세력도 그것을 수용하지 않을 수 없을 정도로 위력적인 것이었다. 아래의 [발췌 2]를 보자.

[발췌 2]

글로벌 경제위기 이후 경기 침체가 장기화하면서 세계 각국에서 소득불평등과 경제력 집중을 문제 삼는 경제민주화 요구가 분출하고 있다. 연말 대선을 앞둔 한국에서도 여야 공히 경제민주화를 앞세운 대기업 개혁 정책을 쏟아내고 있다. 경제민주화는 대기업은 물론이고 노동조합, 관료 같은 기득권의 횡포로 왜곡된 시장질서를 바로잡고 민생을 보호하는 일이다. 대기업이 약자를 압박해 제 잇속만 차리는 약탈적 관행이나 재벌 총수의 불법행위는 설자리가 없어야 한다.(동아. 2012년 10월 15일. "후보의 재벌개혁 7대과제 '도돌이표' 아닌가")

[발췌 2]에서, 경제 민주화와 관련한 상황 인식은 앞서 밝힌 [발췌 1]의 그것과 크게 다르지 않다. "글로벌 경제위기", "소득불평등", "경제력 집중", "대기업 개혁 정책", "기득권의 횡포", "왜곡된 시장질서", "약탈적 관행", "재벌 총수의 불법행위" 등이 경제 민주화의 필요성을 뒷받침하는 용어들로 사용되고 있다. 특히, 재벌 대기업의 약탈적 관행이나 불법행위를 문제 삼는 것에서는 경제 민주화 문제에 관한 진보 세력의 원초적인 담론 우위성이 확연하게 드러난다. 물론, 시장질서를 왜곡하는 기득권 집단에 노동조합을 포함시키고는 있지만, 보수 세력은 가족경영 중심의 재벌 지배구조가 글로벌 시장에서 '코리아 디스카운트'를 불러온다고 지적할 정도로 재벌에 대해 상당히 비판적인 태도를 보이기도 하였다. 글로벌 금융 시장에서 한국 기업이 실적에 비해 저평가되는 것은 낙후한 지배구조와 불투명한 경영 방식 때문이며, 경제민주화 요구의 분출은 결국 대기업이 자초한 것이라는 식의 진단은 보수 세력의 경제 민주화 담론의 예외적 현상이 아니었다.

2) 보수/우파: 재벌 때리기

그렇다고 해서, '시대정신' 담론이 경제 민주화 문제를 둘러싼 진보/보수 역관계의 전부를 보여주는 것은 물론 아니다. 사실, 보수 세력의 경제 민주화 담론 전략은 이중적인 것이었다. 그들은 한편으로는, 경제 민주화의 필요성을 일정한 수준에서 인정하였지만, 다른 한편으로는, 경제 민주화 담론이 선거를 앞두고 벌어지는 "포퓰리즘적인 재벌 때리기"에 불과하다는 담론 작업을 지속적으로 전개하였다. 아래의 [발췌 3]을 보자.

[발췌 3]
대선이 가까워지며 정치가들의 포퓰리즘 행태가 진면목을 드러내고 있다. 민주당은 "1% 고소득자와 슈퍼 대기업에 증세하는 법안을 추진하겠다"고 밝혔다. 새누리당 의원들도 대기업 출자와 의결권을 제한하는 '경제민주화 3호 법안'을 발의했다. 이 제안들의 본심은 '경제적 승자(勝者)를 때려 표를 얻자'는 네거티브 포퓰리즘이다. 정치가들이 대기업을 악(惡)으로 지목하면 국민은 대기업을 타도할 대상으로 인식하게 된다. 이렇게 저주받는 땅에서 대기업은 결국 고사(枯死)를 면치 못할 것이다. 국가의 '왕따'를 받는 기업들이 국내에 남아 세금을 낼 이유도 없다.(동아. 2012년 8월 10일. "대기업-고소득층 증세")

[발췌 3]에서, 대기업은 오히려 억울한 '희생자' 혹은 '피해자'가 된다. "경제적 승자"인 대기업이 "저주받은 땅에서", 두들겨 맞고, "악으로 지목"되고, "타도할 대상으로 인식"되고, "고사를 면치 못할 것"이고, "왕따"를 받기 때문이다. 이러한 반전 기법을 통해, 보수 세력은 경제 민주화를 "포퓰리즘적 재벌 때리기"로 틀짓기 한다. 이러한 작업은 '기업 때리기', '기업 옥죄기', '대기업 발목 잡기', '재벌 족쇄 채우기', '반기업 정서', '재벌에 대한 증오', '선거철의 단골 주장', '경제적 승자를 때려 표를 얻기', '우월한 자를 때리는데 쾌감을 느끼는 것은 폭력' 등과 같은 다양한 표현법으로 나타났다.

이처럼 경제 민주화의 본질을 대기업 때리기로 몰아감과 동시에, 보수 세력은 그 밖의 모든 경제 민주화 논의는 실체가 모호한 사족 같은 이야기에 불과하다는 담론 전략을 구사하였다. 즉, 경제민주화는 정의 내리기 어려운 관념이라는 점을 지속적으로 제기하였다. 예컨대, '균형 있는 국민경제'를 만드는 것이 경제 민주화라면 구체적으로 어떻게 해야 경제 민주화가 달성되었다고 말할 수 있느냐는 것이다. 확실히, 보수 세력의 이러한 담론 전략은 대선 과정 전반에 상당한 효과를 발휘하였다. 무엇보다도, 진보 세력의 경제 민주화 담론은 이러한 모호성을 명확하게 해소하지 못하였다. 아래의 [발췌 4]를 보자.

> [발췌 4]
> 경제민주화가 도대체 무얼 말하는 걸까. 정치민주화만큼 일반화된 단어가 아니니 해석도 분분하다. 일부 보수는 아예 유령 취급하면서 무시하려고까지 한다[...]적정한 소득의 분배, 시장의 지배와 경제력의 남용 방지가 그것이다. 다른 말로 하면, 국가의 부는 국민에게 있으며 그 부가 소수에게 집중되지 않도록 하는 게 경제민주화란 얘기다. 정치민주화가 권력의 소유권을 국민에게 돌려주는 과정이라면, 경제민주화는 국부의 소유권을 국민에게 돌려주는 과정을 말한다.(한겨레. 2012년 4월 3일. "경제민주화와 선거")

[발췌 4]에서, 경제 민주화는 "적정한 소득의 분배, 시장의 지배와 경제력의 남용 방지", "국가의 부는 국민에게 있으며 그 부가 소수에게 집중되지 않도록 하는", "국부의 소유권을 국민에게 돌려주는 과정"이 된다. 그러나 과연 이러한 정의가 보수/우파가 제기한 경제 민주화 관념의 모호성을 해소시켜 준다고 보기는 매우 어렵다. 여전히 경제 민주화에 관한 원론적이고 일반론적 관념을 넘어서는 구체적인 실체를 보여주지 못하고 있기 때문이다. 진보 세력의 이러한 한계는 경제 민주화를 '실질적 민주주의를 완성하는 길', '사회와 경제의 공정성을 높여서 효율성을 향상시키고 지속가능한 균형발전을

이루는 방법', '우리 사회의 돈이 소수에게 집중되지 않고 널리 골고루 나눠지도록 하는 것', '소외된 집단에게 제 목소리를 찾아주는 것', '경제 권력에 대한 사회적 통제 장치 도입' 등과 같이 다양하지만 결코 분명하지 않은 방식으로 규정하는 담론 실천에서 지속적이고도 반복적으로 노정되었다. 진보와 보수가 모두 경제 민주화를 하나의 대세로 인정하고 받아들이는 2012년의 대통령 선거 상황에서는, 그것의 실행 여부를 명확하게 판별할 수 있는 기준을 마련하는 것이 더욱 더 시급했지만, 그러한 과제는 진보 세력에 의해 성공적으로 해결되지 못한 것이다.

사실, 보수 세력은 재벌 개혁만이 경제 민주화의 분수령이 될 수 있다는 것을 이미 간파했으며, 진보 세력은 그 점을 현실화할 의지와 능력이 부족했다고도 볼 수 있다. 아래의 [발췌 5]에서 볼 수 있는 바와 같이, 진보 세력은 경제 민주화의 핵심을 재벌 개혁에서 찾고자 하기는 했다.

[발췌 5]

경제민주화의 핵심은 대기업의 투명성과 책임성을 강화하고 공정한 경쟁과 상생이 가능한 사회경제 구조를 만들자는 것이다. 그러기 위해선 재벌의 지배구조를 개혁하고 변칙·특권이 기승을 부리는 불공정 관행을 근절해야 한다. 기존의 법률로 가능한 부분도 있지만, 새로운 시장 규율로 바로잡아야 할 부분이 적지 않으며 이는 이미 세계적 흐름이 돼 있다. 이를 기업규제론으로 막으려는 것은 시대에 뒤떨어진 발상이다. 재벌 대기업의 잘못된 행태가 끊이지 않고 튀어나오는데 일부 기업의 잘못이 부풀려진 것처럼 상황을 호도해서는 안 된다.(한겨레. 2012년 7월 28일. "경제민주화 열망에 찬물 끼얹는 재계 수장")

[발췌 5]에서, 경제 민주화의 핵심은 사회경제 구조를 바꾸는 것

이며, 이를 위해서는 재벌의 지배구조를 개혁하는 것이 필요하다. 아울러, 이러한 구조 개혁을 대기업 때리기로 호도하는 것은 시대적 흐름을 거스르는 일이다. 그럼에도 불구하고, 재벌의 지배구조 개선이 곧 경제민주화의 요체라는 점이 대중적으로 분명하게 각인되지는 않는다. [발췌 5]에서는 대기업의 투명성과 책임성을 강제할 구체적 방법이나 법률적 수단이 제시되어 있지 않다. 투명성과 책임성이 재벌의 지배구조와 어떻게 연결되어 있는지도 밝혀져 있지 않거니와, 지배구조 개혁의 법률적 과제가 무엇인지도 알기가 어렵다. 그러한 상황에서, "공정한 경쟁과 상생", "불공정 관행 근절", "시장 규율로 바로잡아야 할 부분" 등과 같이 재벌 개혁의 당위성을 추상적인 수준에서 언급하는 것은 그러한 당위성을 굳이 부정하지 않는 보수 세력과 자신을 구분하는데 그다지 큰 효과를 갖기 어렵다. 2002년 대통령 선거에서 '국가 균형발전'이라는 대의를 '행정수도 이전'이라는 구체적 방침과 연결한 것과 유사한 방식으로, 2012년 선거에서 진보/좌파가 경제 민주화와 재벌 개혁이라는 대의를 명확하고도 구체적인 공약과 연결하는 작업이 성공적으로 이루어졌다고 보기 어렵다는 것이다.

2. 경제 민주화와 '성장 담론'

1) 진보/좌파: 낡은 레코드판

앞서 살펴보았듯이, 경제 민주화가 보수와 진보 세력 모두에게 일종의 시대정신으로 받아들여진 배경에는 글로벌 경제위기와 양극화 심화 그리고 지구적 점령 운동 등과 같은 기존 질서의 불안정성과 위기를 알리는 커다란 세계사적 사건들이 자리잡고 있었다. 진보 세력은 이러한 상황을 '시장 실패', '허망한 성장주의', '승자독식 정글' 등으로 규정하고, 시장의 공정성 제고를 통해 사회경제적 효율성을 높이고 지속 가능한 균형 발전을 통해 성장 기반을 공고히 하는 경제 민주화를 사회의 핵심 과제로 제기하였다. 그리고 오랜 성장 논리, 즉 감세와 규제 완화로 기업의 투자를 유도해야 일자리가 생겨나고 성장의 과실이 국민 전체에게 골고루 돌아간다는 논리는 이미 '낡은 레코드판'이 되었다고 지적하였다. 아래의 [발췌 6]을 보자.

> [발췌 6]
>
> 규제완화와 감세가 경제성장으로 이어지지 않고 양극화와 가계부채 누적, 부동산 거품만 초래했다는 것은 재정위기를 겪은 나라들뿐만 아니라 우리도 익히 경험했다. 복지 지출이 확대되면 구매력이 높아져 수요가 창출되고, 성장을 촉진하게 된다. 그래서 복지는 산업화를 이룬 국가가 다음 단계로 도약할 수 있게 도움을 주는 사다리이며, 경제자동안정장치라고도 한다. 파이를 더 키워야 한다는 낡은 레코드판은 그만 돌려야 한다.(한겨레. 2013년 6월 15일. "경제민주화, '과잉'이 아니라 '과소' 입법이 문제다")

[발췌 6]에서, 국내외적으로 이른바 낙수효과는 허구임이 드러났다. 규제를 완화하고 세율을 낮춘 것이 경제성장으로 이어지기는커녕 되레 양극화와 가계부채 그리고 부동산 거품만을 키워왔다는 것이다. 재벌의 성장을 도와야 국가경제가 좋아지고 시민들의 삶도 나아진다는 재벌 중심의 성장지상주의는 더 이상 적절한 경제 정책 방향이 될 수 없다고 주장하는 셈이다. 대신, 복지 지출을 확대해야 구매력이 살아나고 수용가 창출되어 성장이 촉진된다는 복지와 성장의 선순환 모델이 오늘날의 저성장과 고용 없는 성장의 시대에 부합하는 경제 정책으로 제시되고 있다. 확실히, 이러한 지적은 한

국 경제의 구조적 문제와 경제 민주화의 방향 및 과제를 밝히는 것이라 할 수 있다. 그럼에도 불구하고, 그것이 어떻게 재벌 개혁으로 연결될 수밖에 없는지는 여전히 모호하게 남아있다. 재벌 중심의 신자유주의 성장전략 자체를 재고해야 하는지 아니면 재벌의 불법과 탈법에 초점을 맞추는 재벌 개혁을 추진해야 하는지가 불분명하다는 것이다. 예컨대, 경제 민주화의 필요성을 역설하는 대표 사례로 종종 언급된 재벌의 골목 상권 장악은 재벌 개혁의 차원에서가 아니라 재벌 중심의 성장전략 차원에서 다루어져야 하는 문제임에도 불구하고, 그것은 흔히 재벌 개혁의 틀 속에서 다루어지고 있다. 더욱이, 거시 경제 정책의 영역에 속하는 감세, 규제 완화, 유연화 등의 문제가 마치 재벌 개혁의 영역에 속하는 문제처럼 다루어지고 있기도 하다. 이러한 논리적 불명료성의 한계는 아래의 [발췌 7]과 같은 논의에서 분명하게 드러난다.

[발췌 7]

재벌개혁이 논의될 때마다 재계는 '재벌개혁을 강행할 경우 기업의 투자 의욕을 저하시켜 경제에 부정적인 영향을 끼칠 것'이라며 노골적인 반감을 보여왔다. 특히 경기 침체로 국민들의 생활이 어려워지는 지금 같은 상황에서는 이런 논리가 먹혀들 소지가 다분하다. 따라서 재벌개혁 공약 개발도 중요하지만 재벌개혁이 국민들의 일상적인 삶에 어떤 긍정적 영향을 끼치는지를 설득력 있게 설명할 수 있는 논리 개발에도 관심을 기울여야 한다.(한겨레. 2012년 10월 15일. "재벌개혁, 공약경쟁 넘어 입법경쟁 하라")

우선, [발췌 7]에서는, '낙수효과론'이나 '파이론'의 유효성이 여전히 인정되고 있다.("지금 같은 상황에서는 이런 논리가 먹혀들 소지가 다분하다") 이는 앞서 살펴본 진보 세력의 '철지난 레코드판' 논리의 우위성을 스스로 확고하게 견지하지 못하는 모습의 한 가지

표현으로 이해될 수 있다. 나아가, 재벌 개혁은 국가 경제 전략의 한 가지 구성 부분임에도 불구하고, 거시 경제 전략 수정과 재벌 개혁을 엄밀하게 구분하여 문제를 제기하는 모습도 찾아보기 어렵다. 경제 전략과 재벌 개혁이 단순히 동일시되고 있는 것이다. 더욱이, 만일 재벌 개혁이 새로운 경제 전략과 경제 민주화의 핵심 과제라고 한다면, 그것을 명징하게 판별할 수 있게 해주는 결정적인 공약의 도출이 관건이라 할 수 있을 텐데, [발췌 7]에서는 "공약 개발도 중요하지만" 재벌 개혁의 "설득력"있는 "논리 개발"이 중요하다는 주장으로 오히려 퇴보하는 모습이 나타나고 있다. 그리하여 사회구성원 모두가 상생 가능한 사회경제 구조를 만드는 것과 재벌의 지배구조 개혁 사이의 연결 고리를 분명하게 밝히는 작업은 계속 유예되고 있는 것이다.

2) 보수/우파: 친숙한 성장 논리

보수 세력은 경제 민주화가 대세임은 부정하지 않았지만, 그것이 재벌 개혁으로 집중되는 것은 원천적으로 봉쇄하고자 했다. 이러한 작업은 재벌에 대한 규제가 기업가 정신과 투자 의욕을 위축시키고, 그것이 다시 신규 고용을 감소시키고 성장 동력을 약화시켜, 궁극적으로 일반 시민이 가장 큰 피해를 입게 된다는 매우 익숙한 성장 논리의 환기와 전파를 통해 수행되었다. 그 속에서, '경제 민주화'를 얼마든지 관리와 통제가 가능한 담론으로 만들고자 했다. 아래의 [발췌 8]을 보자.

[발췌 8]

포퓰리즘식 재벌개혁으로 인해 우리 경제 전체가 기업의 투자위축, 경제성장과 일자리 창출의 부진 및 성장동력 감퇴 등 후유증을 떠안을 위험성을 경계해야 한다. 기업의 규모와 관계없이 창의력과 도전정신으로 사업을 키울 수 있어야만 사회 전체의 파이도 커지고 일자리도 늘어난다.(동아. 2012년 1월 30일. "선거철 중구난방 기업 때리기 휴유증도 생각해야")

[발췌 8]에서, 낙수효과론은 철지난 레코드판이 아니며, 파이론은 여전히 유효하다.("사회 전체의 파이도 커지고 일자리도 늘어난다.") 기존의 성장 모델이 소득 불평등과 양극화 심화를 불러왔다는 지적에는 아랑곳하지 않고, "재벌 개혁-투자 위축-일자리 부족-성장 동력 감퇴"라는 오랜 재벌 중심의 성장 논리를 반복하고 있는 것이다. 이러한 논법에 기대어, 오히려 보수 세력은 오늘날과 같은 양극화가 헌법 119조 2항에 따라 지난 20여 년 동안 추진된 경제 민주화 정책으로 인해 대기업이 해외로 탈출하고 중소기업이 경쟁력을 상실한 결과로 규정하기도 한다. 또한, 대기업이 벌어들인 잉여 가치가 모든 국민에게 고르게 순환되지 않는다고 해서 대기업의 발목을 잡을 수는 없는 노릇이라고 주장하기도 한다. 진보 세력은 대기업 성장의 과실이 사회 전체적으로 파급되지 않는 상황에서는 대기업 중심의 성장 전략을 수정하거나 대기업의 불법과 탈법을 엄격하게 다루어야 한다고 역설하지만, 보수 세력은 그것을 그저 대기업 발목잡기로 단정할 뿐이다.

이처럼 재벌 개혁 개혁의 최대 피해자는 결국 서민임을 함축하는 오랜 성장론과 함께, 보수 세력은 또 다른 오랜 경제 담론인 소위 '경제 위기론'으로 경제 민주화의 대세를 헤쳐가려 한다. 아래의 [발췌 9]를 보자.

[발췌 9]

실물 경제와 금융, 선진국과 신흥시장이 모두 침체에 빠지는 최악의 시나리오를 염두에 둬야 하는 엄혹한 상황이다. 위기의 진앙인 유럽과 미국의 정치 지도자들은 난파선 같은 자국 경제를 수습하기에 바쁘다[...]대선 주자들의 장밋빛 공약에서는[...]세계 경제의 위기 국면을 복지 공약을 내세우고 경제민주화를 합리화하는 정치적 수사로 이용한다[...]한국 경제는 미국 유럽 중국이 기침만 해도 폐렴에 걸릴 정도로 대외의존도가 크다. 세계경제 위기에 대비한 금융시장 안정, 수출 부진과 내수 침체의 극복, 일자리 창출, 재정 건전성은 누가 대권을 잡더라도 발등의 불이다. 대외 변수에 민첩하고 유연하게 대응하는 역량이야말로 차기 지도자에게 매우 중요한 덕목이다.(동아. 2012년 7월 25일. "대선 주자들 경제인식 참 한가하다")

[발췌 9]에서, 경제 위기는 다양한 표현들로 강조된다. "실물 경제와 금융, 선진국과 신흥 시장이 모두 침체에 빠지는 최악의 시나리오", "엄혹한 상황", "위기의 진앙", "난파선 같은 자국 경제", "세계 경제의 위기 국면" 등과 같은 언어로 경제 상황의 심각성이 부각된다. 그리고 이러한 경제적 위기 상황이 대선 후보자들의 복지와 경제 민주화의 "장밋빛 공약"을 "합리화"시켜 주고 있다고 지적된다. 경제 위기와 복지 및 경제 민주화는 사실상 양립할 수 없다는 것이다. 그래서 보수 세력에게, 경제 위기의 적절한 처방전은 복지와 경제 민주화가 아니라 오히려 더 많은 시장 경제와 더 많은 경제 자유화에서 찾아야 한다. 유럽 재정 위기의 진원지인 그리스와 포르투갈과 스페인이 국가 부도 상황에 이르게 된 것은 더 많은 경제적 자유가 아니라 더 많은 경제 민주화를 추구했기 때문이라는 해석은 그것의 근거로 종종 인용된다. 보수 세력은 경제 민주화에 수반될 관료의 규제 권력 확대는 양극화 해소에 역행하는 길이며, 공공 서비스와 교육을 포함한 모든 공공 부문의 운영을 시장 논리에 맡기는 전환이 절실하며, 대기업의 투자 의욕을 높여 침체된 경제에 활력을 불어넣는 일이 중요하다며, 경제 민주화를 사실상 반대한다. 중소기업이 겪는 어려움도 동일한 시장 논리에 따라 설명하는바, 중소기업의 문제는 대

기업의 횡포 때문만이 아니라, 중소기업 자체가 신뢰를 토대로 역동적인 사업 활동을 하지 못한 데에 기인하는 것으로 간주한다. 노동 문제와 관련해서도, 보수 세력은 계층 간 양극화에 더하여 이른바 정규직과 비정규직 사이의 '노노(勞勞) 양극화'를 부각시킨다. 한국의 노동 문제는 정규직이 회사와 결탁해 6백만 명의 비정규직을 수탈하는데서 나온다는 것이다. 그들은 노노 착취를 건드리지 않고서는 경제 민주화를 논할 수는 없을 것이기에, 정규직의 임금 삭감과 고용 유연화 등과 같은 정책을 도입할 것을 요구하기도 한다.

3. '재벌 개혁'과 경제 민주화 주도권

1) 재벌 개혁: 지배구조 개선 혹은 불공정 거래 행위 단속

2012년 대통령 선거에서 진보 세력은 재벌 개혁을 경제 민주화의 주요 과제로 보았다. 그래서 민주통합당의 '재벌개혁특별위원회'뿐만 아니라 안철수 후보의 '계열분리명령제도'와 심지어는 새누리당 비상대책위원회의 '대기업집단법'조차도 우호적으로 평가하였다. 진보 세력은 재벌의 순환출자 금지, 기존 순환출자분에 대한 의결권 제한, 출자총액제한제 재도입, 계열사 일감 몰아주기 금지, 재벌 총수에 대한 사면권 제한 등을 재벌의 소유와 지배구조 개선에 필수적인 요소로 간주하였다. 아울러, 법인세 인상과 금산분리 강화 등도 재벌 개혁과 관련한 경제 민주화의 주요 내용으로 상정하였다. 아래의 [발췌 10]을 보자.

[발췌 10]
민주통합당이 어제 경제민주화를 위한 9개 법률개정안을 발의하고 국회에

여야가 참여하는 재벌개혁특별위원회를 설치하자고 제안했다. 민주당이 발의한 경제민주화 법안은 재벌의 경제력 집중 완화, 불공정행위 엄단, 금산분리 강화를 겨냥하고 있다. 재벌의 순환출자를 금지하고 출자총액제한제를 재도입하며, 재벌 총수에 대한 사면권을 제한하는 내용도 들어 있다. 법안은 갈 데까지 간 재벌의 독식과 횡포, 불법행위를 바로잡는 데 필요한 최소한의 규제장치를 담아낸 것으로 평가할 만하다[...]재벌개혁을 빼놓고 경제민주화를 입에 올리는 것은 공허하다. 재벌의 행태는 자녀에게 부를 물려주기 위해 편법으로 일감을 몰아주고, 동네 빵집과 닭튀김집까지 싹쓸이하는 등 극으로 치닫고 있다. 재벌의 문어발 확장은 대기업 위주 정책을 취한 이명박 정부 아래서 더욱 가속화했다. 10대 재벌의 연간 매출액이 국내총생산의 77%를 차지하고, 10대 재벌 총수들은 1%도 안 되는 지분으로 황제경영체제를 유지하고 있다. 올해 초 야당은 물론 한나라당까지 새누리당으로 당명을 고치며 정강정책에 경제민주화를 반영한 것도 경제력 집중과 남용이 시장경제 자체를 위협하는 상황에 처했기 때문이다. (한겨레. 2012년 7월 10일. "재벌개혁이 경제민주화의 요체다")

민주통합당의 경제 민주화 9개 법안은 '대기업집단의 경제력 집중 완화', '금산분리 강화', '기업범죄 처벌 강화', '공공부분 중소기업 보호 강화', '공정경쟁 환경 조성', '불공정 하도급거래질서 개선', '고소득자 소득세 경감 축소', '고용안전망 확충' 등의 내용을 담고 있다. 구체적으로, 순환출자 금지, 출자총액제한제 재도입, 지주회사 행위 규제강화 등 재벌의 경제력 집중을 완화와 담합 등 중대 범죄에 대한 전속고발권 폐지를 담은 공정거래법, 상호출자제한 기업집단의 법인 간 수입배당금액에 대한 과세를 강화하는 법인세법, 산업 자본의 은행 소유 지분 한도를 9퍼센트에서 4퍼센트로 축소하는 은행법, 비은행 지주회사의 비금융 자회사 소유를 금지하는 금융지주회사법, 경제 및 기업 범죄 관련자의 사면을 제한하는 사면법, 재벌 계열사의 공공계약 입찰을 제한하는 국가계약법, 징벌적 손해배상을 확대하는 하도급 거래 공정화법, 최고세율(38퍼센트) 적용받는 소득세 과표구간을 3억 초과에서 1억5천 초과로 바꾸는 소득세법, 파견 근로자의 고용안전망을 확충하는 파견근로자보호법 등이 포함되어 있다. 이들 9개 법안 모두가 재벌 개혁과 관련되어 있지만, 특히 순환출자 금지와 출자총액제한제 도입, 지주회사 행위 규제 등은 재벌의 지배구조 개선을 직접적으로 강제하는 법안이었다고 볼 수 있다.

반면, 보수 세력은 경제 민주화와 관련한 재벌 문제를 지배와 소유 구조의 차원에서가 아니라 재벌의 불공정 거래 행위 단속의 차원에서 접근하였다. 무엇보다도, 그들은 새누리당 일부가 주장한 '대기업집단법'을 채택하지 않았다. 그리고 출자총액제한제도의 부활을 반대하고, 재벌의 기존 순환출자에 대한 의결권을 자율에 맡긴다는 입장을 견지하였다. 대신, 재벌의 계열사 일감 몰아주기와 신규 순환출자를 금지하는 수준에서 기업의 지배구조 개선을 약속하였다. 아래의 [발췌 11]을 보자.

[발췌 11]

영국 경제주간지 이코노미스트 최근호는 한국 기업이 '코리아 디스카운트'라는 글로벌 오명(汚名)을 쓰고 있는 가장 큰 이유로 가족경영 중심의 재벌 지배구조를 꼽았다. 재벌이 경영권을 2세들에게 넘겨주고 세금을 포탈하며, 가족에게 혜택을 주기 위해 회사 자산을 이용하고 있다는 것이다[...]우리 대기업이 매출과 순이익 등 실적에 비해 주가가 낮게 형성되고 있는 것은 불투명 경영 탓이 크다. 공시를 게을리 하고, 주주를 무시하고, 권한은 행사하면서 책임은 지지 않는 총수의 전횡은 한국 기업의 낡은 관행이다. 총수는 평균 10%에 못 미치는 지분으로 그룹 전체를 쥐락펴락하고 있다. 총수의 자녀는 일감 몰아주기, 비싸게 사주기, 고배당, 주가 올려주기 등으로 '세금 없는 부(富)의 대물림'을 했다. 낙후한 지배구조와 불투명 경영은 반기업 정서를 부추기고 시장경제에 대한 신뢰를 무너뜨린다[...]한국은 세계 9위의 무역대국이다. 대기업 주도로 이뤄낸 성취라고 해도 과언이 아니다. 국제적 위상에 걸맞은 대기업 내부의 개혁이 절실하다. 지배구조를 개선하고 투명성을 끌어올리는 것은 장기적으로 대기업에 이익이 된다. '코리아 디스카운트' 같은 부끄러운 말이 사라지면 재벌기업의 주가와 기업 가치도 뛰어오를 수 있다.(동아. 2012년 2월 13일. "한국재벌 '글로벌 汚名' 자성하고 스스로 개혁할 때")

사실, [발췌 11]에서는 재벌의 "불투명한 경영"뿐만 아니라 "낙후한 지배구조"까지도 문제시되고 있다. "공시를 게을리 하고, 주주를 무시하고, 권한은 행사하면서 책임은 지지 않는 총수의 전횡"과 같은 "불투명한 경영"과 "경영권을 2세들에게 넘겨주고 세금을 포탈하며, 가족에게 혜택을 주기 위해 회사 자산을 이용", "총수는 평균 10%에 못 미치는 지분으로 그룹 전체를 쥐락펴락하고", "총수의 자녀는 일감 몰아주기, 비싸게 사주기, 고배당, 주가 올려주기 등으로 '세금 없는 부의 대물림'"과 같은 가족 경영 중심의 지배구조 모두를 비판하고 있는 것이다. 그러나 보수 세력은 이러한 문제의 해결책을 기본적으로 재벌의 공정한 시장 행위 준수에서 찾고자 했으며, 지배구조 문제는 신규 순환출자와 일감 몰아주기 제한의 수준에서만 다루고자 하였다. 아래의 [발췌 12]를 보자.

[발췌 12]

박 후보는 16일 김 위원장이 건의한 내용 중 '대규모기업집단법' 제정, 기존 순환출자 의결권 제한, 중요 경제범죄에 대한 국민참여재판 도입 등 세 가지를 뺀 35개의 경제민주화 공약을 내놓았다. '산업조직론' 관점으로 평가하자면, 박 후보는 김 위원장이 제시한 재벌의 '구조' 개혁보다는 공정한 시장 '행위'를 유도해 재벌의 경영 '성과'를 다스리는데 중점을 뒀다.(동아. 2012년 11월 30일. "'경제민주화'는 反기업 아니다")

[발췌 12]에서, "대규모기업집단법", "기존 순환출자 의결권 제한", "중요 경제범죄에 대한 국민참여재판"이 빠진 박근혜 후보의 경제 민주화 공약은 재벌의 지배구조 "개선"에 초점이 맞춰져 있는 것이 아니다. 특히, 보수 세력은 '대규모기업집단법'이 세계적으로 선례가 없다는 이유로 그것의 제정을 거부했다. 하지만, 재벌 자체가 세계적으로 유례가 없는 것이라는 지적에는 침묵한다. 또한 그들은 기존 순환출자 의결권 제한은 순환출자 해소에 수조 원이 소요되고 외국 자본의 적대적 인수합병 위험을 높인다는 이유로 반대하였다. 하지만, 여기에서도 재벌 총수의 의결권 자체가 실물 자원의 투입 없이 가공적으로 창출된 것이며, 수조 원의 경비는 총수의 지분 확보에 필요한 것일 뿐이라는 사실은 감춰져 있다. 아울러, 그들은 적대적 인수합병은 오히려 재벌의 체질 개선에 도움이 될 수 있다거나, 국민연금 등 한국의 기관투자 부문을 활용함으로써 막을 수 있다는 지적에 대해서도 귀를 닫았다. 총수 지배 체제 문제는 할리우드 영화의 위협이 한국 영화의 경쟁력 향상에 도움이 되었다는 보수/우파적 논리에서 비판받기도 했고, 총수 체제 옹호가 마치 북한의 적화통일 위협으로 박정희 독재체제를 두둔하는 것과 유사하다는 진보/좌파적 논리에서도 비판받기도 했지만, 보수 세력의 경제 민주화가 재벌 지배구조의 보호와 유지라는 기조로부터 벗어나는 일은 거의 없었다.

2) 주도권: 문재인표, 안철수표, 박근혜표 경제 민주화

진보 세력은 경제 민주화를 2012년 대통령 선거의 시대정신으로 설정하였지만, 그것을 1987년 선거의 '직선제 개헌'이나 2002년 선거의 '수도 이전'과 같이 보수 세력과 자신을 확연하게 구분시켜주는

공약으로 만들지는 못하였다. 다시 말해서, 1987년 선거에서 '민주화' 요구가 '직선제 개헌' 공약으로 표상되고, 2002년 선거에서 '국가균형발전' 요구가 '수도 이전' 공약으로 표상된 것처럼, 2012년 선거에서 '경제 민주화'가 하나의 결정적 공약으로 표상되지 못했다는 것이다. 이는 진보 세력의 두 가지 패착에 기인한다. 첫 번째로, 경제 민주화가 보수 세력조차도 받아들일 수밖에 없는 대세가 되었다고 간주한 진보 세력은 스스로를 그것의 진정하고도 유일한 실현 주체로 정립시키는 작업을 등한시했다. 두 번째, 경제 민주화의 실현 여부를 가늠할 수 있는 결정적인 공약과 과제를 대중적으로 각인시키는 노력도 게을리 했다. 아래의 [발췌 13]과 [발췌 14]를 보자.

[발췌 13]

새누리당이 진정한 경제 민주화 정당으로 탈바꿈할 수 있을지 여부는 정책과 함께 사람의 변화를 살펴봐야 알 수 있다. 새누리당이 부자당, 재벌당이 된 것은 그동안 친재벌 국회의원들이 입법과 정책을 좌우했기 때문이다. 박근혜 위원장이 '재창당을 뛰어넘는 혁신'을 하려면 이들을 과감히 제거해야 한다. 그리고 경제 민주화를 추진할 개혁적 전문가들을 영입해야 한다. 사람이 바뀌지 않으면 개혁은 이뤄지지 않는다.(한겨레. 2012년 2월 9일. "새누리당 경제민주화 제대로 하려면")

[발췌 14]

어쨌든 대통령 후보란 사람들이 죄다 경제민주화를 한다고 한다[...]박근혜표 경제민주화가 될지, 민주당표 경제민주화가 될지, 아니면 안철수표 경제민주화가 될지에 따라 결과는 천양지차가 나겠지만, 그래도 무슨 표 경제민주화가 됐든 경제민주화가 되기는 될 것 같다고 해야 하겠다[...]경제민주화는 무엇을 할 것인가 못지않게 누가, 어떻게 할 것인가가 중요하다[...]그러나 여야 간에 경제민주화를 놓고 표 싸움에만 열중하다 보니 누가, 어떻게 기득권을 깰 것인가에 대해서는 별로 신경을 안 쓰고 있다. 그 핵심에 있는 관료, 언론, 사법의 문제는 등한시하고 있다[...]누가 다음 대통령이 되든 관료개혁, 언론개혁, 사법개혁 없이 경제민주화는 현실적으로 성공하기 어렵다.(한겨레. 2012년 8월 27일. "경제민주화 논쟁에 빠진 것들")

[발췌 13]과 [발췌 14]에서는 두 가지 사실을 공통적으로 확인할 수 있다. 하나는 경제 민주화 여부를 구분할 수 있는 분명한 기준이 없다는 것이다. 다른 하나는 경제 민주화를 추진할 주체가 명확하게 구분되지 않는다는 것이다. 전자는 [발췌 13]에서 "새누리당이 진정한 경제 민주화 정당으로 탈바꿈할 수 있을지 여부는"과 [발췌 14]에서 "무슨 표 경제민주화가 됐든 경제민주화가 되기는 될 것 같다고 해야 하겠다"와 같은 언술에서 확인할 수 있다. 진보 세력의 경제 민주화를 보수 세력의 그것과 결정적으로 구분시켜줄 수 있는 준거가 부재하기 때문이다. 그래서 박근혜표든, 민주당표든, 안철수표든 '어쨌든 모두가 경제 민주화'라는 주장은 반박하기가 어렵게 된다. 다시 말해서, 경제 민주화는 더 이상 그것의 찬성 집단과 반대 집단을 가르는 구호가 아니게 된다. 실제로, 비록 진보 세력이 '현상유지만 하겠다는 수준', '눈가림 화장', '무늬만 재벌개혁', '정략적 접근', '염불보다는 잿밥에만 관심', '대국민 사기극', '애매모호한 줄타기', '속빈 강정', '선거용 수사', 광고성 카피' 등과 같은 표현으로 보수 세력의 경제 민주화 의지를 의심하기도 했지만, 새누리당의 대선 정강·정책이 분배와 복지 그리고 정부 역할을 강조하는 방향으로 바뀐 것을 두고 '천지개벽 수준의 변화'와 '수구정당 이미지는 탈색되었다' 등과 같이 평가함으로서 그들의 경제 민주화 구호에 대체로 긍정적인 반응을 보였다. 그들의 보수 세력에 대한 비판의 초점은 사실상 경제 민주화의 추진 정도였던 것이지 그것의 추진 여부는 아니었던 것이다.

그리고 진보 세력은 이처럼 경제 민주화를 자신만의 고유한 의제로 발전시키지 못하는 만큼이나 스스로를 그것의 진정한 추진 주체로 정립시키지 못하는 한계도 노정하였다. [발췌 14]에서는, 경제 민주화의 추진 주체 문제가 중요하다고 지적되고 있지만("경제민주화는 무엇을 할 것인가 못지않게 누가, 어떻게 할 것인가가 중요하다."), 그렇다고 해서 그러한 주체가 부상되고 있는 것은 아니다. 경제 민주화의 주체는 이제 진보/보수 사이에 구분이 안 된다고 보는 것인지, 관료, 언론, 사법 개혁의 주체라는 새로운 문제로 초점이 이동하고 있는 것이다. 그 결과, 경제 민주화라는 구체적 이슈는 일반적이고 추상적인 개혁 과제 담론 속에서 오히려 실종되어 버린다.("경제민주화를 놓고 표 싸움에만 열중하다 보니", "그 핵심에 있는 관료, 언론, 사법의 문제는 등한시하고 있다", "관료개혁, 언론개혁, 사법개혁 없이 경제민주화는 현실적으로 성공하기 어렵다.")

심지어, 이처럼 경제 민주화 이슈를 '우리'와 '그들'을 구분하는 더욱 예리한 대선 무기로 벼르지 못한 진보 세력은 경제 민주화 주도권을 스스로 보수 세력에게 헌납하는 경향을 지속적으로 드러내 보이기도 하였다. 아래의 [발췌 15]를 보자.

[발췌 15]

김종인 교수는[...]헌법 제119조 2항을 만들어 넣은[...]경제민주화의 원조로 불리기도 한다[...]박근혜와 김종인 결합의 출발은 일단은 순조로워 보인다. 그동안 야당이나 진보진영의 단골 메뉴였던 경제민주화 의제를 박근혜와 새누리당이 선점하는 양상까지 나타나고 있다[...]오히려 김 위원장이 박 의원을 간택했다고 하는 게 더 맞을지 모른다[...]김 위원장은 국민의 절대적 신망을 받는 대통령이 나와야 재벌을 통치할 수 있다고 했다. 그는 이를 실현하기 위해 현재로선 대통령 당선 가능성이 월등하게 높은 박 의원의 책사를 자임한 것으로 보인다.(한겨레. 2012년 7월 11일. "박근혜+김종인, 성공할까")

[발췌 16]

박 대통령은 지난 대선에서 경제민주화를 핵심 공약으로 내걸어 당선됐다. 국민은 박 대통령이 야당에 비해 경제민주화 약속을 잘 지킬 것으로 보고 그에게 표를 던졌다. 상황이 이런데도 박 대통령이 경제민주화를 하는 둥 마는 둥 6개월 만에 그만두겠다는 건 국민을 우습게 보는 처사다.(한겨레. 2013년 8월 29일. "박 대통령, 끝내 경제민주화 폐기하고 재벌 편에 서나")

[발췌 15]에서, 보수 세력은 박근혜와 김종인의 결합으로 경제 민주화 의제를 "선점"했거나, 아니면 적어도 진보 세력과 대등한 입장에서 경제 민주화 경쟁을 벌일 토대를 마련했다. 경제 민주화 자체가 더 이상 진보 세력에게 일방적으로 유리한 구호가 아니라는 점이 다시금 확인되고 있는 것이다. 더욱이, "경제민주화의 원조"인 김종인과 손잡은 박근혜 후보야말로 경제 민주화의 실현가능성을 가장 많이 담보한 대안이라는 기대감을 감추지 않는다.("국민의 절대적 신망을 받는 대통령", "현재로선 대통령 당선 가능성이 월등하게 높은 박 의원") 이처럼 진보 세력이 경제 민주화의 주도권을 스스로 박근혜 세력에게 떠넘기는 작업은 현실적 권력관계를 호도할 정도로 김종인은 드러내고 박근혜는 숨기는 담론 장치를 통해 더욱 성공적으로 작동한다("오히려 김 위원장이 박 의원을 간택했다고 하는 게 더 맞을지 모른다", "박 의원의 책사를 자임한 것으로 보인다.") 요컨대, 경제 민주화에 대한 시민들의 요구와 기대가 박근혜 후보에게 수렴되는 효과를 예방하는 어떠한 장치도 내장되어 있지 않은 것이다. 나아가, 선거도 하기 전에 선거 결과를 암시하는 '자기실현적 예언'("당선 가능성이 월등하게 높은 박의원")은 경제 민주화와 대선에서 진보 세력이 처한 열등한 힘 관계를 더욱 악화시킬 뿐이다. 아울러, '박근혜표 경제민주화'라도 실현되도록 하는 것이 중요하다는 문제의식은 일리가 없지 않지만, [발췌 16]에서와 같이 "국민

은 박 대통령이 야당에 비해 경제민주화 약속을 잘 지킬 것으로 보고 그에게 표를 던졌다"고 평가하는 것은 경제 민주화 과제에 대한 '우리'와 '그들' 사이의 구분과 대결을 포기할 뿐만 아니라 '우리'의 정치적 정당성을 스스로 부정하는 반정치적 행태에 다름 아닌 것으로 볼 수 있다.

3) 경제 민주화 입법: 실현된 것도, 실현되지 않은 것도 아닌

2012년 대통령 선거에서 재벌 개혁은 경제 민주화를 대표하거나 실질적으로 표상하는 이슈가 되지 못하였다. 경제 민주화는 100개가 넘은 관련 법안의 분산된 형태들로 대변되었을 따름이다. 대통령 선거 후 2013년도에 국회를 통과한 경제 민주화 관련 법안도 소수에 불과하다. 연봉 5억 원 이상 등기임원의 개별 보수를 공개하도록 한 자본시장법 개정안과 정년을 60살까지 보장하는 정년연장법이 통과되었으며, 은행에 대한 산업자본의 지분 보유 한도를 9퍼센트에서 4퍼센트로 축소하는 은행법 및 지주회사법이 개정되었다. 그 밖에, 징벌적 손해배상제를 확대하고 부당 특약을 금지한 하도급법, 일감 몰아주기를 규제하고 신규 순환출자를 금지한 공정거래법, 가맹점주의 권리를 강화한 가맹사업주법 등이 입법되었다.

개정된 하도급법에 따라, 납품업체 기술탈취 뿐만 아니라 부당 단가인하와 부당 발주취소 그리고 부당 반품 등은 피해액의 3배 범위 내에서 보상해야 하게 되었다. 또한, 원사업자가 서면에 기재되지 않은 사항을 요구해서 발생한 비용을 수급자에게 부담하도록 한다든가 원사업자가 부담해야 할 민원처리나 산업재해 관련 비용을 수급자에게 부담시키는 행위는 금지되었다. 그리고 개정된 공정거래법에 따라, 총수 일가 지분율이 높은 계열사에 부당하게 일감을 몰아주는 행위와 거래 단계 중간에 일가 지분율이 높은 기업을 끼워 넣어 소위 '통행세'를 챙기는 행위는 금지되었다. 아울러, 대기업집단 내 계열사끼리 순환출자 고리를 새로이 형성하거나 기존 순환출자를 강화할 수 없게 되었다. 가맹사업법에 따라, 심야 시간대(오전 1시-6시) 영업을 강요할 수 없게 되었고, 가맹 본부가 점주에게 요구하는 예상 매출액 범위는 최고액이 최저액의 1.7배를 넘길 수 없게 되었다. 또한 가맹점주는 자신의 권리 보호를 위해 사업자 단체를 결성하고 가맹본부와 협의할 수 있고, 가맹점 인근에 직영점이나 동일 브랜드의 가맹점 출점은 금지되었다.

박근혜 후보가 경제 민주화 대선 공약으로 제시한 총 13개의 법안들 중 8개는 2014년 현재 입법되지 못한 상태다. 기업의 부당행위로 인한 한 명의 피해자가 소송에서 이기면 나머지 피해자도 보상받는 집단 소송제 공약, 재벌 총수의 중대 범죄에 대해서 집행유예형을 금지하고 재벌 총수의 형이 확정된 이후 대통령이 사면권을 행사하지 못하도록 한 총수 일가 불법 및 사익 편취 금지 공약, 독립성 강화를 전제로 국민 연금 등 공적 연기금의 의결권 행사 강화를 통해 재벌을 견제한다는 공적 연기금 의결권 행사 강화 공약, 소액주주 보호를 위한 집중투표제, 전자투표제, 다중대표 소송제 도입 공약, 대기업 금융계열사가 비금융계열사 주식의 의결권 상한을 현행 15퍼센트에서 5퍼센트로 강화하는 금산분리법 공약, 은행과 저축은행에 적용되는 대주주 적격성 심사를 보험과 카드로 확대한다는 공약, 갑을관계 지위를 이용한 부당거래 근절 공약 등은 여전히 계류 중이다. 물론, 이를 두고서 박근혜 정부가 경제 민주화 약속을 저버렸다고 말할 수는 없을 것이다. 몇 개의 경제 민주화 관련 법안을 통과시켰든, 입법된 경제 민주화 법안이 엄연히 존재하는 것은 사실이기 때문이다. 더욱 근원적으로는, 경제 민주화가 대통령 선거 시기 내내 그것의 실현 여부를 질적으로 구분하고 판별할 수 있는 결정적 준거를 갖지 못한, 양과 정도에 관련된 구호에 머물렀기 때문이다.

4. 결론

진보 세력은 보수 세력조차도 경제 민주화를 대선의 핵심 공약으로 채택할 정도로 그것을 '시대정신'으로 표상하는 것에는 성공하였지만, 그것을 '우리'와 '그들'을 명확하게 구분 짓는 의제로 만드는 것에는 실패했다. 보수 세력은 한편으로는 경제민주화의 대세를 회피하지 않으면서도, 다른 한편으로는 그것이 근본적인 재벌 개혁이나 해체로 모아지는 것을 막음과 동시에 경제 민주화 과제를 수십 개로 분산된 경제관련 입법의 문제로 몰아가는 이중 전략을 취하였다. 2013년 말까지, 보수 세력은 자신들이 약속한 13개 주요 경제민주화 공약 가운데 일감 몰아주기 규제와 신규순환출자 금지 등 5개 법안만을 입법하였다. 박근혜 정부의 경제 민주화 공약 입법률은 38.5%에 그친 셈이고, 급기야 2014년 2월 25일에는 경제혁신 3개년 계획이 발표되면서 정책의 방향은 투자 활성화를 위한 규제 철폐로 전환하였다. 진보 세력은 "천덕꾸러기", "토사구팽", "대국민 사기극", "국민 우롱", "공수표" 등과 같은 용어들로 박근혜 정부의 경제 민주화 실종을 비난하였지만, 사실 진보 세력의 주장대로 박근혜 정부가 공약을 실행하지 않은 것이라고 말하기는 어렵다. 시대정신이라는 거창한 구호에도 불구하고, 경제 민주화는 애초에 진보 세력과 보수 세력 사이에 수십 개 관련법의 입법 문제로 분산된, 질적으로나 양적으로 그것의 실행 여부를 가늠할 수 있는 분명한 준거가 존재하지 않았던 공약에 불과했기 때문이다. 보수 세력의 경제 민주화 선거 전략과 관련하여, 2012년 대선에서 드러난 새로운 특징 중의 하나는 공약의 '연경화(軟輕化)'이다. 박권일이 2012년 7월 17일 한겨레신문 칼럼에서 "'마트형 보수'의 탄생"으로 명명했듯이, 보수 세력은 "정책의 비일관성이나 철학의 부재"와는 상관없이 득표에 도움이 된다면 무엇이든 "닥치는 대로 끌어와 할인가격에 처분"하는 식의 경제 민주화 선거 전략을 구사하였다. 새누리당과 박근혜 후보의 평소 정치 철학과 정책 노선에 비추어보면 경제 민주화는 그들에게 썩 잘 어울리는 상품이라고 보기 어렵지만, 어쨌든 그들은 '보수표 경제 민주화' 상품을 출시함으로써 선거 시장에서 상당한 실적을 거둘 수 있었다. 그런데 이처럼 선거에 도움이 된다면 전통적인 진보 의제도 얼마든지 끌어다 쓰는 보수/우파 세력의 유연화 전략은 대국민 선거 공약도 얼마든지 철회하거나 폐기할 수 있다는 경박화 전략과 긴밀하게 맞물려 있다. 보수 세력은 박근혜 정부 출범 이후 '4대 중증질환 진료비 100퍼센트 보장'이라는 자신들의 복지공약이 사실상 지킬 수 없는 '선거 캠페인용 문구'였다고 밝혔다. 공약의 엄중성과 공약에 대한 책무성을 사소하고도 하찮은 것으로 만들고도 '선거에 이기기 위해서는 무슨 약속이든 못하랴'라는 심리 조작으로 오히려 당당한 모습을 보이는 보수 세력의 행태는 2012년 대선 과정의 또 다른 주요한 특징 중의 하나였다.

제7장
포퓰리즘 담론

이 장은 '포퓰리즘' 담론의 특징을 분석한다. '포퓰리즘'은, 앞서 살펴본 '종북'과 더불어, 지난 십 수 년 간 한국 보수 세력의 진보 진영 공격에 매우 자주 동원했던 담론 자원이다. 2000년에서 2010년 사이에 보수 언론이 포퓰리즘 이슈를 제기한 빈도는 진보 언론의 그것에 비해 약 2~3배 더 많았다. 내용적으로도, 보수파의 포퓰리즘 담론은 적극적이고 공세적인 것이었던 반면, 진보파의 그것은 수동적이고 방어적인 성격이 강하였다. 포퓰리즘을 '대중영합주의'로 번역하는 보수/우파 세력은 초기에는 그것을 주로 김대중-노무현의 민주파 정권의 성격 자체를 틀 짓는 용어로 사용하였으나, 점차로 민주주의 정책 지향 전반을 제한하고 단속하는 무기로 활용하였다. 진보/좌파 세력은 대체로 보수/우파 세력의 '대중 영합주의'로서의 포퓰리즘 공세를 수동적으로 인용하는 '이란다' 담론과 포퓰리즘 딱지를 보수 세력에게 되돌려 주는 '맞물기' 담론으로 대응하지만, '더 많은 포퓰리즘'이나 '전체주의' 관념을 통해 '포퓰리즘' 담론의 반민주주의성을 부각시키는 공세적인 모습을 보이기도 한다.

1. 보수/우파의 ‘포퓰리즘’

1) 포퓰리즘 정권

‘포퓰리즘’은 1998년 초부터 2008년 초까지 김대중과 노무현으로 이어지는 민주당 세력에게 정치권력을 내준 보수 세력이 이들 정부를 공격하고 정권을 되찾기 위해, 2000년대 초반 한국 정치에 도입하기 시작한 사회정치 담론 자원이다. 시민들의 사회정치적 민주화 열망의 일정한 정치적 결실로 볼 수 있는 김대중-노무현 정부를 포퓰리즘으로 덧칠함으로써, 보수 세력은 자신들의 취약한 민주적 정당성 문제를 희석시키고 이들 정권의 헤게모니 기반을 균열시키는 데 상당한 성공을 거둘 수 있었다. 김대중-노무현 정부 시기 동안 보수 세력의 포퓰리즘 담론은 주로 정권의 기본 성격 그 자체를 규정하는 수단으로 사용되었다. 아래의 [발췌 1]과 [발췌 2]를 보자.

[발췌 1]

내치에 있어서는 DJ를 뛰어넘는 세련되고 합리적인 개혁, 통일안보에서는 대한민국의 원초적 전제를 훼손하지 않는 당당한 남북대화, 리더십에 있어서는 천민적이지 않은 자질-예컨대 이런 것들을 주제로 야당은 그나름의 대안적 ‘헤게모니 프로젝트’를 만들어서 국민의 심사와 선택에 맡겨야 한다. ‘김대중 포퓰리즘’에 반대하겠다면 그에 대한 다른 그림도 제시해야 하고 ‘통일대통령 김정일’이미지를 우려한다면 역시 다른 대책을 꺼내보여야 한다.(조선. 2000.10.12. “한나라당은 대안인가?”)

[발췌 2]

정부가 증권시장 부양을 위해 연금 기금의 주식투자를 늘리려는 발상은 매우 위험하고 따라서 온당치 않다. 이것은 눈앞의 정치적 인기를 위해 다수 국민의 생계안정을 담보 잡히려는 전형적인 포퓰리즘 정책이다.(조선. 2001.02.09. “위험한 연-기금 증시투자”)

[발췌 1]에서 김대중 정부는 보수 세력에 의해 "김대중 포퓰리즘"으로 표상된다. 보수 세력의 '포퓰리즘' 공세가 정권의 성격 자체를 겨냥하고 있는 것이다. 그들은 "반민족, 반화해, 반개혁, 반통일 운운하는 일도양단의 칼바람 서슬", "우리 패거리 아닌 자는 반개혁, 반통일, 반민족이다라고 몰아치는", "지난 4년간 개혁이란 이름으로 밀어붙인 일련의 사태", "불법파업과 폭력시위를 정략적 배려와 온정주의로 대한다", "부정부패를 척결한다면서 사유재산권을 제약하거나 철폐하려는", "민주주의와 시장경제를 기치로 내세웠던 현 정권의 경제정책이 실제로는 기업경영은 물론 경제전반에 부담을 주는" 등과 같은 표현들을 통해 김대중 정권을 '포퓰리즘'으로 덧씌우는 작업을 진행하였다. 또한, [발췌 2]에서는 김대중 정부의 연기금 증시 투자 계획이 포퓰리즘으로 단정되고 있다. 이와 같은 포퓰리즘 꼬리표는 2000년 총선연대의 낙천낙선 운동에 대한 불개입, 언론사 소유경영 분리, 노동관계, 교육 평준화 정책 고수, 상가건물 임대차 보호법 등과 같은 정부 정책에 대한 비판의 수단으로 간헐적으로 등장하기도 하였다. 이런 양상은 노무현 정부에서도 크게 변함없이 반복되었다. 아래의 [발췌 3]과 [발췌 4]를 보자.

[발췌 3]

지난 1년의 국정 운영은 경제・사회・교육 정책은 말할 것도 없고 외교・안보 정책까지 포퓰리즘에 오염돼 왔다. 지금 이 나라의 현실은 무대 위의 소수 기획자(企劃者)와 무대 아래의 군중이 결합한 포퓰리즘의 결말이 무엇인가를 다시 확인 시켜주고 있는 것이다.(2004.03.03. "포위된 독립언론과 대의 민주주의의 위기")

[발췌 4]

21세기 우리나라가 일류(一流) 국가가 되는 데 가장 큰 장애의 하나가 바로 포퓰리즘, 즉 대중영합주의이다[...]대중영합주의란 국가 이익에는 크게 반하나, 개인이나 정파적 이익을 위해 대중의 일시적 정서나 인기를 이용하거나 조작하거나 선동하는 정책과 정치를 의미한다[...]우리나라에서 해방 후 최대의 포퓰리즘 정책이 두 번 있었다. 이 두 가지가 지난 9년간 한꺼번에 일어났고[...]그 하나는 '통일 포퓰리즘'의 하나인 '햇볕정책'이고 다른 하나는 '평등 포퓰리즘'의 일종인 '수도 이전 정책'이다.(2007.01.29. "더 이상 포퓰리스트 허용해선 안돼")

[발췌 3]에서, 노무현 정권은 "무대 위에 소수 기획자와 무대 아래의 군중이 결합한 포퓰리즘" 정권이다. 포퓰리즘은 노무현 정부의 전반적 성격 자체를 규정하는 용어인 셈이다. 이처럼 보수 세력이 노무현 정부의 정체성을 민주주의보다는 포퓰리즘 정부로 단정하는 작업은 "친노(親勞)에 좌파, 포퓰리즘으로 상징되는 이 정권", "가진 자를 희생양으로 삼아 없는 자의 불만을 무마하고 자신들의 정치적 기반을 확대하는", "대중 인기에 영합하고 대중 정서에 아부하는 '포퓰리즘적 선동가'들이 나와서 이 나라를 '자유의 길'이 아닌 '평등의 길'로 끌고 가려" 등과 같은 언어들을 동원하였다. 한편, 구체적인 정책 방안과 관련한 포퓰리즘 비판은 아직 본격적 메뉴로 등장하지 않았다. 노무현 정부의 토지공개념과 4대 개혁입법에 대한 반대에서 '포퓰리즘'이 간헐적으로 언급되긴 하였으나, 대부분의 경우 그것은 노무현 정권 자체를 지칭하는 개념으로 사용되었다. [발췌 4]는 어떻게 김대중-노무현 정권과 그 정책 모두가 한 묶음으로 포퓰리즘으로 단정되는지를 보여준다. 이들 정부는 "지난 9년간 한꺼번에 일어난" 포퓰리즘 정권으로, 그리고 이들의 "햇볕정책"과 "수도 이전 정책"은 "해방 후 최대의 포퓰리즘 정책"으로 규정된다. 이처럼 김대중-노무현 정권의 민주화 지향을 포퓰리즘으로 전도시키는 작업을 통

해, 보수 진영은 이들 정권의 헤게모니 질서에 파열점을 만들어 내고자 하였다.

다른 한편으로, 보수/우파 세력은 아르헨티나를 비롯한 세계 각국의 경제 위기의 근원을 포퓰리즘에서 찾는 방식으로 한국 내 포퓰리즘 담론을 확산시키고, 그것을 김대중-노무현 정부와 연결시키는 작업을 지속적으로 전개하였다. 아르헨티나, 베네수엘라, 브라질, 칠레, 미국, 프랑스, 우크라이나, 체코, 필리핀, 인도, 일본 등 시대를 달리하며 발생한 여러 나라의 상이한 정치경제적 위기는 포퓰리즘이라는 공통 요인으로 설명되곤 하였다. 아래의 [발췌 5]를 보자.

[발췌 5]

인민당 강령의 핵심은 은화를 무제한 발행하자는 것이었다. 인플레를 불러 금융자본에 타격을 주고 빚더미에 눌린 농민을 구해주겠다고 했다. 인민당은 한때 연방의회에서 20여석을 차지할 정도로 기세를 올리다 곧 몰락하고 말았다. 정치적 선동으로 농민과 뜨내기 노동자들을 휘어잡기는 했지만 현실적 정책을 내놓을 능력은 없었기 때문이다. 대신 '포퓰리즘(대중 영합주의)'이라는 용어만 남겼을 뿐이다[...].남미 포퓰리즘의 원조인 아르헨티나의 페론이 그랬다. 20세기 초반 아르헨티나는 세계 5-6위의 부국이었다. 1946년 집권한 페론이 최저 임금을 크게 올리며 갖가지 분배정책에 열을 올리자 순식간에 국고가 비고 세계의 빈국으로 추락하고 말았다. 요즘 남미에 다시 포퓰리즘 바람이 거세다. 베네수엘라 차베스가 그 선두에 있다[...]말로 우쭐대고 선심으로 인기를 탐하는 지도자를 둔 죄로 국민이 치러야 할 대가가 너무 크다. (조선. 2007.01.17. "포퓰리즘")

[발췌 5]는 20세기 초 미국의 인민당에서 시작하여 20세 중반 아르헨티나의 페론주의 그리고 21세기 초 베네수엘라의 차베스 정권에 이르기까지 포퓰리즘의 계보를 그려주고 있다. 그 속에서 "정치

적 선동", "대중 영합주의", "갖가지 분배정책", "인기를 탐하는 지도자", "국민이 치러야 할 대가" 등의 관념들이 포퓰리즘의 본질적 요소로 각인되고 있다. 이러한 대표적인 사례 이외에도, 보수 세력은 프랑스 혁명 당시의 로베스피에르의 빈자 옹호 정책, 최근 인도의 미움의 정치 논리, 필리핀의 경제적 추락, 일본의 부동산 거품, 우크라이나 정국 불안 등을 포퓰리즘과 연결하고 이들 국가 지도자들의 포퓰리즘 정치를 우리의 반면교사로 삼을 것을 역설함으로써 궁극적으로 김대중-노무현의 개혁파 정권을 포퓰리즘으로 덧칠하는 노력을 전개하였다.

2) 대중 영합주의

'포퓰리즘'을 한국 사회정치 담론에 처음 도입한 보수/우파 세력은 그것을 거의 전적으로 '대중 영합주의'로 번역하였다. 그리고 그 말은 항상 여론 몰이, 여론 조작, 유언비어, 대중 선동, 선동 정치, 군중 심리, 눈앞의 정치적 인기, 선심성 인기 영합, 허황된 인기 편승, 대중 정서에 아부 등과 같은 부정적 관념을 수반하였다. 아울러, 포퓰리즘은 약자의 억울함과 피해의식을 이용하여 강자에 대한 시기심과 증오심을 부추기는 정치, 가진 자는 모두 죄인이라는 인식 아래 그들을 희생양 삼아 없는 자의 불만을 무마하거나 크고 강한 쪽을 눌러서 작고 약한 쪽 마음을 사는 강렬한 편 가르기 정치를 지칭하는 말이 되었다. 나아가, 그것은 약한 자를 위한 정치를 표방한다지만 사실은 진정성이나 신뢰성과는 무관한 정치, 얄팍한 표 계산으로 약자들에 대한 막대한 시혜를 약속하지만 결국에는 다수 국민의 생계를 위협할 정도의 파산으로 귀결되는 정치를 가리키는 말이 되었다. 또한 포퓰리즘은 여론조사 결과를 근거로 국민에 직접 호소하는 정치 혹은 원외 군중을 동원하여 국회를 제압하는 정치로 규정되었다. 아래의 [발췌 6]은 보수 세력의 거의 시초적인 '포퓰리즘' 용법이라 할 수 있다.

[발췌 6]

곳간에 쌓여 있는 부를 중장기 국가개발에 재투자하지 않고, 노동자의 입막음용으로 써버려 방만한 국가운영을 시작한 페론 대통령의 인기주의(포퓰리즘)의 뿌리는 너무 깊어 오늘날까지 뽑아내지 못했고, 지도자마다 표피적 인기에만 급급해서 곶감 빼먹듯하다 보니 빚이 어느새 1300억 달러로 눈덩이처럼 불어난 것이다.(조선. 2001.08.07. "포퓰리즘의 종말")

아르헨티나의 페론주의는 포퓰리즘에 관한 대부분의 논의의 핵심 준거가 되곤 한다. [발췌 6]도 그것을 포퓰리즘의 역사적 기원이자 실체로 제시하고 있다. 그러면서 포퓰리즘을 "표피적 인기에만 급급"한 "인기주의"로 번역한다. 아울러, 포퓰리즘은 국가의 부를 노동자 입막음으로 사용하는 방만한 국가운영으로 인해 엄청난 규모의 국가부채를 초래하는 정치로 규정되고 있다. 그리고 아래의 [발췌 7]은 포퓰리즘의 또 다른 특징이 편 가르기 정치라는 입론을 보여준다.

[발췌 7]

포퓰리즘은 그때그때의 필요에 따라 좌(左)로 갈 수도 있고 우(右)로 갈 수도 있는, 그래서 대중의 감정을 휘어잡기 위해서는 논리고 뭐고 없이 마구잡이로 외쳐대는 흥행(興行)이다. 그러면서도 몇 가지 특징은 있다. 바로 반(反)'엘리트(anti-elitism)', '반(反)지식인(anti-intellectualism)', 부흥사적(的) 도덕주의 같은 것들이다. '반(反)엘리트'는 이를테면 정치인, 권력자, 가진 자, 고급문화에 대한 혐오감이다. '반(反)지식인'은 배운자에 대한 질시이며, 그런 대중정서를 선동하기 위해서는 논리나 팩트(fact), 합리적 토론을 묵살한 채 직정적(直情的)인 언동을 쏟아붓는다. 부흥사적 도덕주의란 특정한 남들을 악으로 지목해서 희생양으로 삼는 행태를 말한다. 지금 우리 사회에서는 대중이건, 대통령 지망자들이건 모두가 그런 난폭한 포퓰리즘 풍토에 흠씬 젖어있다.(조선. 2002.04.05. "格있는 '색깔'논쟁으로")

[발췌 7]에서 포퓰리즘이 '반엘리트주의'를 지향한다는 사실이 지적되고 있다. 포퓰리즘이 대중의 이익과 엘리트의 이익이 일치하지 않거나 대중의 이익을 엘리트가 대변하지 않는다는 것에 주목하는 정치 이념이라는 점에서 그것은 확실히 반엘리트주의적이다. 그러나 [발췌 7]에 나타난 포퓰리즘 설명은 이러한 반엘리트주의를 합리적 근거가 결여된 태도로 간주한다. 포퓰리즘의 원천이 마치 "혐오감", "질시", "직정적 언동" 등과 같은 것들에 있는 것처럼 다룬다. 근대 민주주의에서 대중과 엘리트 사이의 당연한 긴장 관계를 "특정한 남들을 악으로 지목해서 희생양으로 삼는 행태"라고 치부함으로써, 포퓰리즘을 비합리적인 편 가르기 정치로 단정하고 있는 것이다. 반엘리트주의를 편 가르기 정치와 연결시키는 작업은 종종 법치주의와 의회주의에 대한 포퓰리즘의 부정적 태도 문제와 연결되기도 한다. 아래의 [발췌 8]을 보자.

[발췌 8]

포퓰리즘은 대중선동, 여론조작, 인기영합주의에 근거한 정치활동이다. 선거 때마다 표를 의식하여 합리적 대안없이 남발하는 선심성 정책, 일부 시민단체들의 탈법선거운동, 국민 감성을 자극하는 방송 등은 모두 포퓰리즘의 전형이다[...]참여민주주의와 포퓰리즘은 법치주의와 권력분립, 의회주의를 핵심 내용으로 하는 자유민주주의에 대한 심각한 도전이다.(조선. 2004.04.11. "포퓰리즘이 법 죽인다")

[발췌 8]은 이른바 "포퓰리즘의 전형"에 대한 보수/우파 세력의 전

형적인 설명 방식을 보여준다. "대중선동", "여론조작", "인기영합주의", "합리적 대안없이", "선심성 정책", "국민 감성을 자극" 등과 같은 용어들은 한국의 보수/우파 세력이 포퓰리즘을 규정하는 대표적인 용어들 중의 일부다. 더욱 중요하게, 이러한 포퓰리즘은 "자유민주주의에 대한 심각한 도전"으로 천명된다. 그것이 법치주의, 권력분립, 의회주의와 배치되기 때문이라는 것이다. 그런데 [발췌 8]에서는 대중의 인기를 얻기 위해 선심성 정책을 약속하고 대중의 감성을 자극하는 것이 어떻게 법치주의, 권력분립, 의회주의와 부정적으로 연결되는지가 드러나지 않는다. 그러면서도 어쨌든 대중의 지지를 얻기 위한 노력이 마치 자유민주주의에 대한 중대한 위협이 되는 것처럼 생각하게 만드는 효과를 노린다. '인민주권'을 강조하는 포퓰리즘의 반민주주의적 요소는 인민의 다양성을 인정하지 않는 획일성과 전체주의적 성향에 있는 것임에도 불구하고, 포퓰리즘의 인민주권 사상 자체를 문제시하는 담론은 아래의 [발췌 9]에서도 찾아볼 수 있다.

[발췌 9]

고교교육 평준화의 문제점을 지적하는 많은 전문가들의 지적과 논의를 제쳐두고, 나아가 교육계에서 양성하여 공급한 인재들의 수요자라고 할 수 있는 경제계의 현실적 주장도 뒤로 물린 채, 여론조사의 결과를 가장 강력한 논거로 앞세우고 있는 장면에서 포퓰리즘의 극치가 연상된다. 이것은 어렵고 복잡한 수학문제에 관하여 수학자가 제시한 해답을 제쳐놓고 길거리를 오가는 장삼이사(張三李四)들끼리 투표를 해서 정한 답을 정답이라고 주장하는 것과 다름없다.(조선. 2002.02.21. "교육 포퓰리즘")

[발췌 9]는 김대중 정부 시절 경쟁 혹은 수월성 교육 방안을 둘러싸고 벌어진 논란의 한 모습을 보여준다. 그리고 전문가와 대중 혹

은 "수학자"와 "장삼이사" 사이의 대립이라는 포퓰리즘적 구도를 밑바탕으로 활용하고 있다. 그러면서 정책 선택 혹은 반대의 가장 강력한 근거로 여론조사 결과를 내세우는 것을 포퓰리즘의 극치라고 단정한다. 그러나 대중의 요구와 희망에 부응하고 대중을 위한 정치를 추구하는 것이 포퓰리즘이라면, 그것이 과연 민주주의와 어떻게 다른 것인지 알기가 어렵다. 사실상, 보수 세력은 대중들이 오랫동안 민주주의라고 믿어왔던 것들을 포퓰리즘으로 이름붙임으로써 민주주의 관념에 상당한 혼란을 불러일으키고 있는 것이다.

3) 우파 포퓰리즘

보수 세력은 포퓰리즘 담론을 애초에는 민주파 정권의 기본 성격을 규정하기 위한 수단으로 도입하였으나, 점차 정권의 성격을 불문하고 수많은 구체적이고 개별적인 정책 사안에 대한 찬반의 근거로 폭넓게 사용하기 시작했다. 2008년 이명박 정부 등장 이후, 보수/우파 세력의 포퓰리즘 담론은 종합부동산세, 세제개편(비과세 감면 제도), 임대 소득세, 사교육 정책, EBS 수능 연계, 연합사 해체, 군복무기간 단축, 반값 아파트, 세종시, 무상급식, 외고폐지, 분양가상한제, 전월세 규제, 법인세 등 많은 사회정치적 논란에 포퓰리즘이라는 꼬리표를 붙였는바, 문화 포퓰리즘, 교육 포퓰리즘, 농업 포퓰리즘, 사법 포퓰리즘, 통일 포퓰리즘, 선거 포퓰리즘, 반시장 포퓰리즘, 인권 포퓰리즘, 서민 포퓰리즘, 로또 복권식 포퓰리즘, 등록금 포퓰리즘, 세금퍼주기 포퓰리즘, 병역 포퓰리즘, 이념적 포퓰리즘 등과 같이 포퓰리즘이 아닌 것이 없다 할 정도로 포퓰리즘은 사회정치 담론에서 약방의 감초처럼 사용되었다. 아래의 [발췌 10]을 보자.

[발췌 10]

한나라당은 대선 때 종부세의 손질, 완화, 폐지를 거듭 약속해 놓고서도 '부자당' 소리를 들을까봐 주춤거리고 있다. '빈부(貧富) 편 가르기' 코드 정부를 심판한 국민의 지지를 얻어 집권하고서도 노 정부가 쳐놓은 '이념의 덫'에 걸려 있는 셈이다. 당연히 바로잡아야 할 세제를 눈앞에 두고도 정파와 계층의 눈치만 본다면 이 또한 포퓰리즘이다. 이래서는 국정을 이끄는 여당 노릇을 제대로 할 수 없다[...]노무현 전 대통령은 '2% 부자 때리기'의 종부세제를 지지층의 박수를 끌어내는데 악용한 나쁜 선례를 남겼다. 이명박 정부는 양극단의 포퓰리즘을 배격하고 공약대로 부동산 관련 세제를 정합성 있게, 합리화하는 작업을 서둘러야 한다.(동아. 2008.07.29. "부동산 세제, 포퓰리즘 배격하고 소신 있게 개편해야")

종합부동산세는 노무현 정부 포퓰리즘의 산물이고, 이명박 정부가 그것의 개편을 실행하지 않는 것도 일종의 포퓰리즘이라는 것이 [발췌 10]의 논리다. 이명박 정부의 등장과 함께, 보수 세력의 포퓰리즘 담론은 이전처럼 민주파 정권의 기본 성격을 공격하는 용도를 넘어서서 다양한 사회경제 정책의 민주적 지향성을 통제하는 장치로 활용되기 시작하였다. 그리하여 포퓰리즘은 우파 정권의 특정한 정책 방향까지도 비판하는 용어로 종종 등장하게 되는 바, 이러한 과정은 보수/우파의 포퓰리즘 관념이 사회정치적으로 훨씬 더 깊고 넓게 확산되는 과정으로 평가할 수 있다. 아래의 [발췌 11]을 보자.

[발췌 11]

올해 이슈가 된 사안들은 우파 정부의 정책이라고 보기 어려운 것이 많았다. 야간 학원교습 금지, 외고 죽이기, 대기업슈퍼마켓 규제, 정부 기관들을 동원한 물가 잡기 등[...]오죽하면 "4대 '공공의 적'이 있는데 바로 사교육비, 휘발유값, 통신비, 우유값이다"라는 말이 시중에 나왔을까. 올 하반기부터는 아예 정책 기조를 '친서민'으로 정했다. 우파 정부가 친서민을 강조하다니 좋게 보면 이념을 초월한 실용주의고, 나쁘게 보면 원칙도 일관성도 없는 포퓰리즘이다.(동아. 2009.12.17. "하이브리드 정책시대")

[발췌 11]에서는 친서민 정책 기조가 곧 포퓰리즘이라는 입론이 아주 직접적으로 나타나고 있다. 학원교습비, 외고진학, 대기업슈퍼 출점, 물가(휘발유값, 통신비, 우유값) 등은 서민생활과 직결된 문제이고 이것을 개선하겠다는 노력은 우파 정부의 정체성과 맞지 않는 포퓰리즘이라는 주장이다. 이처럼 포퓰리즘은 우파 정부가 어쩔 수 없이 도입하려는 최소한의 대중 친화적인 정책조차도 통제하고 단속하는데 매우 중요한 관념으로 자리 잡았다. 물론, 민주주의를 포퓰리즘과 뒤섞어 버리는 보수 세력의 담론 전략이 그들 중 일부가 천명한 친서민 정책 노선을 두고 포퓰리즘이니 아니니 하는 자중지란을 보이기도 한다. 아래의 [발췌 12]를 보자.

[발췌 12]

요즈음 정부의 친(親)서민 정책과 재정지출 확대에 대해 포퓰리즘이라고 경계하는 목소리와 함께 나라 곳간이 거덜 날 수 있다는 주장까지 나오고 있습니다. 최근 들어 우리 경제가 많이 좋아졌지만 글로벌 경제위기는 아직 끝나지 않았고 특히 서민 경제는 여전히 힘든 실정입니다. 이런 상황에서 나랏돈이 들더라도 서민을 따뜻하게 하고 중산층을 두껍게 하는 친서민 정책을 펴는 일이 정부로서는 당연하다고 생각합니다[...]당장 생계가 급한 서민을 지원하고 이들의 아들딸에게 희망을 키워주는 정책이 포퓰리즘일 수는 없습니다. (동아. 2009.08.10. "親서민정책은 더 큰 위기 막을 대응책")

[발췌 12]에서 이명박 정권의 윤진식 경제수석비서관은 친서민 정책이 포퓰리즘일 수는 없다고 주장한다. 보수/우파 세력 일반의 친서민 정책 비판에 대한 이명박 정부의 대응이라 할 수 있다. 그런데

[발췌 12]는 보수 세력의 포퓰리즘 담론이 지닌 자가당착의 논리와 딜레마를 잘 보여준다. “당장 생계가 급한 서민을 지원하고 이들의 아들딸에게 희망을 키워주는 정책”이 그들이 그토록 비난해마지 않았던 대중영합적인 선심성 정책과 어떻게 다른지 알 수가 없다. 보수/우파 세력은 “서민을 따뜻하게 하고 중산층을 두껍게 하는” 것과 거의 동일한 맥락의 많은 노력들을 포퓰리즘이라 명명하면서 사회경제 정책의 민주적 지향성을 끊임없이 단속하려 하였다. 그런데 [발췌 12]에서 볼 수 있는 바와 같이, 보수/우파 세력은 스스로 대중영합주의라고 규정했던 것과 동일한 언어를 사용하여 자신들의 정책 노선을 포퓰리즘으로 보아서는 안 된다는 혼란과 자가당착을 보여주기도 한다.

2. 진보/좌파의 ‘포퓰리즘’

1) ‘이란다’

보수 세력의 포퓰리즘 공세에 대한 진보 세력의 가장 일반적인 대처 방식은 이른바 ‘이란다’ 담론의 동원이다. 보수 세력이 자신들의 입장과 상이한 주장이나 요구를 포퓰리즘이라고 “몰아붙이고”, “매도하고”, “낙인찍고”, “치부하고”, “폄하하고”, “격하하고”, “비판하고”, “비난하고”, “강변하고”, “주장하고”, “규정하고”, “표현하고”, “헐뜯는다”거나, 포퓰리즘을 “들먹이고”, “운운하고”, “거론한다”고 지적하는 대응법이다. “요즘 회자되는”이나 “누군가의 지적처럼” 등과 같은 전언(傳言)식 표현을 수반하여 보수/우파 세력이 반대 집단을 일컬어 ‘포퓰리즘이란다’고 남 말하듯 하는 방식의 담론 전략을 사용하는 것이다. '이란다' 담론의 가장 큰 특징은 포퓰리즘을 '그들(보수/우파)'의 공세적 용어에 다름 아닌 것으로 파악하는 한편, 그것의 진정한 의미가 무엇이며 진실로 그것의 사례로 간주될 수 있는 것이 어떤 것인지에 대한 담론 작업에 굳이 개입하지 않는 태도다. 말하자면, '이란다' 담론은 보수 세력의 공세어 포퓰리즘을 수동적으로 인용하는 성격의 대응법인 것이다. 아래의 [발췌 13]을 보자.

[발췌 13]

지금의 역사는 일대 전환이 요구되는 시대이다. 노무현 정권이기 때문에 이런 과제가 제기된 것이 아니라, 이러한 과제를 인식한 국민들이 그 책임자로 노무현 정권을 선택한 것이다. 우리 역사에서 가장 올바른 역사의식은 대중 속에서 나왔다. 일부에선 포퓰리즘을 들먹이면서 변화의 동력을 차단하려고 한다. 그러나 사회지도층이 포기하고 돌아설 때 절망을 딛고 나선 것은 대중이었다. 이젠 그들의 요구에 부응하는 답을 주어야 한다.(한겨레. 2003.02.24. "노정권의 역사적 책무")

[발췌 13]은 2003년 2월 25일 새롭게 출범하는 노무현 정권이 대중의 요구에 부응하는 역사적 과제를 수행할 것을 촉구하는 글이다. 그리고 그러한 노력을 일각에서는 "포퓰리즘을 들먹이면서" 제어하려 한다는 사실도 지적한다. 그런데 여기에는 '이란다' 담론이 분명하게 나타나는 반면, 포퓰리즘이란 무엇이며 포퓰리즘 운운하는 것이 왜 부적절한지를 직접적이고도 명확하게 밝히려는 노력은 나타나지 않는다. 물론, '대중'이라는 관념을 통해 포퓰리즘 공세가 대중의 '요구에 부응하는' 것과 관련되어 있다는 점을 어느 정도 시사하고는 있지만, 일부에서 제기하는 포퓰리즘의 의미와 내용이 무엇이며 그것이 왜 잘못된 것인지에 대한 본격적이고 체계적인 대응은 찾아보기 어렵다. 이러한 문제는 아래의 [발췌 14]에서도 나타난다.

[발췌 14]

홍준표 원내대표는 "노무현·김대중 대통령 시절 포퓰리즘으로 좌편향, 반기업, 반시장 법령을 만든 것이 있다. 선진국으로 가는 데 장애가 되는 법령을 정비해야 한다"고 했다[...]한나라당은 지난 10년 동안 매우 자극적인 단어를 사용해 정부와 여당을 집요하게 공격했다. '좌파정권', '포퓰리즘', '세금폭단', '퍼주기'라는 말이 탄생했다. 이른바 조중동이 만들어준 용어다. 다 좋다. 정권 획득을 목표로 하는 야당으로서는 어쩌면 당연한 정치행위였다. 표가 된다면 어린아이 사탕도 빼앗아 먹는 것이 정치의 속성이다. 그런데 정권을 잡고 난 뒤에는 달라져야 한다. 선거에서 표를 얻기 위한 홍보논리와 집권 이후 실제 추진하는 정책논리를 헷갈리면 곤란하다. 나라를 통째로 들어먹을 위험이 있다.(한겨레. 2008.09.03, "돌팔이를 만난 건 아닐까")

[발췌 14]에서는, [발췌 13]에서와 마찬가지로, 포퓰리즘 담론이 김대중 정권과 노무현 정권, 즉 보수/우파 세력에 비해 상대적으로 진보적이고 개혁적인 정권 자체에 대한 비판과 긴밀하게 연관되어 있다는 사실을 확인할 수 있다. 그리고 홍준표 원내대표가 노무현-김대중 정권을 포퓰리즘 정권으로 본다는 '이란다' 담론이 나타나 있다. 아울러, 보수 세력은 '좌파 정권', '포퓰리즘', '세금폭탄', '퍼주기'라는 자극적인 단어들을 사용하여 이들 정권 10년을 집중하게 공격했다고 지적하지만, 정작 '좌파정권'이나 '포퓰리즘' 등과 같은 비난의 근거가 무엇인지를 굳이 따지지 않는다. 심지어 그 모든 용어들이 다 나름의 쓸모가 있는 것이었다고 추인하기까지 한다. 보수 세력은 이러한 용어들로 진보 세력과의 대립 전선을 구축하고 그 토대 위에서 정치권력을 탈환하는데 성공했지만, [발췌 14]에서는 보수/우파의 담론 헤게모니 질서에 갇혀 그것을 넘어서기 위한 실천 전망을 상실해버린 진보 세력의 한계상황이 두드러지게 나타나고 있다.

이처럼 포퓰리즘과 관련한 진보 세력의 '이란다' 담론은 정권 비판뿐만 아니라 정책 비판 영역에서도 흔히 찾아볼 수 있다. 아래의 [발췌 15]을 보자.

> [발췌 15]
> 이들의 주장에는 노 대통령이 포퓰리즘적 발상에서 나온 정책의 미숙성을 인정하고 꼬리를 내리거나, 아니면 조지 부시 미국 대통령에게 면박을 당하고 돌아왔으면 하는 기대심리가 배어 있는 듯하다. 동맹관계의 파열음이 커지면 현 정권의 외교안보 노선에 근본적 문제가 있는 것이고, 이런 정권이 권력의 자리에 계속 버티고 있으면 나라가 거들난다는 주장으로 이어가고 싶은 것이다. 수구적 논리의 함정은 미국의 정책 방향에 맞춰가면 우선 큰 탈이 없고, 미국이 한국의 이익을 대충 끌어안아주리라는 믿음이다. 그렇지만 현실론으로 가장한 이런 시각이 과연 현실적으로 적합할까?[...] 국가간의 이해관계가 날로 복잡 미묘해지는 세상에서 설사 동맹관계에 있다고 하더라도 이해가 일치하지 않는 부분이 생기는 것은 자연스런 현상이다. 우리의 사활적 이익을 '자비스런' 대국이 헤아려 보살펴주리라는 것은 기대할 수 없다.(한겨레. 2005.06.09, "당당하게 조리있게")

[발췌 15]는 2005년 6월 11일의 한미정상 회담을 앞두고 노무현 정권의 동북아 균형자론이 북한 핵 위기와 한미 동맹 좌표 설정 등과 같은 엄중한 현안을 제대로 다루기에는 너무나도 미숙하고 어설픈 것이라는 보수/우파 세력의 주장을 반박하고 있다. 노무현 정권의 외교안보 정책이 '포퓰리즘적 발상에서 나왔단다'라는 '이란다' 담론이 전제되고 있지만, [발췌 15]도 앞의 [발췌 13]과 [발췌 14]와 마찬가지로 무엇이 포퓰리즘인지 규명하지 않으며, 나아가 무엇이 외교안보 포퓰리즘인지를 분명하게 밝히는 것에도 크게 관심이 없다. 물론 '동북아 균형자론'이 포퓰리즘적인 것으로 공격받는 근거가 되고 있다는 것을 추론할 수는 있지만, [발췌 15]는 그것이 과연 포퓰리즘인가 혹은 아닌가와는 무관하게, 외교안보 정책의 근본 철학이

나 원리가 무엇인가에 초점을 맞춘 논의를 전개하고 있다. 이처럼 포퓰리즘이라는 관념과 그것의 오용 및 남용을 직접적으로 문제 삼는 것보다는 각각의 현안 그 자체에 집중하는 '이란다' 담론 전략의 특징은 아래의 [발췌 16]에서도 확인할 수 있다.

[발췌 16]

분양가 상한제와 분양원가 공개를 뼈대로 한 '1·11 부동산 시장 안정화 대책'에 대해 건설업계가 반발하고 있다[...]동아·조선·중앙일보도 1·11 대책을 '반시장적 포퓰리즘 정책'으로 규정하고 "기업의 이윤 동기를 부정하는 반시장적 제도는 건설업자의 사업 의욕을 꺾어 주택 공급을 줄일 것"이라고 겁을 주고 있다[...]건설사들이 아파트 건설 수익률을 공개하지 않는 탓에, 아파트 건설로 이익을 얼마나 남기는지 정확히 알 수 없다. 다만 관련 통계를 보면, 건설사들의 주장은 지나친 엄살이 아닌가 생각된다.(한겨레. 2007.01.22., " '3대 거짓말' 중 하나")

[발췌 16]에서의 '이란다' 담론은 보수/우파 세력이 분양가 상한제와 분양원가 공개와 같은 부동산 시장 안정화 대책을 반시장적 포퓰리즘 정책으로 규정한다는 지적으로 나타난다. 여기에서도 분양가 상한제와 분양원가 공개가 포퓰리즘적 요소로 간주될 수도 있다는 추론이 가능하지만, 그것들이 어째서 포퓰리즘적이라고 비판받는지 그리고 어떤 근거에서 포퓰리즘적이라는 비판이 적절하거나 혹은 부적적한 것이라고 할 수 있는지 대한 직접적인 논의는 찾아볼 수 없다. 대신, 아파트 건설 수익률이나 아파트 건설 관련 통계에 관한 설명을 통해 분양가 상한제와 분양원가 공개가 건설사의 손해를 강요하는 것이 아니라 건설사의 이윤을 적정하게 맞추자는 것이라는 점을 강조한다. 포퓰리즘이라는 개념 자체보다는 포퓰리즘으로 공격받는 현안 자체에 대한 논의에 집중하는 '이란다' 담론의 특징이 [발췌 16]에서도 드러나고 있다.

2) '맞물기'

'이란다' 담론과 더불어 진보 세력의 가장 대표적인 포퓰리즘 담론은 포퓰리즘 딱지를 보수/우파 세력에게 그대로 되돌려 주는 이른바 '맞물기' 담론이다. 보수/우파 세력이 진보/좌파 세력을 몰아붙인 것과 동일한 방식으로 그들을 공격하는 방식인 것이다. 그래서 한편으로는 포퓰리즘 공세가 보수/우파 세력의 '전매특허'라고 규정하면서도, 다른 한편으로는 '독선적 포퓰리즘', '신자유주의 포퓰리즘', '이명박식 포퓰리즘', '조급증에 기반한 포퓰리즘', '토건 포퓰리즘', '개발 포퓰리즘' 등과 같은 조어들로써 그들을 공박한다. 아래의 [발췌 17]을 보자.

[발췌 17]

이 당선인이 수구노선으로 이동하지 않고 '화합적 자유주의'를 고수한다면, 대운하와 같은 포퓰리즘(인기영합주의) 정책으로 이전 정권과의 차별화를 꾀할 수밖에 없는 구도다. 이전 정권이 망설이면서 닦아놓은 신자유주의의 길을 넓혀 포퓰리즘을 입히는 것, 곧 이명박 정부의 정체성은 바로 신자유주의 포퓰리즘이다.(한겨레. 2008.01.15. "신자유주의 포퓰리즘")

[발췌 17]은 2007년 12월 대통령 선거에서 승리한 이명박 당선인의 향후 정책 방향을 전망하고 있다. 이명박 당선인의 핵심 공약인 대운하 건설 계획을 포퓰리즘으로 단정하고, 포퓰리즘의 의미를 '인기영합주의'로 규정한다. 그리고 이명박 정부의 정체성이 '신자유주의 포퓰리즘'이라고 논정한다. 이는 보수/우파 세력이 이전의 김대중-노무현 정권을 비난하는데 즐겨 사용한 포퓰리즘이라는 꼬리표를 그들에게 그대로 다시 돌려주는 작업이라 할 수 있다. 이러한 노력은 확실히 '이란다' 담론의 소극적이고 수동적인 대응법과는 달리,

조금 더 적극적이고 능동적인 포퓰리즘 담론 대응법이라 할 수 있다. 또한, '이란다' 담론과는 달리, 포퓰리즘이 무엇인지에 대한 일정한 정의도 제시하고 있다. 포퓰리즘은 곧 인기영합주의라는 것이다. 그리하여 진보/좌파의 포퓰리즘 이해방식은 보수/우파의 그것과 사실상 아무런 차이가 없게 된다. 이러한 '맞물기' 담론의 이러한 특징은 아래의 [발췌 18]에서도 찾아볼 수 있다.

> [발췌 18]
> '한반도 대운하', '4대강 개발', '미디어법 날치기 통과', '100% 입학사정관제 혼란' 등 이명박 정권이 역점사업으로 추진해온 정책들이 일관되게 보여주는 특징은, '조급증에 기반한 포퓰리즘'이다. 모두 다 '남이 보지 않더라도 진정'으로 국민을 섬기려는 자세와는 반대의 접근, 즉 '가장 쉽게, 가시적으로 표가 날 수 있는 정책'들만을 좇다가 나온 결과들임은 누가 보아도 분명하다.
> (한겨레. 2009.08.07. "조급증 포퓰리즘의 극복을 위하여")

[발췌 18]에서는 이명박 정권의 거의 모든 주요 정책(한반도 대운하, 4대강 개발, 미디어법, 입학사정관 등)이 포퓰리즘으로 평가되고 있음을 알 수 있다. 보수/우파의 포퓰리즘 딱지를 그들에게 고스란히 되돌려주는 '맞물기' 담론이 구동되고 있는 것이다. 포퓰리즘의 의미도 어느 정도 제시되어 있다. 포퓰리즘을 "남이 보지 않더라도 진정으로 국민을 섬기"는 것이 아니라 "가장 쉽게, 가시적으로 표가 날 수 있는 정책들만을 좇"는 것으로 파악하고 있다. 포퓰리즘이란 눈에 보이는 성과만을 추구하는 태도와 지향이라는 것이다. 하지만, 진정으로 국민을 섬기는 것이 무엇이며, 가시적으로 표가 날 수 있는 정책을 좇는 것이 왜 포퓰리즘에 해당하는 것인지에 대한 충분한 설명은 없다. 그러면서 대운하, 4대강, 미디어법, 입학사정관 등의 정책이 모두 싸잡아 포퓰리즘이라고 비판하는데, 이러한 방식은

보수/우파 세력이 김대중-노무현 정권을 포퓰리즘이라고 단정했던 방식과 사실상 별반 차이가 없다. 포퓰리즘임을 엄밀하게 규명하는 것은 별로 중요하지 않고, 간단하게 포퓰리즘이라는 딱지를 붙이는 것이 주요 목적인 것이다. 아래의 [발췌 19]를 보자.

[발췌 19]

수정론자들은 원안을 노무현 포퓰리즘의 소산물이라고 헐뜯어왔다. 그러나 정작 그들이 내세우는 수정안이 정파적 포퓰리즘에 갇혀 있는 사실을 전혀 깨닫지 못하고 있다. 역사의 기록으로 남기자는 주장은 그들식 역사인식이고, 그들식 포퓰리즘에 갇힌 모습이다. 노무현 포퓰리즘의 해악을 외치면서, 그들식 포퓰리즘을 반영한 수정안의 무리한 추진이 끼친 해악을 전혀 의식하지 못하고 있다.(한겨레. 2010.06.30. "세종시 원안+알파의 진실")

[발췌 19]는 세종시 건설을 포퓰리즘에 토대를 둔 것이라는 보수/우파의 주장을 그대로 그들에게 되돌려주어 세종시 수정안이야말로 포퓰리즘에 갇힌 것이라고 비판하는 '맞물기' 담론 전략을 보여주고 있다. 여기에서 무엇이 포퓰리즘이고 무엇이 그렇지 않은지 엄밀하게 규명하는 것은 관심 밖의 일이다. 세종시 건설 원안이 포퓰리즘이면 수정안도 포퓰리즘이고, 노무현 정권의 정책이 포퓰리즘이면 이명박 정권의 정책도 포퓰리즘이라는 단순한 논리 순환이 두드러질 뿐이다.

3) 대중영합주의

앞서 살펴본 포퓰리즘에 관한 진보/좌파 세력의 이른바 '이란다' 담론과 '맞물기' 담론은 크게 봐서 '대중영합주의' 담론의 테두리를 벗어나 있다고 보기 어렵다. '이란다' 담론은 포퓰리즘을 들이대는 보수/우파 세력의 습속을 인용하거나 전언하는 수준에서의 대응이라 할 수 있고, '맞물기' 담론은 보수/우파 세력의 포퓰리즘 담론을 고스란히 그들에게 되돌려주는 성격의 대응이라 할 수 있다. 그런데 이러한 대응법은 암묵적으로든 명시적으로든 포퓰리즘을 대중영합주의로 이해하는 보수/우파의 지배적 관념과 별반 차이가 없다. 진보/좌파 세력에게 포퓰리즘은 흔히 국민에 영향을 주기보다는 눈치 살피는데 급급한 대중추수주의, 대중의 불안 심리를 조장하고 그것을 정치적으로 활용하는 행태, 군중 심리적 여론을 좇고 근시안적인 대중의 인기에 영합하는 태도 등을 의미한다. 또한 카리스마를 지닌 정치 지도자에게 의존하고, 의회민주주의 절차를 부정하며, 반엘리트주의·반지성주의·반지식인적인 사고와 행동을 내포하는 것으로 받아들여진다. 아래의 [발췌 20]을 보자.

[발췌 20]

며칠 전 〈한겨레〉 여론조사를 보면[...]9억원을 초과하는 주택보유자의 양도세 감면에는 52.8%가, 상속세 등의 세율 인하에는 57.3%가 찬성함으로써 정부의 감세안에는 찬성하는 것을 보여주고 있다. 향후 5년간 75조원, 2012년 한해 21조원의 조세 수입 감소 효과를 갖는 정책. 결국, 1%의 상층을 대변하는 정부로도 모자라 '0.1%의 부자'을 위한 정책이란 비판이 줄을 잇는데도 국민은 아랑곳하지 않고 박수를 보낸다. 국민이 찬성한다는 것이 곧 바람직한 정책의 유일한 척도가 아닐진대, 이를 빌미로 감세 정책을 거칠 것 없이 펼치려 한다. 결국, 이명박 정부의 감세안 강행의 근저에는 대중들의 정서를 교묘히 활용하는 대중추수주의, 즉 포퓰리즘이 도사리고 있다고 볼 수 있다.(한겨레. 2008.09.11. "이명박 정부 포퓰리즘의 덫")

[발췌 20]에서는 이명박 정부가 시민의 과반 이상이 양도소득세와 상속세 등의 세율인하에 찬성한다는 여론조사 결과를 토대로 감세 정책을 추진하는 것에 대한 비판이 포퓰리즘이라는 무기를 활용하며

이루어지고 있다. 감세 정책을 포퓰리즘과 연결하는 것은 한편으로는 감세안에 대한 시민의 지지라는 객관적 상황과, 다른 한편으로는 보수/우파가 전가의 보도처럼 사용해온 포퓰리즘 카드를 그대로 그들에게 되돌려주려는 의도에서 비롯된 것으로 볼 수 있다. 그러나 원래의 취지와 의도대로 감세안이 사실은 소득 최상위 집단의 이익을 위한 것에 다름 아니라는 점을 집중적으로 부각시키면 될 것을 감세안 반대에 굳이 포퓰리즘을 끌어들임으로써 시민 다수가 찬성하는 정책을 도입하는 것이 얼마든지 대중추수주의와 인기영합주의에 빠질 수 있다는 지배적인 포퓰리즘 관념을 강화하는 결과를 초래하고 있다. 이처럼 포퓰리즘을 대중영합주의와 그와 연관된 반엘리트주의로 이해하는 진보/좌파의 언어는 아래의 [발췌 21]에서도 확인할 수 있다.

[발췌 21]

지식인의 위기론은 딱히 새로운 것은 아니다. 세계화, 신자유주의의 팽창이 본격화된 1990년대 중후반부터 학문의, 특히 인문학의 위기와 함께 운위되기 시작했던 걸로 기억한다. 여기에다 노무현 정부 출범 이후에는 정치적 포퓰리즘이 한국의 반지성주의 풍조를 부추키고 있다는 주장도 덧붙여졌다. 당시 몇몇 보수신문들이 이 교수의 생각을 크게 취급한 것도 그의 발제가 가진 전제, '노무현 정부 출범이 낳은 특징적 현상'으로서의 반엘리트주의, 반지성주의의 위험성이 강조됐기 때문으로 보인다. 사실 반지성주의-반지식인 정서는 2000년대 초반 한국 사회 문화의 특징적 흐름의 하나로 지적될 수 있다고 본다[...] 이것은 위험신호다. 이 교수가 설사 노무현 정권에 대한 비판의 하나로서 의제를 내세웠다 해도 노 정권은 국가 차원에서 지식사회와 문화의 문제를 심각하게 받아들여야 한다고 본다.(한겨레. 2004.11.17. "반지성주의는 위험하다")

2004년 11월에 명지대 석좌교수였던 이인호 씨가 당시 한국 사회의 반지성주의와 반엘리트주의의 위험성을 밝힌 것이 [발췌 9]의 소재다. 그리고 [발췌 21]은 그러한 진단에 크게 동의하고 있다. 이인호 씨를 포함한 보수/우파의 포퓰리즘과 반지성주의 주장을 인용하면서 그것이 한국 사회의 특징적인 문화적 흐름이라고 인정하고 있기 때문이다. 노무현 정부-정치적 포퓰리즘-반지성주의라는 보수/우파의 논리적 궤적을 충실히 따르고 있는 것이다. 나아가, 반엘리트주의와 반지성주의를 "심각하게 받아들여야" 할 "위험신호"로 지칭하기까지 한다. 포퓰리즘은 반엘리트주의로 표상되는 반면, 대중과 엘리트의 긴장 관계라는 민주주의의 본래적 문제를 무겁게 다루려는 노력은 결여되어 있다. 요컨대, 포퓰리즘에 관한 진보/좌파 세력의 가장 일반적인 관점은 보수/우파의 그것과 사실상 아무런 차이가 없는 관점, 즉 포퓰리즘을 대중영합주의 및 반엘리트주의와 등치하는 관념이다.

포퓰리즘이 대중영합주의로 이해되는 한, 그것이 더 많은 민주주의를 추구하는 활동을 단속하고 옥죄는 올가미로 작용할 가능성은 한층 더 높아진다. 그 효과는 진보/좌파 세력에게 특히 더 강하게 나타나기 마련이거니와, 포퓰리즘 담론 자체가 우리 사회에서는 아예 진보/좌파 세력의 민주주의 노력을 포위하기 위해 동원된 측면이 두드러진다. 이러한 딜레마에서 벗어나기 위하여 진보/좌파 세력은 대중의 지지를 추구하는 민주적 정치와 대중의 인기에 영합하는 포퓰리즘을 어떻게든 구분해 보려고 노력한다. 그리하여 정책의 '합리성', '실현가능성', '타당성', '적절성' 여부가 구분의 기준점이 된다는 결론에 종종 도달한다. 아래의 [발췌 22]를 보자.

[발췌 22]

포퓰리즘의 대표적인 사례로는 서민층의 인기를 얻기 위한 정책을 추진했던 아르헨티나의 페론주의가 있다. 포퓰리즘은 아르헨티나의 경제가 선진국으로 진입하는 문턱에서 페론주의 때문에 주저앉았다는 평가가 나오면서 주로 부정적인 의미로 쓰이고 있다. 색깔논쟁과 함께 정적을 공격하는 대표적인 무기가 된 것이다. 그런데 정치집단이 선거를 통해 권력을 쟁취하거나 유지하기 위해 대중적인 지지를 추구하는 것은 민주정치에서 당연하다. 그러면 대중적인 지지를 추구한다는 것과 대중의 인기에 영합한다는 것의 차이는 무엇인가? 그것은 정책의 합리성과 실현성 여부에 달려 있다. 일부 신문의 주장처럼 분배와 복지에 치중하는 정책 자체를 포퓰리즘이라고 매도할 일은 아니다.(한겨레. 2006.12.07. "차베스는 포퓰리스트인가?")

[발췌 22]에서는 포퓰리즘의 부정적 의미가 대중의 인기에 영합한다는 것에 기인하며, 그것이 정치적 반대파를 공격하는 대표적인 무기가 되었다는 사실이 적시되어 있다. 그러나 민주주의 정치가 대중적인 지지를 추구하는 것은 당연하다는 점을 강조한다는 점에서, [발췌 22]는 앞서 살펴본 대부분의 진보/좌파 세력 포퓰리즘 담론과는 달리 상당히 적극적이고 진전된 대응법이라 할 수 있다. 대중적인 지지를 추구하는 것을 포퓰리즘으로 치부해서는 안 된다는 관념을 부각시키고 있기 때문이다. 그런데 민주주의와 포퓰리즘의 본질적 차이점을 '대중적 지지 획득'과 '대중의 인기 영합'의 구분이라는 사실상의 신기루에서 찾는다는 점에서, 이러한 접근법은 여전히 보수/우파 세력의 포퓰리즘 프레임에서 벗어나지 못하는 한계를 보인다. 어떤 노선과 정책도 정치적 관점에 따라 대중의 지지를 추구하는 것으로 보일 수도 있고 대중의 인기에 영합하는 것으로 매도될 수도 있다. 마찬가지로, 합리적이며 실현 가능한 것으로 평가될 수도 있고 비합리적이며 실현 불가능한 것으로 폄하될 수도 있다. 이와 거의 동일한 문제를 아래의 [발췌 23]에서도 찾을 수 있다.

[발췌 23]

대중주의 또는 대중영합주의라고도 하는 포퓰리즘의 어원은 라틴어 포퓰라리스다. 인민에게 속한다는 의미다. 정치적으로 포퓰리즘이 주목받게 된 것은 1892년 미국에서 노동조합과 농민이 결정한 인민당이 등장하면서다. 인민당 실험은 성공적이지 못했다. 단순하고 조잡한 선동정치로 흘렀다는 비판을 받았기 때문이다. 이후 포퓰리즘이란 용어는 부적절한 수단을 통해 인민에게 구애한다는 의미로 바뀌어갔다. 정치인들이 권력 유지를 목적으로 합리적 정책판단 없이 대중의 인기를 얻기 위한 선심 정책을 양산하는 일이 대표적인 사례다. 그렇다면 어떤 정책이 포퓰리즘적인가를 판별하는 기준은 제안된 정책의 적절성과 타당성이 될 것이다. 무상급식 문제도 이런 각도에서 살펴볼 수 있다.(한겨레. 2010.03.17. "포퓰리즘")

"대중주의", "대중영합주의", "단순하고 조잡한 선동정치", "부적절한 수단을 통해 인민에게 구애", "대중의 인기를 얻기 위한 선심 정책을 양산" 등의 용어들로 포퓰리즘을 정의한다는 점에서 [발췌 23]은 앞의 '대중영합주의' 포퓰리즘 담론과 크게 다르지 않다. 그런데 [발췌 22]와 유사하게, 대중의 지지를 추구하는 것과 선심 정책을 양산하는 것의 차이를 밝히려 한다는 점에서, 단순한 '대중영합주의' 담론에서 한 발짝 더 나간 논의를 하고 있다. 하지만, 정책의 타당성과 적절성을 포퓰리즘 여부의 결정적 기준으로 삼는 관점은 그 타당성과 적절성을 객관적이고 중립적인 방식으로 측정할 수 있다는 전제가 없이는 성립되기가 어려운 관점이라 할 수 있다. 그런데 정책의 적절성과 타당성은 보는 관점에 따라 얼마든지 다르게 평가되고 판단될 수 있는 매우 정치적인 문제이다. [발췌 23]은 포퓰리즘의 편별 기준을 제안된 정책의 적절성과 타당성에서 찾지만, 그러한 적절성과 타당성을 판별할 기준 자체가 모호하다는 점에서 무엇이 포퓰리즘인가라는 의문은 여전히 해소되지 않으며 적절성과 타당성 기준은 결국 공허한 수사에 지나지 않는다는 지적을 할 수 있다. 사실, 포퓰리즘 여부를 판단하기 위해 정책의 합리성을 따진다는 말은 주객전도의 발상에서나 나올 법한 이야기다. 민주주의 사회에서 모든 정책이 기본적으로 시민과 대중의 지지와 인기를 추구한다는 것은 당연한 말이며, 그것의 적절성과 타당성은 그 자체로 엄격한 평가의 대상이 된다는 점도 두말할 나위가 없다. 정책의 적실성에 대한 평가는 포퓰리즘 여부를 규명하기 위해 벌이는 작업이 아니며, 따라서 포퓰리즘 관념과도 반드시 결부될 이유는 없다.

4) 더 많은 포퓰리즘

진보/좌파 세력의 가장 적극적인, 그러나 동시에 가장 덜 발전된 포퓰리즘 담론은 이른바 '더 많은 포퓰리즘' 담론이다. 논리적 측면에서 그것은 보수/우파의 포퓰리즘 공세를 가장 전면적으로 반박하는 내용으로 이루어져 있지만, 현실의 측면에서 그것은 진보/좌파 세력이 가장 덜 사용하고 가장 저평가한 입장이라고 할 수 있다. 무엇보다도, '더 많은 포퓰리즘' 담론은 대중의 의사를 충실히 반영하고 대중의 뜻에 귀를 기울이는 정치를 곧 '포퓰리즘', '대중추수' 혹은 '대중영합 인기주의'로 규정하는 것을 조준한다. 그것은 포퓰리즘이 아니라 민주주의라는 것이다. 포퓰리즘으로 민주주의를 포위하려는 보수/우파의 담론 전략을 폭로하고, 만일 대중의 요구를 충실히 반영하는 것이 포퓰리즘이라면 우리에게는 더 많은 포퓰리즘이 필요할 뿐이라는 사실을 강조하는 담론이다. 아래의 [발췌 24]를 보자.

[발췌 24]

대선 결과에 대해 대화를 나누는 도중 그는 새 당선자가 '포퓰리즘'에 빠져서 나라 일을 그르치지 않을까 걱정이라고 했다. 그는 포퓰리즘을 '대중추수' 혹은 '대중영합'에 의한 인기주의라는 뜻으로 사용한 것으로 보인다. 한마디로 대중 또는 민중(어쩌면 그 안에는 '우중'이라는 함의도 있는지 모르겠다)의 집단적 요구에 뇌동해서 뭔가 급격한 변화를 일으킬까 두려운 것이다[...]하지만 그것을 포퓰리즘의 근거로 보는 것은 잘못된 것이다. 자기의 입장을 대변하는 대표를 직접 자기 손으로 뽑는 것은 포퓰리즘이 아니라 직접민주주의가 아니었던가? 대중의 뜻을 두려워하고 그에 귀를 기울이는 일은 어느 지도자든 갖추어야 할 제일의 덕목이 아니었던가?[...]아마도 그런 사람들은 새 당선자가 좋아한다는 링컨의 '인민의, 인민을 위한, 인민에 의한' 운운하는 민주주의의 금과옥조 같은 그 유명한 말도 전형적인 포퓰리즘 수사학으로 간주할 것이다[...]우리에게는 더 많은 포퓰리즘이 필요하다.(한겨레. 2003.01.20. "기득권층의 히스테리")

[발췌 24]에서, 포퓰리즘을 대중인기영합주의로 이해하는 사람에게 링컨의 '인민의, 인민을 위한, 인민에 의한'이라는 표어조차도 포퓰리즘의 전형적 수사로 간주될 것이라는 지적은 매우 높은 통찰력을 보여준다. 민주주의적 요구를 대중영합주의나 포퓰리즘으로 호도하지 말라는 것이다. 그리고 만일 대중의 의사를 중시하는 것을 민주주의 덕목을 굳이 포퓰리즘이라고 부른다면 그러한 포퓰리즘은 많을수록 더욱 좋다는 주장까지 개진된다. [발췌 24]에서, 보수/우파 세력의 포퓰리즘 담론이 대중의 민주적 요구를 검열하고 통제하고 포위하는 주요 수단임을 명확하게 폭로하고, 포퓰리즘 프레임을 민주주의 프레임으로 맞서는 모습을 확인할 수 있다. 이와 유사한 대응법은 아래의 [발췌 25]에서도 나타난다.

[발췌 25]
일본 민주당이 한국 야당에 주는 해답은 명확하다. 첫째, 보수와 여당이 입에 거품을 물고 선심공약과 포퓰리즘이라고 비판을 하는 공약을 만들어야 한다. 이명박 정부의 부자 감세와 4대강 사업에 쏟아붓는 재원이라면 일본 민주당에 못지않은 주거, 일자리, 교육에 관해 '선심공약'을 만들 수 있다. 보수 진영의 선심공약, 포퓰리즘 프레임을 깨야 한다.(2009.09.11. 한국 야당, "'선심공약'이 살길이다")

2009년 8월 30일 일본 의회 선거에서 민주당이 승리함으로써 54년간의 자민당 장기집권 체제가 무너졌다. [발췌 25]는 일본 민주당 승리의 원인을 밝히고 그것이 한국 야당에 갖는 함의를 제시한다. 일본 민주당의 주요 승인은 '중학교 졸업까지 1인당 월 2만6천엔 지급', '공립고 수업료 무료화', '고속도로 무료화', '중기 법인세율 인하' 등과 같은 서민 대중을 겨냥한 직접 지원, 즉 자민당이 '선심 공약'이라고 비난한 공약 덕분이었다고 보고, 한국의 야당이 더 많은 대중적 지지를 얻기 위해서는 주거, 일자리, 교육 등에 관한 더 많은 선심 공약과 더 많은 포퓰리즘이 필요하다는 주문을 하고 있다. 선심 공약과 포퓰리즘 프레임에 갇혀 스스로의 발목을 잡을 것이 아니라 그것을 깨고 서민 대중의 요구와 이해에 좀 더 적극적이고 직접적으로 결합하는 노력이 필요함을 역설한다.

5) 전체주의

진보/좌파 포퓰리즘 담론의 가장 마지막 범주이자 가장 덜 제기된 관념은 바로 이른바 '전체주의' 담론이다. '전체주의' 담론은 포퓰리즘의 본래적 의미를 대중의 인기를 좇고 그것에 영합하는 것에서가 아니라 시민들 사이의 다양성을 인정하지 못하는 전체주의적 사고법에서 찾는다. 대중의 인기를 좇는 것에 관한 한, 민주주의와 근본적으로 다르지 않기 때문에 그것을 놓고 민주주의와 포퓰리즘을 억지로 대립시키는 것은 무망한 일이다. 대신, 포퓰리즘은 그것의 전체주의적 경향 때문에 민주주의와 분명하게 대립한다는 것이 '전체주의' 담론의 핵심 주장이다. 아래의 [발췌 26]을 보자.

[발췌 26]

포퓰리즘을 진짜 포퓰리즘으로 만드는 결정적 요소는 위에서 열거한 민주주의와 사실상 다를 바 없는 특성들이 아니라, 그것의 권위주의 혹은 전체주의 성향과 다원주의에 대한 적대적 태도다. 포퓰리즘에서 시민은 공통의 의지와 단일한 의해관계를 가지고 있는 동질적 실체다. 그리고 시민의 동질성을 위협하는 모든 이질성은 정치공동체에서 배제되고 파괴되어야 한다. 여기에서는 다양한 욕구와 견해와 가치관을 가진 개별 주체들과 집단의 일시적 집합체로서 시민 관념이 들어설 여지가 없다[...]예컨대, '대한민국의 국가 정체성'이라는 말로 자신과는 다른 견해와 관념을 지닌 모든 사람들을 '반대한민국 세력', '대한민국 정체성 부정 집단'으로 규정하는 행위야말로 포퓰리즘 혹은 전체주의적 발성의 전형적인 모습이라 할 수 있다.(한겨레. 2010.11.29. "포퓰리즘, 민주주의, 전체주의")

[발췌 26]은 인민 주권 혹은 시민의 주권적 지배가 포퓰리즘과 민주주의의 양자 모두의 근본 원리라는 점에서 서로 중요한 공통분모를 가진 것으로 간주한다. 실제로 자유주의는 권력의 정치적 정당성이 법의 지배에서 나온다고 믿지만, 민주주의와 포퓰리즘은 그것이 시민에 있다고 본다. 그 이유는 법의 지배가 실제로는 강자의 지배를 은폐하고 강화하는 수단으로 전락할 위험이 큰 반면, 통치자와 피통치자 사이의 동일성만이 주권자로서의 시민의 의지가 제대로 실현될 수 있도록 한다고 보기 때문이다. 그래서 흔히 포퓰리즘이 보통 사람들의 힘에 호소하고 그들과 엘리트 사이의 적대를 강조하는 특성을 보인다고 하지만, 시민의 의사에 반하여 자신들만의 이익을 탐하는 권력 엘리트를 무책임하고 부패한 특권 집단이라고 비난하는 것은 민주주의 규범과 상치하는 것이 아니다. 엘리트가 시민의 의지를 제대로 대변하지 못한다고 판단할 때, 국민투표나 주민 소환과 같은 직접 민주주의 요소들을 도입해야 한다는 주장도 민주주의

규범에 어긋나는 포퓰리즘으로 간주될 수 없다. 인민주권이라는 민주주의 이념과 선출된 권력 엘리트에 의한 그것의 실행 사이에 존재하는 긴장에 주목하는 것은 포퓰리즘이 아니며 민주주의의 근본원리와 매우 잘 부합한다. 요컨대, [발췌 14]에 나타나듯이, 포퓰리즘을 민주주의와 구분시켜주는 것은 그것의 전체주의 경향이지, 인민에의 호소, 권력 엘리트 비판, 시민의 정치 참여와 직접 민주주의 강조 등이 아니다. 따라서 포퓰리즘이라는 딱지는 더 많은 민주주의를 원하는 사람들이 아니라, 오직 하나의 시민 정체성과 국가 정체성을 강요하고, 그것에 대한 다양한 해석과 견해를 불용하고 죄악시하는 집단에게 돌려주는 것이 마땅하다는 관점도 진보/좌파의 포퓰리즘 담론의 한 요소를 구성하는 것으로 볼 수 있다.

3. 결론

포퓰리즘 담론은 보수/우파 세력이 김대중과 노무현의 두 개혁파 정부가 지녔던 정당성의 민주적 기반을 흔들기 위하여 2000년대 초중반에 한국 정치에 도입하기 시작한 담론이다. 포퓰리즘의 의미를 거의 전적으로 대중영합주의로 번역하는 한편, 그것이 민주주의와는 어떤 유사성과 차별성을 갖는지에 대해서는 침묵함으로써, 보수/우파 세력은 민주주의 관념과 포퓰리즘 관념을 사실상 서로 구분할 수 없는 관념으로 뒤섞는데 상당한 성과를 거두었다. 2007년 대통령 선거에서 보수/우파 세력이 승리함에 따라, 포퓰리즘 담론은 이전처럼 더 이상 개혁파 정권 자체를 비판하기 위한 도구로서가 아니라 보수/우파 정권이 추진해야 할 정책의 방향타로서 본격적으로 활용되기 시작하였다. 보수/우파의 대결 상대가 더 많은 민주주의를 추구하는 '정부'에서 더 많은 민주주의를 지향하는 '정책'으로 이전한 셈이다. 보수/우파의 포퓰리즘 담론에 대한 진보/좌파 진영의 반응은 기본적으로 수동적, 소극적이다. 많은 경우, 진보/좌파 세력에게 포퓰리즘은 보수/우파의 언어, 즉 남의 말에 다름 아니며, 그래서 그들은 그것을 남 말 하듯 사용하는 경향이 있다. 다른 한편으로는, 포퓰리즘을 대중영합주의로 번역하는 보수/우파의 관념을 그대로 수용하여 포퓰리즘의 반사경을 되돌려주는 담론 전략을 사용하기도 한다. 하지만 진보/좌파 진영의 이러한 대응법은 파국적 실패를 예기하는바, 민주주의와 포퓰리즘을 구별해내지 못하는 진보/좌파 세력의 무능 속에서 민주주의의 가치와 요구는 점점 더 축소되고 위축되기 때문이다. 포퓰리즘이 대중의 요구를 따르려 한다는 민주주의적 요소를 가지고 있는 한, 더 많은 포퓰리즘 혹은 더 많은 민주주의가 필요하다고 주장하는 담론 전략을 구사할 필요가 있다. 우리가 거부하고 비판해야 할 포퓰리즘은 시민의 다양성과 이질성을 인정하지 않고 획일성을 강요하는 그것의 전체주의 얼굴이라는 점을 강조하는 담론 전략을 실행해야 할 것이다.

제8장

공위 공직자 담론

이 장은 진보/좌파와 보수/우파의 고위 공직자 담론을 분석한다. 고위 공직자에 대한 인사청문회 검증의 기본 취지, 주요 검증 항목, 검증의 핵심 쟁점, 검증 관련 논란에 대한 대처 전략 등을 살펴본다. 인사청문회 도입의 근본 취지가 삼권 분립 원리에 따른 대통령 인사권 견제라는 점에는 보수/우파와 진보/좌파 사이에 커다란 이견은 없다. 그러나 청문회 대상 고위 공직자 인사권은 대통령의 고유 권한이라는 점에 대해서는 두 세력 사이에 상당한 입장차가 존재하며, '대통령의 국회 의견 존중' 규정 도입이나 모든 인사청문회 대상 공직자의 국회 인준과 같은 법 개정 필요성이 제기되기도 한다. 그리고 후보자의 도덕성, 자질, 능력 등이 주요 검증 요소로 간주되지만, 보수/우파는 사상 검증에 진보/좌파는 도덕성 검증에 집중하는 경향이 있다. 대부분의 고위 공직자가 부동산 투기, 세금 탈루, 병역 특례, 논문 표절 등과 같은 도덕성 의혹으로부터 자유롭지 못한 상황에서, 그것이 사회 지도층에 대한 시민의 신뢰를 가로막는 요소라는 지적에서부터, 시민의 높아진 도덕적 기준을 충족시켜 줄 수 있는 집단은 성직자들뿐일 것이라는 주장, 그리고 심지어는 인사 검증이 신상털기식 여론재판으로 흐르고 있다는 목소리에 이르기까지, 다양한 도덕성 의혹 대처 담론들이 제기되고 있다.

1. 인사청문회 검증 취지: '인사권 제한'과 '고유 인사권'

인사청문회는 대통령이 지명한 고위 공직후보자에 대한 국회의 검증 절차로서 김대중 정부 시기인 2000년 6월에 처음 도입되었다. 2014년 5월 28일 개정법 기준으로 국회의 임명 동의가 필요한 인사청문회 대상자는 국무총리, 대법원장 및 대법관, 헌법재판소장, 감사원장, 국회에서 선출하는 헌법재판소 재판관 및 중앙선거관리위원회 위원을 포함한다. 그리고 국회의 인준 절차가 필요치 않은 대상자는 대통령과 대법원장이 지명하는 헌법재판소 재판관과 중앙선거관리위원회 위원, 국무위원(장관), 방송통신위원장, 국가정보원장, 공정거래위원장, 금융위원장, 국가인권위원장, 국세청장, 검찰총장, 경찰총장, 합동참모의장, 한국은행 총재, 특별감찰관, 한국방송공사 사장을 포함한다. 그리고 한국의 보수/우파와 진보/좌파는 인사청문회의 근본 취지가 삼권 분립 원칙에 따른 대통령의 인사권 견제에 있다는 사실에 커다란 이견이 없다. 아래의 [발췌 1]과 [발췌 2]를 보자.

[발췌 1]

대통령이 임명권을 가진 정무직 고위 공직후보에 대한 국회 인사청문회는 후보의 자질과 능력, 도덕성을 검증해 공직임명이 정치적 보상 수단으로 남용되는 것을 막자는 것이다. 공직 희망자에게 경각심을 불러일으키는 효과도 있다. 헌법상 국회의 임명 동의를 필요로 하는 공직후보에 그치지 않고, 동의가 필요없는 국가정보원장, 검찰총장, 경찰청장, 국세청장 후보까지 청문회 대상을 넓힌 것도 그런 뜻에서다.(한겨레. 2005.06.18. "바람직한 인사청문회 대상 확대 논의")

[발췌 2]

국정원장 검찰총장 국세청장 경찰청장 등 4대 권력기관장에 대한 인사청문회 실시는 '정치개혁'의 하나로 여야 합의 아래 국회 정치개혁특위가 도입한 것이다. 즉 '제왕적 대통령'을 방지하기 위해 종래 통치자에게 '전가(傳家)의 보도(寶刀)' 노릇을 해온 권력기관장의 임명을 대통령이 마음대로 못하도록 국회의 견제장치를 신설한 것이다.(동아. 2003.05.01. "盧의 '부적절한' 밀어붙이기")

노무현 정부 시기에 개진된 진보/좌파와 보수/우파의 인사청문회 취지에 대한 근본 입장은 각각 [발췌 1]과 [발췌 2]에서 볼 수 있는 바와 같이 "공직임명이 정치적 보상 수단으로 남용되는 것을 막자는 것"과 "'제왕적 대통령'을 방지하기 위해 종래 통치자에게 '전가의 보도' 노릇을 해온 권력기관장의 임명을 대통령이 마음대로 못하도록" 이라는 것으로 표현되고 있다. 대통령의 인사권 견제가 근본 취지라는 것이다. 청문회 근본 취지에 대한 두 세력의 이러한 관점에는 이명박 정부의 등장 이후에도 커다란 변화는 없다. 진보/좌파는 인사청문회 제도가 형식적인 통과의례가 되어서는 안 되며, 주요 공직후보의 능력, 자질, 도덕성을 검증하여 대통령의 무분별한 인사권 남용을 견제하는 실질적인 민주주의 제도가 되어야 한다는 점을 지속적으로 강조했다. 보수/우파도 권력 장악 이후 집권자가 직면하는 어려운 문제들 중의 하나가 바로 인사 문제이며, 권력의 한 자리를 기대하는 수많은 공신들에게 오히려 '의리'를 지키지 않는 것이 정권의 성공을 위해 필요하다는 점을 역설했다.

그리고 인사청문회 취지에 대한 이러한 기본 인식은 흔히 대통령의 인사권 행사가 국회의 의견을 존중하는 방향으로 이루어져야 한다는 적극적인 요구로 이어진다. 국회의 반대 의견에도 불구하고 대통령이 일방적으로 후보자를 임명하는 것은 인사청문회 취지에 역행하는 처사라는 것이다. 아래의 [발췌 3]과 [발췌 4]를 보자.

[발췌 3]

국회가 '부적절' 평가를 내린 고영구씨를 국정원장에 임명해 정국 대치상태를 초래한 데 이어 그동안 야당이 반대 의사를 명확히 밝혀온 서씨를 국정원 기조실장에 잇따라 임명한 것은 한마디로 '당신들이 안 된다고 할수록 나는 하겠다'는 식의 독선과 오기의 결과가 아닌가. 노 대통령의 서씨 임명은 이제 국회 인사청문회의 근본 취지를 무시한 차원을 넘어 국회 및 야당의 존재 자체를 인정하지 않겠다는 극단적 선택으로 비칠 수 있다.(동아. 2003.05.01. "국정원 인사, 상생포기 선언인가")

[발췌 4]

그러나 박 대통령의 장관 임명 내용은 매우 유감스럽다. 야당이 부적격 판정을 내린 후보자들한테도 빠짐없이 임명장을 준 것은 국회 인사청문회의 존재 의의를 무색하게 한다. 박 대통령은 야당 대표 시절에는 "대통령이 국무위원 국회 청문회의 입법 취지를 무시한다"고 곧잘 비판했으나 정작 자신은 국회를 존중하는 시늉조차 내지 않았다. 특히 황교안 법무부 장관의 경우 공직 퇴임 후 과도한 전관예우 혜택 등으로 새누리당 안에서도 자진사퇴 요구가 제기됐으나 박 대통령은 눈도 꿈쩍하지 않았다.(한겨레. 2013.03.12. "'누더기 내각'으로 새 시대를 열 셈인가")

[발췌 3]에서 알 수 있는 바와 같이, 보수/우파는 노무현 정부가 야당의 반대에도 불구하고 공직자를 임명하는 것은 인사 청문회의 근본 취지와 국회 및 야당을 무시하는 독선과 오기에 다름 아니라고 비판한다. 그러나 보수/우파의 이러한 비판은 2008년 이후 이명박과 박근혜의 보수/우파 정권 고위공직자 임명 강행에 대해서는 현저하게 줄어드는 반면, 비판의 주요 초점이 공직후보자 인사청문회를 지연시키는 야당의 행태가 국회의 권한 남용에 해당한다는 점을 부각시키는 것으로 바뀌어갔다. 다른 한편으로, 노무현 정부 고위 공직자 임명에 대하여 진보/좌파는 대통령이 야당의 임명 철회

주장을 무조건 외면해서는 안 되며, 의견의 합리적 부분과 그렇지 않은 부분을 구별하여 국회 의견을 존중하는 정치 문화를 만들어 갈 것을 주문한다. 이명박 정부의 고위 공직자 임명에 대해서도 자질과 도덕성의 측면에서 하자가 많은 후보자들의 임명을 강행하는 것은 독선이며 국회와 국민을 무시하는 것이라고 비판한다. 그리고 [발췌 4]에서 알 수 있는 바와 같이, 박근혜 정부에 대해서도 대통령이 야당의 의견을 전혀 고려하지 않고 공직후보자 임명을 강행한 것은 "인사 청문회의 존재 의의를 무색하게" 하고 "국회를 존중하는 시늉조차 내지 않"는 독선에 다른 아니라고 비판한다.

그러나 대통령 인사권 견제와 국회 의견 존중이라는 인사 청문회의 근본 취지에 대한 대체적인 공감에도 불구하고, 진보/좌파와 보수/우파는 대통령의 궁극적인 고유 인사권 문제에 대해서는 상당한 이견을 드러낸다. 아래의 [발췌 5]와 [발췌 6]을 보자.

[발췌 5]

거대 야당이 대통령의 적법한 인사에 대해 "오기"니 "독선"이니 하면서 고유한 인사권에 간여하고 나아가 이를 부정한다면 그것은 우월적 지위를 이용한 월권으로 삼권분립 원칙에도 맞지 않는다.(한겨레. 2003.05.02. "취임 한 주일 만에 사퇴하라니")

[발췌 6]

노 대통령은 인사문제에 있어서 홀로 책임을 져야 한다는 강박관념이나, 인사권은 대통령의 침해할 수 없는 고유권한이라는 독단에서 벗어나야 한다. 대통령제하에서 삼권분립은 견제를 통한 공동책임의 정신을 내포하고 있기에 국회 역시 고위직 인사 충원에 있어 공동책임의 한 축이다.(동아. 2003.10.06. "코드 人事, 개혁피로 부추긴다")

삼권 분립이라는 원리가 [발췌 5]와 [발췌 6]의 각기 상반되는 주장의 핵심 근거로 활용되고 있다. 노무현 정부 집권기에 진보/좌파는 대통령의 국무위원 임명이 국회 의견을 존중하고 반영하는 것이어야 한다는 점을 중시하면서도, 청문 공직자 임명은 궁극적으로 대통령의 고유 권한에 속하는 것이라는 사실을 강조한다. 이는 [발췌 5]에서와 같이 야당이 수적 우세를 바탕으로 대통령의 고유 인사권을 부정하고 침해하는 행태는 삼권분립 원리에 위배된다는 주장으로 이어진다. 반면, 같은 시기에 보수/우파는 종종 고위 공직 후보자에 대한 의견 제시 수준을 뛰어넘어 지명 철회를 요구하는 모습을 보였다. 그리고 이는 [발췌 6]에서 볼 수 있는 바와 같이, "인사권은 대통령의 침해할 수 없는 고유권한"이라는 관념을 대통령의 잘못된 "독단"으로 규정하는 행태로 나타난다. 국회의 요구에 부응하는 대통령의 인사권 행사야말로 삼권분립의 정신에 부합한다는 것이다.

보수/우파의 이러한 논리는 국회의 의견과 요구를 수용하지 않는 대통령의 인사권 행사를 견제하기 위해 국회 의견이 더 강한 구속력을 가질 수 있도록 인사청문회법을 개정할 필요가 있다는 주장으로 이어지기도 한다. 아래의 [발췌 7]을 보자.

[발췌 7]

권력기관장 청문회의 근본취지가 권력 분립 원칙에 입각해 대통령의 인사권을 견제하려는 것이라는 점을 생각하면 답은 분명해진다. 이번에 나타난 논란과 시비의 소지를 없애기 위해서라도 국회 의견이 더 강한 정치적 구속력을 갖도록 청문회법을 보완할 필요가 있다. 대통령의 국회 의견 존중 의무를 명기한 선언적 규정을 신설하는 것도 한 방법이다.(동아. 2003.04.28. "국회 존중 그렇게 강조하더니")

[발췌 7]에서는 국회 의견 존중과 대통령 인사권 견제를 강제할 수 있는 하나의 방안으로 "대통령의 국회 의견 존중 의무를 명기한 선언적 규정"의 도입이 제시되고 있다. 국회 인준이 필요한 인사청문회 대상자의 범위를 확대하는 것이 가장 실효성 있는 대안이 될 수도 있겠지만, 여기에서는 그것보다는 국회 인준이 필요하지 않는 대상자의 공직 임명 과정에 대통령의 국회 의견 존중 규정을 신설함으로써 국회의 영향력 확대를 꾀하는 모습을 확인할 수 있다. 그런데 이와 유사한 문제의식은 대통령의 고유 인사권을 존중하는 진보/좌파 담론에서도 종종 확인된다. 국회 인준이 필요하지 않은 인사청문회 대상자의 공직 임명은 궁극적으로 대통령의 고유 권한이라 할 수 있지만, 만일 그러한 인사권 행사가 지속적으로 국민과 국회의 의견을 존중하지 않는 방식으로 이루어진다면, 모든 해당 공직자에 대하여 국회의 임명 동의를 필수적으로 요구하는 방향으로 인사청문회법을 개정할 필요가 있다는 것이다. 아래의 [발췌 8]을 보자.

> [발췌 8]
> 대통령 맘먹기에 따라 인사청문회 제도가 통과의례에 불과하다는 게 드러난 만큼, 이번 기회에 청문회 대상이 되는 모든 공직자에 대해 미국처럼 국회에서 표결하는 것을 도입할 필요가 있다. 그래야 대통령의 독선을 조금이나마 제어할 수 있지 않겠는가.(한겨레. 2008.03.14. "이 대통령의 독선적인 인사 강행")

[발췌 8]에서, 도덕적 의혹을 받고 있는 고위 공직후보자들이 국회의 많은 반대에도 불구하고 대부분 임명되는 이명박 정부의 인사청문회는 사실상 "통과의례"에 불과하다. 그리고 대통령의 고유 인사권이 이처럼 계속 대통령의 "독선"과 독단을 불러온다면, 미국처럼 인사청문회 대상 고위공직자 모두에게 국회 인준을 받도록 하는

인사청문회법 강화가 필요한 일이 된다. 이처럼 진보/좌파는 보수/우파 대통령이 고유 인사권을 근거로 고위 공직자를 독단적으로 임명하는 행태에 대하여, 고유 인사권 자체를 제한하는 법률의 도입을 통해 문제를 해결하려 하는 훨씬 더 급진적인 모습을 보인다. 인사청문회 대상 고위공직자의 범위를 넓히는 것과 국회 인준 대상 공직자의 폭을 확대하는 것은 모두 민주주의에 대한 기본적인 진보/좌파적 지향과 배치되는 일이라고 보기는 어려울 것이다.

2. 고위 공직자 검증 내용: '코드 인사'와 '사상 검증'

고위 공직후보자에 대한 인사청문회에서 진보/좌파와 보수/우파는 공통적으로 후보자의 도덕성, 자질, 능력 등을 주요 검증 요소로 간주한다. 흔히 후보자의 공/사 생활, 윤리 의식, 인품 등은 도덕성 평가와 관련되고, 상황 판단력, 추진력, 종합적 안목, 정책 능력, 전문성 등은 능력 평가와 관련되며, 민주주의에 대한 신념, 헌법 의식, 인권 감수성, 소수자 보호, 소외 계층에 대한 관심, 잘 사는 사회와 공정한 사회에 대한 균형 감각, 역사의식, 개혁성, 포용력, 국정 철학, 이념 성향, 정치적 중립성과 독립성 등은 자질 평가와 관련된다. 아래의 [발췌 9]와 [발췌 10]에서 볼 수 있듯이, 이러한 검증 요소들은 대체로 진보/좌파와 보수/우파가 공통적으로 강조하는 고위 공직자의 필수 덕목이다.

[발췌 9]

무엇보다 '이미지 청문회'를 경계한다. 나이와 이미지가 청문회 본질을 왜곡해서는 안 될 것이다. 자질과 능력으로 국무총리 적격성 여부를 판단할 일이다[...]특히 국정 철학과 실천 능력에 대한 검증은 진지하고도 깊게 다뤄야 한다는 점을 강조한다. 국무총리의 으뜸 덕목은 뚜렷한 역사의식을 바탕으로 국정을 총괄·조정하는 능력에 있다. 그만큼 총리의 개혁성과 추진력은 중요하다.(한겨레. 2004.06.10. "총리후보 검증, 냉철·공정하게")

[발췌 10]

국가정보원장 검찰총장 국세청장 경찰청장인 '빅4'는 헌법상 국회의 임명동의 대상은 아니다. 그런데도 국회 인사청문회를 거치도록 한 것은 이들이 과거 직급과는 관계없이 '제왕적 권력'을 지탱하는 핵심적 역할을 해 왔기 때문이다. 따라서 이들의 도덕성과 자질, 정치적 중립 의지 및 정책 해결 능력 등을 꼼꼼히 점검해 적정 인사인지를 가리는 것은 국회, 특히 야당에 주어진 책무다.(동아. 2003.03.17. "'빅4 청문회' 대충 넘길 일 아니다")

[발췌 9]에서, 진보/좌파는 노무현 정부의 인사청문회가 고위 공직후보자의 자질, 능력, 국정 철학, 실천 능력, 역사의식, 국정 총괄·조정 능력, 개혁성, 추진력 등을 검증하는 것이어야 사실을 강조하고 있음을 알 수 있다. 그리고 [발췌 10]에서 볼 수 있는 바와 같이, 보수/우파도 노무현 정부 고위 공직 후보자의 인사청문회가 도덕성, 자질, 정치적 중립 의지 검증에 초점을 맞추어야 한다는 점을 강조하고 있다. 그런데 도덕성과 능력의 중요성에 대한 이러한 대체적인 의견 수렴에도 불구하고, 진보/좌파와 보수/우파 사이에는 고위 공직자의 자격 요건에 관한 결코 사소하다고 볼 수 없는 의견 차이도 존재한다. 도덕성과 능력에 덧붙여, [발췌 9]에서는 국정철학, 역사의식, 개혁성 등과 같은 덕목들이, [발췌 10]에서는 정치적 중립성과 독립성과 같은 요소들이 부각되고 있다. 이러한 차이점은 우선적으로, 노무현 정부가 개혁 과제를 적극적으로 추진하기를 기대하는 진보/좌파의 요구와, 이와는 반대로 노무현 정부의 권력을 제한하려는

보수/우파의 문제의식에 기인한 것으로 이해할 수 있다. 그런데 이러한 입장의 차이는 종종 이른바 '코드 인사'와 '사상 검증'을 둘러싼 보수/우파와 진보/좌파 사이의 첨예한 대립으로 발전한다. 보수/우파는 공직 후보자의 국정 철학이나 역사의식 그리고 개혁성 등을 대통령의 '코드 인사'와 연결시키는 반면, 진보/좌파는 후보자에 대한 사상 검증을 색깔론과 연결시키는 경향이 있다. 아래의 [발췌 11]을 보자.

> [발췌 11]
> 노 대통령은 '정치권 눈치를 보지 않고 대통령 뜻도 거스를 수 있는 실무형 인사'를 찾고 있으나, 참모들이 오히려 '대통령의 철학과 의중을 잘 알고 대통령과 교감이 있는 중량급인사' 기용을 건의하고 있다니 고개를 갸웃할 수밖에 없다. 대통령의 의중을 잘 알아야 한다는 것과 정권을 위해 봉사해야 한다는 것은 결국 같은 말 아닌가. 또한 권력에 대한 아부와 대통령과의 교감은 종이 한 장 차이 아닌가.(동아. 2003.03.04. "'권력아부' 배격과 '빅3' 인선")

[발췌 11]에서, 대통령과 국정 "철학"을 공유하고 "대통령의 의중"을 잘 아는 후보자의 임명은 '코드 인사'가 된다. 그리고 그것은 "정권을 위해 봉사"하는 것이고 "권력에 대한 아부"와 같은 것이 된다. 실제로, 당시 윤성식 감사원장 후보자는 노무현 대통령이 자신과 코드가 맞는 인사를 내세웠다는 비판을 견디지 못하고 후보 사퇴를 하였다. 이 밖에도, 고영구 국정원장, 김두관 행정자치부 장관, 최낙정 해양수산부 장관 등 다른 많은 공직 후보자 지명에 대해서도 보수/우파는 '코드 인사'라는 공세를 벌였다. 그러나 이명박 정부가 등장한 이후, 보수/우파는 일각에서 대통령의 정치 스승 혹은 멘토로 불렸던 최시중씨의 방송통신위원장 후보지명을 그가 오히려 방송의 정치적 독립성과 중립성을 지킬 수 있는 인물이라며 두둔하였다. 또

한 대통령의 친형인 이상득 의원을 정국을 깊게 보고 대통령의 시야를 넓힐 수 있는 '시대의 어론' 혹은 '현인'으로 추켜세웠다. 심지어는 대통령과 가까운 인사를 기용하는 '측근 인사'나 '회전문 인사'는 김대중과 노무현 정부에 더하면 더했지 결코 덜하지 않았다며 이명박 대통령의 '코드 인사'를 방어하였다. 그리하여, 보수/우파 정권에서 '코드 인사' 비판은 보수/우파의 고위 공직자 담론에서 사실상 실종되었다.

비록 보수/우파의 '코드 인사'론에 의해 오염되긴 하였지만, 대통령제 국가에서 고위 공직후보자의 국정 철학은 기본적으로 대통령의 그것에서 완전히 자유로울 수가 없다. 따라서 후보자의 국정 철학은 인사청문회 검증의 주요 항목이 될 수밖에 없다. 국정 이념, 역사의식, 헌법 의식, 사상 등은 고위 공직자의 자격이나 자질을 따지는데 필수부가결한 요소라 할 수 있는 것이다. 그런 점에서, 보수/우파가 고위 공직후보자의 사상이나 이념 성향을 검증하는 것을 두고 인사청문회의 본래 취지에 부합하지 않는 것이라고 말할 수는 없다. 그럼에도 불구하고, 진보/좌파는 종종 보수/우파의 '사상 검증'을 국정 철학에 대한 검증과는 무관한 것으로 간주하곤 했다. 아래의 [발췌 12]를 보자.

[발췌 12]

인사청문회라는 것이 과연 국회의원에게 해당 후보자의 사상을 검증할 수 있는 권한을 부여하는 것인가 하는 점도 따지고 넘어가야 할 부분이다. 인사청문회는 후보자가 부정한 방법으로 재산을 축적하거나 이전하여 공적인 직무를 수행할 자격이 있는 것은 아닌지, 해당 직책을 맡았을 때 어떤 청사진을 가지고 직무를 수행할 것인지를 검증하는 것이다. 인사청문회에서 해당 후보자의 사상이나 이념을 가지고 된다 안 된다를 논하는 것 자체가 월권이며, 해당 개인에 대한 인권 침해다.(한겨레. 2003.04.25. "헌법을 애도한다")

[발췌 12]에서, 인사청문회는 후보자의 도덕성과 정책 능력을 묻는 자리로 한정된다. 반면, 국정 철학의 한 부분이라 할 수 있는 사상과 이념을 검증하는 작업은 "월권"이나 '인권 침해"로 규정된다. 물론, 이러한 주장은 흔히 대북정책 방법론과 관련하여 보수/우파의 정책 방향과 다르다는 이유로 공직 후보자를 친북좌파로 매도하는 행태가 대개 자신들의 오른쪽에는 아무도 없는 폭력적이고 특이한 색깔을 가진 사람들에 의해 반복된다는 점을 지적하는 과정에서 나오는 것이기는 하다. 그럼에도 불구하고 [발췌 12]에서 볼 수 있는 바와 같이, 사상과 이념은 역사의식이나 헌법 정신 그리고 인권 감수성 등과 함께 고위 공직후보자의 국정 철학 검증의 한 부분을 구성한다는 사실이 진보/좌파의 고위 공직자 담론에서 종종 간과되기도 한다.("인사청문회라고 하는 것이 과연 국회의원에게 해당 후보자의 사상을 검증할 수 있는 권한을 부여하는 것인가 하는 점도 따지고 넘어가야 할 부분이다.")

3. 고위 공직자 검증 쟁점: '이념 편향'과 '도덕적 하자'

위에서 살펴본 바와 같이, 인사청문회가 고위 공직후보자의 도덕성, 능력, 자질, 국정 철학, 역사인식 등을 검증하는 제도적 장치라면, 실제로 진행된 인사청문회는 과연 어떤 자질과 덕목의 검증에 집중하였는가? 어떤 쟁점들이 국민적 관심과 검증의 대상이 되었는가? 2003년의 노무현 정부에서부터 2014년의 박근혜 정부에 이르기까지의 인사청문회에서 진보/좌파와 보수/우파는 각기 상이한 검증 사항에 집중하였다. 노무현 정부 시기 보수/우파의 고위 공직후보자 검증은 이른바 '사상 검증' 혹은 '이념 검증'에 초점이 맞추어져 있었던 반면, 이명박과 박근혜 정부 시기 진보/좌파의 검증은 거의 대부분 후보자의 '도덕성 문제'에 집중되어 있었다. 먼저, 보수/우파의 인사 검증과 관련하여, 아래의 [발췌 13]을 보자.

> [발췌 13]
>
> 국내의 안보태세가 지금처럼 해이해진 것은 김대중 정권의 햇볕정책이 국민에게 심어 준 한반도 평화에 대한 환상 때문이다. 노 대통령의 과제는 안보태세를 시급해 재정비하는 일이다. 김 정권 때 국정원장에 대한 불신이 정부의 대북정책 전반에 대한 불신으로 연결된 것을 알면서도 이념적 편향성이 지적된 인사들을 핵심 요직에 포진시킨 것은 우려할 만한 일이다.(동아. 2003.05.01. "盧의 '부적절한' 밀어붙이기")

[발췌 13]에서, 2003년 노무현 대통령의 고영구 국정원장과 서동만 국정원 기조실장 임명은 이념적으로 편향된 인사다. 국가보안법 개정 필요성이라는 소신을 밝힌 고영구 국정원장과 북한을 적대자이자 평화통일의 상대자로 보는 균형적 대북 인식이 필요하다는 서동만 기조실장은 이념적으로 편향된 고위 공직후보자들이며, 이들에게 국가의 안보와 관련한 중요한 임무를 맡기는 것은 우려스러운 일이라는 것이다. 이처럼 고위 공직후보자의 사상과 이념 검증에 초점을 맞추는 보수/우파의 접근법은 비단 국정원 인사뿐만 아니라 이종석 통일부장관, 한명숙 국무총리, 이재정 통일부장관 등 여타의 정부 부처 고위 공직후보자에게도 널리 적용되었다. 이는 한편으로는 이들에게서 중대한 도덕적 흠결을 찾아내기가 어려운 것에 기인한 결과이기도 하겠지만, 다른 한편으로는 보수/우파의 우선적인 검증 관심사가 도덕성이나 능력 등과 같은 덕목보다는 이념과 사상과 같은 요소에 놓여 있었던 것에 따른 것이라 할 수 있다.

한편, 보수/우파와는 달리 보수 정권에 대한 진보/좌파의 고위 공직후보자 검증은 거의 대부분 후보자들의 도덕성 문제에 집중하였는데, 이는 능력이나 자질을 따져볼 기회조차 가질 수 없을 정도로 그들의 도덕적 하자가 심각했기 때문이라 할 수 있다. 아래의 [발췌 14]를 보자.

> [발췌 14]
> 새 정부의 대변인 노릇을 하고 있는 유 장관의 '자진사퇴 요구'가 곱게 들리지 않는 또 하나의 이유는 지난번 조각 때 보았던 인물들이 연상되기 때문이다. 부동산 투기, 논문 표절, 위장 전입, 병역면제, 자녀 이중국적 등 특수 분야에서 출중한 능력을 지닌 분들이 떠올라서다. 둘러대는 변명도 기가 막혔다. 한마디로 보통 국민들과는 다른 동네에서 살고 있는 사람들이었다. 지금 기관장들은 부동산 투기나 논문 표절하는 방법을 잘 모르기 때문에, 대통령이나 장관들 하고 말이 안 통할까봐 걱정하는 걸까? 만일 유 장관과 새 정부가 원하는 대로 임기 중에 단체장들을 자진사퇴시킬 수 있다면, 이번엔 그 자리에 또 어떤 능력이 출중하신 분들을 앉히려고 저러는 걸까? 인사청문회를 의식해야 하는 장관급 인사들도 그렇게 골랐는데, 그보다 검증 절차도 간단하고 언론의 관심도 적은 정부 산하기관장들은 과연 어떤 사람들을 선택할지 걱정스럽다. 대통령 주변에 부동산 투기와 논문 표절 등에 남다른 능력을 가진 것 같은 사람들이 유난히 많아 보이기 때문이다.(한겨레. 2008.03.18. "단체장 임기제, 지켜야 한다")

[발췌 14]는 2008년 3월 당시 유인촌 장관의 법률적으로 임기가 보장된 정부 산하 기관장 자진 사퇴 요구와 관련한 논란을 다루고 있다. 앞서 살펴본 것처럼, 노무현 정부 시기에 보수/우파는 정치적 중립성과 독립성을 고위 공직자 검증의 핵심 요소로 강조하였고, 대통령의 국정철학을 공유하는 인물의 발탁을 '코드 인사'라며 지속적으로 비판하고 반대하였다. 그랬던 보수/우파가 이명박 정권의 등장과 함께 이전 정부의 공공 기관장들에게 법정 임기를 다 채우지 않

고 자진 사퇴를 요구하는 것은 남세스러운 일이라 할 수 있다. 그것이야말로 이념과 코드 인사를 하겠다는 의지의 노골적 표현이라고 말하지 않을 수 없을 것이다. 더욱 심각한 문제는 인사청문회를 거치지 않는 정부 산하기관들의 코드 인사가 부동산 투기, 논문 표절, 위장 전입, 병역면제, 자녀 이중국적 등 수 많은 청문회 대상자들이 보여준 다기한 도덕적 하자와 흠결보다 더 하면 더 했지 결코 덜하지 않을 문제를 노정할 것이라는 점이다. 그래서 [발췌 14]에서처럼, 이명박 정부의 '코드 인사'는 '도덕적 하자'라는 코드를 공유하는 인물들의 발탁을 일컫는 것인가라는 조롱이 뒤따르게 되는 것이다.("지금 기관장들은 부동산 투기나 논문 표절하는 방법을 잘 모르기 때문에, 대통령이나 장관들 하고 말이 안 통할까봐 걱정하는 걸까?")

실제로, 2000년 인사청문회 제도 도입 이후 청문회 검증 과정에서 드러난 한국 사회 지배 엘리트, 특히 보수/우파 고위 공직(후보)자의 도덕성은 입에 담기조차 민망할 정도의 흠결로 가득하다. 도덕적 결격 사유는 위장 전입, 농지 불법 취득, 다운계약서 작성, 아파트 불법 전매, 양도세 탈루, 증여세 탈루, 소득세 탈루, 세금 이중공제, 재산 등록 누락, 국민 연금 미납, 건강 보험료 미납, 병역 회피, 병역 면제, 병역 특례, 자녀 국적 문제, 논문 표절, 논문 중복게재, 연구비 횡령, 칼럼 대필, 업무 추진비 전용, 전관예우, 스폰서 관계, 해외 비자금, 삼성 떡값 수수, 성 접대 등과 같은 다양한 문제들에 걸쳐 있다. 사실 한국 사회가 제대로 된 사회라면 그들이 정작 서야 할 자리는 인사청문회가 아니라 법의 심판대였을 것이다. 이러한 고위 공직(후보)자의 민낯은 "더 오염될 게 없는 사람이 말년에 한 번씩 들르는 자리가 총리직", "무슨 하자가 이렇게 많으냐", "이 정도로 함량 미달인 사람을 어떻게 발탁하게 됐는지", "종합 비리 세트네요. 대한민국 지도층이 될 조건을 모두 갖췄습니다", "강부자 내각" 등과 같은 사회적 탄식과 조롱을 불러왔다.

〈표-1〉 국회 인사청문회 대상자 낙마 현황(2003-2014)

역대 정부	낙마자 현황	사퇴 사유
노무현 정부	윤성식 감사원장 후보자 부결	코드인사 논란
	김병준 교육부총리 임명 후 사퇴	논문 표절 및 중복 게재
	전효숙 헌법재판소장 후보자 철회	헌법재판소장 임명 법률위반, 코드인사 논란
이명박 정부	남주홍 통일부장관 후보자 철회	자녀 교육비 이중 소득 공제, 자녀들 미국 시민권 영주권 보유, 부인의 부동산 투기 논란
	박은경 환경부장관 후보자 철회	부동산 투기 논란
	이춘호 여성부장관 후보자 철회	부동산 투기 논란
	천성관 검찰총장 후보자 사퇴	스폰서 검사 논란
	김태호 국무총리 후보자 철회	박연차 전 태광실업 회장과의 관계, 부인 관용차 전용과 도청 직원 가사 도우미지원 논란, 부인 명의 아파트 등 재산 등록 누락 논란
	신재민 문화부장관 후보자 사퇴	친구 회사에 부인 위장취업 논란, 위장 전입, 승용차 렌트비용 기업 지원 논란
	이재훈 지식경제부장관 후보자 사퇴	부인의 부동산 투기, 전관예우 논란
	정동기 감사원장 후보자 철회	전관예우, 감사원 독립성 훼손 논란
	김병화 대법관 후보자 철회	제일저축은행 불법대출 수사 개입 논란, 부동산 다운계약서 작성, 아들 병역특혜 의혹, 아파트 청약 관련 위장 전입
	김석기 경찰청장 후보자 사퇴	용산 참사 책임

역대 정부	낙마자 현황	사퇴 사유
박근혜 정부	김용준 국무총리 후보자 사퇴	두 아들 병역 면제, 부동산 투기 및 편법 증여 의혹
	이동흡 헌법재판소장 후보자 철회	항공권 깡 의혹, 특수업무경비 유용 의혹, 위장 전입
	김종훈 미래창조부장관 후보자 사퇴	이중국적, 부동산 보유, 미국 CIA 자문
	황철주 중소기업청장 내정자 사퇴	공직자 주식 백지신탁 문제
	김병관 국방부장관 후보자 사퇴	무기중개업체 고문 경력, 미안마 자원개발업체 주식 보유 논란
	한만수 공정거래위원장 후보자 철회	해외 비자금, 탈세 의혹
	안대희 국무총리 후보자 사퇴	전관예우, 재산 증식 과정
	문창극 국무총리 후보자 사퇴	극우 성향 역사관 논란, "식민지배 하나님 뜻" 강연 후폭풍
	정성근 문화체육관광부 장관 후보자 사퇴	아파트 전매 금지 위반과 양도세 탈루 의혹, 음주 운전 및 인사청문회 위증
	김명수 교육부장관 후보자	제자논문 베껴 쓰기, 연구비 부당 수령, 임용 승진 경력 부풀리기, 사교육업체 주식 매입, 칼럼 대필

최초의 인사청문회 낙마자는 땅 투기 사실이 드러나면서 사퇴한 김대중 정부의 장상 국무총리 후보자다. 그리고 〈표-1〉에서 알 수 있는 바와 같이, 노무현 정부에서는 김병준 교육부총리 후보자가 논문 표절과 중복 게재 때문에 사퇴하였다. 그리고 이명박 정부에서는 총 9명의 고위 공직후보자가 도덕성 문제로 낙마하였다. 남주홍 통일부장관 후보자는 이중 소득 공제와 자녀 국적 문제, 부동산 투기 의혹, 박은경 환경부장관 후보자와 이춘호 여성부장관 후보자는 부

동산 투기 논란, 천성관 검찰총장 후보자는 스폰서 논란, 김태호 국무총리 후보자는 비리 기업인과의 관계와 재산 등록 누락 문제, 신재민 문화부장관 후보자는 위장 취업과 위장 전입 논란, 이재훈 지식경제부장관 후보자는 부동산 투기와 전관예우 논란, 정동기 감사원장 후보자는 전관예우 논란, 김병화 대법관 후보자는 부동산 다운계약서와 자녀 병역 문제와 부동산 투기 의혹으로 인해 지명 철회되거나 사퇴하였다. 박근혜 정부에서도 총 9명의 고위 공직후보자가 도덕성 문제로 낙마하였는데, 김용준 국무총리 후보자는 아들 병역 문제와 부동산 투기 의혹, 이동흡 헌법재판소장 후보자는 위장 전입과 특수업무경비 유용, 김종훈 미래창조과학부장관 후보자는 이중국적과 미국 CIA 자문 논란, 김병관 국방부장관 후보자는 무기중개업체 고문 경력과 미얀마 자원개발업체 주식 보유 논란, 한만수 공정거래위원장 후보자는 해외 비자금과 탈루 의혹, 안대희 국무총리 후보자는 전관예우 논란, 문창극 국무총리 후보자는 극우 성향 역사관 논란, 정성근 문화체육관광부장관 후보자는 아파트 전매금지 위반과 양도세 탈루 의혹 그리고 인사청문회 위증, 김명수 교육부장관 후보자는 논문 표절과 연구비 부당 수령, 사교육업체 주식 매입 등의 의혹으로 낙마하였다.

그런데 도덕성 의혹에도 불구하고 고위 공직 임명을 받은 사람들까지 포함하면, 아래의 〈표-2〉에서 볼 수 있는 바와 같이, 이러한 도덕적 결함은 차라리 고위 공직자 일반에 만연한 문제로 보는 것이 더 타당할 정도로 심각하다. 우선, 노무현 정부의 이기준 교육부총리는 대학 총장 재직 당시 판공비 과다 사용과 세금 탈루 의혹, 이헌재 경제부총리, 강동석 건설교통부 장관, 최영도 국가인권위원장은 위장 전입과 부동산 투기 의혹, 박시환 대법관은 전관예우 논란, 이강국 헌법재판소장은 전관예우 논란과 고급 아파트 위장 전매 의혹 그리고 부인의 국민연금 미납, 임채진 검찰총장은 삼성 떡값 수수 의혹에도 불구하고 임명된 사례다.

다음으로, 이명박 정부의 한승수 국무총리는 아들 병역특례, 부동산 투기, 편법 증여, 세금 탈루 의혹, 이만의 환경부장관은 병역 면제와 증여세 탈루 의혹, 김성호 국정원장과 이종찬 청와대 민정수석은 삼성 떡값 수수 의혹, 박미석 청와대 사회정책수석은 제자 논문 표절 의혹, 김성이 보건복지가족부 장관은 저서 표절, 논문 중복 게재, 임대소득 축소신고, 업무추진비 유용, 부동산 투기 의혹, 외국 국적 자녀 건강보험 혜택, 최시중 방송통신위원장은 부동산 투기 의혹, 안병만 교육과학기술부 장관은 논문 표절과 대학 총장 업무추진비 전용 그리고 대학 편입학 부정사건 의혹, 현인택 통일부 장관은 증여세 탈루 의혹, 이중국적 자녀 위장 전입, 논문 이중게재 의혹, 김준규 검찰총장은 위장 전입, 세금 이중 공제, 아파트 다운 계약서 의혹, 이달곤 행정안전부 장관은 근로소득세 이중 공제 의혹, 윤증현 기획재정부 장관은 부인의 부동산 투기 의혹과 자녀 주택 구입 자금 의혹, 원세훈 국정원장은 부인의 부동산 투기 의혹에도 불구하고 고위 공직에 임명되었다.

박근혜 정부에서도, 황교안 법무부 장관은 전관예우 논란과 병역 기피 의혹, 정홍원 국무총리는 전관예우 논란과 아들의 병역 면제 의혹, 현오석 경제부총리는 증여세·소득세 탈루와 자녀 병역 문제, 남재준 국정원장은 부동산 투기 의혹, 황찬현 감사원장은 병역면제와 부동산 투기 의혹, 김진태 검찰총장은 부동산 투기와 삼성 떡값 수수 의혹, 최문기 미래창조과학부장관은 논문 중복 게재와 부동산 투기 의혹, 박한철 헌법재판소장은 전관예우 논란과 증여세 탈루 의혹, 서기석 헌법재판관은 삼성 그룹 관련 의혹, 조용호 헌법재판관은 다운계약서 작성과 부동산 투기 의혹, 이완구 국무총리는 병역

면제와 부동산 투기 의혹, 문형표 보건복지부 장관은 법인카드 개인 사용 의혹과 부동산 투기 그리고 증여세 탈루 의혹, 최양희 미래창조과학부장관은 농지법 위반과 다운계약서 작성 의혹 등에도 불구하고 임명되었다.

구체적으로, 한 장관 내정자는 8살 난 아들에게 임야를 증여하면서 세금을 내지 않았다. 그 사람을 포함한 또 다른 후보자는 '부담부증여' 방식으로 자식들에게 재산을 넘겨줘 거액의 증여세를 탈루했다. 특별히 연고도 없고 자신의 거주지도 아닌 전국 13곳에 신고액만으로도 20억이 넘는 땅과 아파트와 상가를 소유하고 있는 장관 내정자도 있었다. 또 어떤 후보자는 5억 5천만 원짜리 아파트를 8천 2백만 원에 산 것으로 다운 계약서를 작성해 수천만 원의 취득세 등을 탈루했다. 박사학위 논문을 표절했을 뿐만 아니라 획기적인 섹스관광 지구를 만들어야 한다고 역설했던 사람이 청와대 비서실의 최고위 인사로 낙점되었다. 또 20여 년 간 고액의 연봉을 받으며 삼성을 비롯한 대기업의 편에서 국세청, 공정거래위원회를 상대로 소송을 벌여온 장본인이 이제 와서 대기업의 불공정 행위를 감시 감독하는 기관의 장이 되려 하였다. 퇴직 후 무기중개업체 자문이사로 지내면서 2년 동안 2억 8천 5백만 원의 급여를 받은 전직 장성, 부실대학의 총장으로 자리를 옮긴 전직 교육부 차관, 대형 법무 법인에서 1년 4개월 간 평균 월 1억 원의 급여를 받은 전직 고검장, 이들은 모두 대한민국 특권 집단의 전범을 보여주고 있다.

〈표-2〉 고위 공직자 도덕성 의혹 현황(2003-2014)

역대 정부	고위 공직자	의혹 및 논란 내용
노무현 정부	이기준 교육부총리	대학 총장 판공비 과다 사용, 세금 탈루

역대 정부	고위 공직자	의혹 및 논란 내용
	이헌재 경제부총리	위장 전입, 부동산 투기
	강동석 건설교통부 장관	위장 전입, 부동산 투기
	최영도 국가인권위원장	위장 전입, 부동산 투기
	박시환 대법관	전관예우
	이강국 헌법재판소장	고급 아파트 위장 전매, 부인의 국민연금 미납, 전관예우
	임채진 검찰총장	삼성 떡값 수수
이명박 정부	한승수 국무총리	아들 병역특례, 부동산 투기, 편법 증여, 세금 탈루
	김성호 국정원장	삼성 떡값 수수
	이만의 환경부장관	병역 면제, 증여세 탈루
	이종찬 청와대 민정수석	삼성 떡값 수수
	박미석 청와대 사회정책수석	제자 논문 표절
	김성이 보건복지가족부 장관	저서 표절, 논문 중복 게재, 임대소득 축소신고, 업무추진비 유용, 부동산 투기, 외국 국적 자녀 건강보험 혜택
	최시중 방송통신위원장	부동산 투기
	안병만 교육과학기술부 장관	논문 자기 표절, 대학 총장 업무추진비 전용, 대학 편입학 부정 사건 연루
	현인택 통일부 장관	증여세 탈루 의혹, 이중국적 자녀 위장 전입, 논문 이중게재 의혹
	김준규 검찰총장	위장 전입, 세금 이중 공제, 아파트 다운 계약서 작성
	이달곤 행정안전부 장관	근로소득제 이중 공제
	윤증현 기획재정부 장관	부인의 부동산 투기, 자녀 주택 구입 자금
	원세훈 국정원장	부인의 부동산 투기

역대 정부	고위 공직자	의혹 및 논란 내용
박근혜 정부	황교안 법무부 장관	전관예우, 병역 회피
	정홍원 국무총리	전관예우, 아들 병역 면제
	현오석 경제부총리	증여세와 소득세 탈루, 자녀 병역과 국적 문제, 법인카드 부적절 사용
	남재준 국정원장	부동산 투기, 재산 증식 불법성
	황창현 감사원장	병역면제, 위장 전입, 재산 축소신고
	김진태 검찰총장	부동산 투기, 아들 병역, 삼성 떡값
	김학의 법무부 차관	성 접대
	최문기 미래창조과학부장관	농지 불법 취득, 부동산 투기, 논문 중복 게재
	박한철 헌법재판소장	전관예우, 증여세 탈루, 특정업무경비 유용
	서기석 헌법재판관	타워팰리스 입주, 삼성 그룹 관련
	조용호 헌법재판관	다운계약서 작성, 부동산 투기, 증여세 탈루
	이완구 국무총리	본인과 차남 병역 면제, 부동산 투기, 교수 특혜, 논문 표절, 차남 건강보험료 미납
	문형표 보건복지부 장관	법인카드 개인사용, 다운계약서 작성, 증여세 소득세 탈루
	최양희 미래창조과학부장관	농지법 위반, 다운 계약서 작성, 법인카드 개인 사용
	이병기 국정원장	대선 개입, 북풍 공작

이상에서 밝힌 바와 같이, 부정, 부패, 불법, 탈법, 부도덕, 특권 등은 이승만에서 박근혜로 이어지는 한국의 보수/우익 지배집단의 훈장으로 부를 만하다. 그들이 획득한 권력과 축적한 부가 거기에 힘입은 바가 크고, 지금껏 그것을 특별히 부끄러워하는 모습을 별로

보인 적이 없기 때문이다. 총리, 장관, 비서실장 등이 되기 위해 인사검증을 받은 고위 공직 후보자들은 이미 전직 고위 공직자들이었다. 이들이 공직에 있으면서 벌였던 농지법 위반, 위장 전입, 부동산 투기, 다운계약서 작성, 편법 증여 등과 전직으로서의 권력과 영향력을 이용한 이권 개입, 특권 행사 등은 이들이 오로지 일신의 영달과 안위를 위해 출세의 가도를 달려온, 그래서 사실상 결코 공인이었던 적이 없는 사람들이라고 비판하는 것도 가능하다. 이들 지배집단에게 요구되는 공인 의식은 사실 그리 대단한 것이 아닐지도 모른다. 땅 투기로 그들이 얻은 공공 개발의 이득이 땅 한 평 없는 수많은 사람들이 낸 세금에서 나온 돈이라는 생각, 아파트 투기로 자신이 얻은 막대한 비생산적 불로소득의 규모만큼이나 자식 세대를 포함한 집 없는 사람들이 집을 살 수 있는 기회는 없어지거나 집을 사기 위해 허리띠를 졸라매며 살아야 하는 기간이 길어진다는 생각을 고위 공직자들에게 기대하는 것은 정말 난망한 일일까? 이러한 최소한의 기대와 요구가 그들의 번지수와 무관한 것인 한, 우익 지배집단을 그저 저잣거리의 시정잡배보다 나을 것이 없고, 한평생 일신의 영달을 위해 달려온 출세주의자들이라고 부르는 것도 지나친 일이 아닐지도 모른다.

4. 고위 공직자 도덕성 의혹의 대처 전략

1) "국민의 신뢰를 얻기 어렵다."

이렇듯 고위 공직자의 도덕적 흠결에 대한 가장 일차적인 반응은 그러한 의혹을 받고서는 국민의 신뢰를 얻기가 어렵고 국정을 힘

있게 끌고 가기가 어렵다는 지적으로 나타난다. 이는 진보/좌파와 보수/우파가 공통적으로 제기하는 평가다. 도덕적 정당성을 인정받지 못하는 고위 공직자는 정치적 지도력을 제대로 발휘할 수가 없다는 사실은 지극히 상식에 속하는 일이라고 할 수 있기 때문이다. 그래서 공직자의 도덕적 덕목을 중시하는 진보/좌파는 말할 것도 없고, 보수/우파조차도 이명박과 박근혜의 보수/우파 정권 고위 공직자의 도덕적 결함에 대해서 우선적으로는 그것이 정부와 정권의 국정 추진 능력을 떨어트릴 것이라는 비판의 대열에 동참하게 되는 것이다. 아래의 [발췌 15]와 [발췌 16]을 보자.

[발췌 15]
서민의 삶과 동떨어진 호화판 생활자, 위장전입·부동산 투기 등 도덕적 흠집투성이 장관들이 득실대는 내각을 보며 과연 국민은 무슨 생각을 할 것인가. 이런 '누더기 내각'으로는 나라를 힘있게 끌고 갈 수 없다.(한겨레. 2013.03.12. "'누더기 내각'으로 새 시대를 열 셈인가")

[발췌 16]
온 국민의 관심이 문 후보자 문제에 집중돼 있지만 박근혜정부 제2기 내각과 3기 청와대의 '인사 참사'도 심각하다. 논문과 연구비 가로채기가 한두 건이 아닌 김명수 송광용 양대 교육 수장(首長)에게 교육을 맡길수 있느냐고 국민이 묻고 있다. 차떼기 돈을 배달한 이병기 국가정보원장 후보자에게 국정원 개혁을 맡길 수 있느냐는 지적이 나오고 있다. 6·4지방선거 결과를 오독(誤讀)한 오만한 인사라는 비판이 하늘을 찌른다는 사실을 박 대통령은 알아야 한다.(동아. 2014.06.21. "문창극 딜레마...대통령의 결단 빠를수록 좋다")

박근혜 보수/우파 정부 고위 공직자들의 도덕적 결함은 진보/좌파와 보수/우파 모두로부터 "누더기 내각" 혹은 "인사 참사"라는 매우 부정적인 용어로 규정될 정도로 심각한 비판의 대상이 된다. [발췌 15]에서, "도덕적 흠집투성이"의 "누더기 내각"은 국민의 신뢰를 얻기 어렵고("과연 국민은 무슨 생각을 할 것인가"), 국정을 제대로 이끌어 가기 어렵다.("나라를 힘있게 끌고 갈 수 없다.") 그리고 [발췌 16]에서, 연구(비) 부정 당사자가 교육 수장을 맡을 수는 없으며("국민이 묻고 있다"), 선거법 위반 주역이 국정원 책임자가 될 수도 없다.("국정원 개혁을 맡길 수 있느냐는 지적이 나오고 있다.") 이처럼 윤리적으로 공감할 수 없는 고위 공직자 인선으로는 대통령의 영이 설 수가 없고, 공무원들에게 엄정한 기강을 내세우기가 어려우며, 군 장병과 지휘관들이 믿고 따르기가 어렵고, 국민과 공무원들에게 불법과 부정과 부패를 근절하고 법질서를 준수하라고 말하기가 어려우며, 국민의 존경과 신뢰 속에서 헌법 기관을 이끌어 갈 수가 없다는 것이 고위 공직자에 대한 도덕성 비판의 가장 근본적이고 일반적인 근거로 제시된다.

2) "국민의 도덕성 기준이 높아져서 검증을 통과할 후보자가 없다."

고위 공직자의 도덕적 흠결에 대한 대표적인 두 번째 반응은 국민들의 도덕성 기준이 높아져서 검증을 통과할 후보자를 찾기가 어렵다는 현실을 강조하는 모습으로 나타난다. 이러한 현실론은 앞의 경우와 마찬가지로 진보/좌파와 보수/우파가 공통적으로 인정하는 문제라 할 수 있다. 우선, 아래의 [발췌 17]에서 알 수 있는 진보/좌파의 반응을 살펴보자.

[발췌 17]

과거 같으면 그냥 넘어갔을 사안이 높은 도덕성을 요구하는 시대로 이행하면서 문제로 불거진 측면도 있다[...]청와대 인사수석은 기준을 너무 엄격히 하

> 면 좋은 인적 자원을 활용하지 못한다고 걱정한다. 인재풀을 스스로 한정해 놓고는 온정주의에 젖어 있지 않은지 의심스럽다. '사퇴 도미노'의 긍정적 측면도 물론 있다. 그만큼 도덕성의 잣대가 높아지고 새롭게 정착이 돼가는 과정으로 이해된다. 의혹이 제기된 사안은 사퇴로 문제를 덮지 말고 철저히 조사해 사실을 밝혀야 할 것이다.(한겨레. 2005.03.29. "공직 인사의 '회색지대' 줄여야")

[발췌 17]은 노무현 정부 시절 강동석 건설교통부 장관이 이기준 교육부총리, 이헌재 경제부총일, 최영도 국가인권위원장에 이어 도덕성 의혹으로 사퇴하게 된 문제를 다루는 글이다. 청와대 사전 검증에서 도덕적 결격 사유를 걸러내지 못한 부실한 인사검증 시스템에 일차적 원인을 찾고 있긴 하지만, [발췌 17]은 국민들의 높아진 도덕적 잣대도 문제의 원인이 될 수 있다는 점도 지적한다.("과거 같으면 그냥 넘어갔을 사안이 높은 도덕성을 요구하는 시대로 이행하면서 문제로 불거진 측면도 있다.") 그리고 노무현 정부의 청와대 인사수석은 능력 담론을 끌어들여 도덕성 논란을 슬그머니 넘어가려는 모습을 보이고 있기도 하다.("기준을 너무 엄격히 하면 좋은 인적 자원을 활용하지 못한다") 물론 [발췌 17]에서, 높아진 "도덕성의 잣대"는 "새롭게 정착"되어야 하며, 의혹 사안은 "사퇴"를 넘어서서 "조사"의 대상이 되어야 한다는 더욱 철저하고 전향적인 입론이 이루어지고 있는 것은 사실이다. 그럼에도 불구하고, 노무현 정부 시기 진보/좌파의 고위 공직자 담론에서 인사 검증 잣대가 "아주" 높아져 적합한 인재를 찾기가 어렵다거나 언론의 "허물" 찾아내기 검증에 걸려 망신을 당할까봐 고위 공직을 고사하는 사람들이 많다는 현실론을 두둔하는 모습을 찾기란 그다지 어려운 일이 아니었다. 그런 점에서, 이러한 반응은 이명박 정부와 박근혜 정부 시기 보수/우파 고위 공직자 담론과 크게 다르다고 말하기 어렵다. 아래의 [발췌 18]을 보자.

[발췌 18]

청와대가 어렵사리 출중한 역량을 갖춘 인물을 찾아내도 깐깐한 인사검증에 겁을 먹고 "난 공직에 관심 없다. 빼 달라"고 사정하는 경우가 적지 않다. 정부 안팎에선 "이처럼 엄격한 잣대를 들이대면 안 걸릴 사람이 누가 있느냐" "가용 인재풀이 너무 좁다진다"는 불평도 나온다[...]공직자의 도덕성이 중요하긴 하지만 무조건 '부자는 안 된다'는 식이면 결국 국민에게 돌아갈 부작용도 만만찮을 것이다.(동아. 2009.08.14. "성직자와 공직자")

[발췌 18]에서는 고위 공직자 인선 문제의 원인이 높아진 도덕성 잣대에 있다는 주장이 더욱 분명하게 전개된다.("깐깐한 인사검증에 겁을 먹고 '난 공직에 관심 없다. 빼 달라'", "이처럼 엄격한 잣대를 들이대면 안 걸릴 사람이 누가 있느냐") 말하자면, 지난 압축성장의 시대에 그 정도의 도덕적 결격 사유는 누구에게나 있는 것이 아니냐는 셈이다. 그리고 능력 담론("어렵사리 출중한 역량을 갖춘 인물을 찾아내도")을 도덕성 담론과 대비시킴으로써 후자를 오히려 국정의 걸림돌처럼 간주하게 만드는 전략도 확인할 수 있다. 공직에 나서지 않았다면 별로 아쉬울 것 없이 잘 살 수 있었던 사람이 괜스레 창피당하고 자리도 못 지키게 되는 일을 감수할 필요가 없다는 것이다. 그래서 능력 있는 대상자들이 손사래를 치는 형국이라는 것이다. 나아가, 도덕성에 대한 강조가 능력 있는 인물의 진출을 가로막아 그 피해가 결국에는 국민에게 돌아간다는 '반전'의 담론 전략도 구사되고 있다.("결국 국민에게 돌아갈 부작용도 만만찮을 것이다.") 인사청문회를 무난하게 통과할 사람을 지명해야 하다면, 최적의 인물을 내놓기가 어렵게 된다는 것이다. 심지어는 적임자 기용을 위해 국민의 눈높이를 낮추는 게 필요하다는 주장까지도 보수/우파 일각에서 제기되기도 한다.

3) "기부(재산의 사회 환원)로 흠결을 씻고 신뢰를 회복해야 한다."

고위 공직자의 도덕성 문제에 대처하는 또 다른 행위 전략은 이른바 '기부론'과 '봉사론'이다. 그들의 도덕적 흠결은 소위 재산의 사회 환원 혹은 기부로 씻어 주고 그들에게 국가를 위해 봉사할 기회를 주자는 것이다. 이는 도덕성 의혹이 거의 고질적으로 판박이처럼 찍혀 나오는 보수/우파가 일종의 자구책으로 제기하는 방책이라 할 수 있다. 아래의 [발췌 19]를 보자.

> [발췌 19]
> 문득 얼마 전 대법관 인사청문회 때가 떠오른다. 61억 재산을 가진 대법관 후보자에게 최근 5년간 기부를 얼마나 했느냐고 질문한 적이 있다. "부끄럽지만 없습니다." 노블레스 오블리주. 가진 자가 내놓아야 한다는 강제 의무라기보다 사회적 영향력과 파장을 줄 수 있는 사회 지도층으로서의 모범을 의미한다. 도덕적 사회규범을 스스로 보여주어야 한다는 점에서 '고귀한 의무'이다. 국회의원과 공직자를 선출할 때 세금과 병역만 문제 삼을 것이 아니라 기부(사회 환원)에 대해서도 질문해야 하는 것은 이러한 이유에서다.(동아. 2008.11.17. "'제2의 문근영' 자주 보고싶다")

[발췌 19]에서는 '기부'를 고위 공직자 인사청문회 검증의 새로운 항목으로 도입하자는 아이디어가 제시되고 있다. "노블레스 오블리주"나 "사회 지도층의 모범"을 확인할 수 있는 장치라는 점에서, 기부는 고위 공직자의 도덕적 요건을 한층 더 강화시킬 수 있는 전향적 검증 사항으로 볼 수도 있다. 그러나 앞서 살펴본 것처럼, "세금"과 "병역" 관련 의혹에서 자유로운 고위 공직자는 별로 없다는 점을 감안하면, 이러한 발상은 현실성이 매우 떨어지는 것이 사실이다. 그래서 어떤 점에서는 그것이 기부와 "사회 환원"이라는 새로운 검증

항목에 대한 사회적 관심의 환기를 통해 세금과 병역 문제로 집중될 수밖에 없고 또 그렇게 되어야만 하는 현재의 공위 공직자 검증 상황을 우회하려는 담론 전략으로 이해될 수도 있다. 공교롭게도, 숱한 도덕성 의혹을 불러온 보수/우파 고위 공직후보자들은 이명박 정부와 박근혜 정부 이후부터 자신들의 도덕성 문제를 재산의 "사회 환원" 혹은 "기부"라는 미명하에 사실상 돈으로 퉁치려는 행태를 보이기 시작했다. 이명박 전 대통령부터가 그랬다. 그는 2007년 대통령 선거운동 기간에 사회로의 재산환원을 약속했다. 그리고 그러한 행태는 다른 고위 공직자들에게도 이어졌다. 아래의 [발췌 20]을 보자.

[발췌 20]

황교안 법무부 장관 후보자가 국회 인사청문회에서 전관예우에 대해 기발한 해법을 내놨다. 그는 지난 23일 청문회에 나와 법률회사(로펌) 재직 때 받은 과다한 수임료 논란에 대해 "봉사활동과 기여활동을 하겠다"고 말했다. 의혹의 대상이 된 돈을 토해낼 테니 장관을 할 수 있도록 해달라는 취지인 셈이다. 박근혜 정부 고위 공직 후보자들이 도덕적법적으로 문제 있는 돈을 두고 걸핏하면 사회에 환원하겠다고 나서는 모양새는 볼썽사납다. 마치 도둑이 훔친 돈을 돌려줄 테니 죄를 없던 일로 해달라는 것과 무엇이 다른가.(한겨레. 2013.03.02. "전관예우로 번 돈 기부하면 장관 자격 생기나")

[발췌 20]에서, 황교안 법무부장관 후보자가 "과다한 수임료 논란"에 대해 "봉사활동과 기여활동을 하겠다"고 한 것은 도덕성 의혹에 대한 "기발한 해법"으로 간주된다. 그러나 그것은 "돈을 토해낼 테니 장관을 할 수 있게 해달라"는 볼썽사나운 꼴에 지나지 않으며, "훔친 돈을 되돌려 줄 테니 죄를 없던 일로 해달라"는 도둑의 심사와 다를 바 없는 논리다. 이처럼 "문제 있는 돈을 두고 걸핏하면 사회에 환원하겠다고 나서는 모양새"는 재산을 유익하게 쓰려 한다며 1억 원을 기부한 정홍

원 국무총리 후보자와 횡령 의혹을 받은 특정업무경비 3억 원을 사회에 환원하겠다고 밝힌 이동흡 헌법재판소장 후보자에게서도 발견되었다. 고위 공직자로서의 도덕적 약점을 기부와 사회 환원과 봉사라는 입발림의 언어로 은폐하거나 전환시키려는 고위 공직자 대열이 형성되고 있는 것이다. 그러나 도덕성 논란에 대처하는 보수/우파의 새로운 행위 전략으로서의 기부는 보수/우파 내부에서조차 비판에 직면할 정도로 국민적 설득력을 갖지 못한다. 아래의 [발췌 21]을 보자.

[발췌 21]

안대희 국무총리 후보자가 지난해 변호사 개업 이후 열 달간 늘어난 재산 11억 원을 사회에 환원하겠다고 밝혔다. 총리 자리를 얻기 위한 기부가 아니냐는 질문에 그는 "좋은 뜻을 좋게 받아들여주면 감사하겠다"고 대답했다. 그러나 '사후 기부'를 좋은 뜻으로 한다고 해서 전관 예우나 과다 수임료 문제가 없었던 일이 될 수는 없다. 논란을 피해 가려는 듯한 태도는 옳지 못하다. (동아. 2014.05.28. "안대희 총리 후보자, 국민의 눈높이에서 거취 고민하라")

[발췌 21]에서, 황교안, 정홍원, 이동흡에 이어 안대희 국무총리 후보자도 재산의 사회 환원을 통해 고위 공직을 얻고자 했음을 알 수 있다. 물론 그는 기부의 "좋은 뜻을 좋게 받아들여" 달라고 주문했지만, 전관예우나 과다 수임료 논란은 피해 갈 수 있는 일이 못된다. 이처럼 기부를 도덕성 논란의 해소 수단으로 삼고자 하는 보수/우파의 행동 전략은 진보/좌파는 물론이거니와 보수/우파 내부에서도 온전히 수용되지 못하고 있는 것이다.

4) "도덕성만 따지자면 성직자만이 장관감이라는 우스갯소리도 있다."

고위 공직자의 도덕적 자질 문제에 대한 대표적인 네 번째 대처 전략은 도덕성 담론을 능력 담론과 대비시키는 전략이다. 이는 앞의 '기부'와 마찬가지로, 보수/우파가 흔히 동원하는 방안이다. 공직자를 발탁하는 자리가 성직자를 뽑는 자리는 아니지 않느냐는 것이다. 도덕성을 문제 삼는 것이 도덕성만을 문제 삼는 것도 아니고, 능력을 문제 삼지 않는 것도 아님에도 불구하고, 마치 모든 유능한 후보자를 도덕성만으로 공격하고 있는 것인 양 틀짓기 하는 전략인 것이다. 아래의 [발췌 22]를 보자.

> [발췌 22]
>
> 정치인뿐 아니라 일반 국민의 정치행태를 보면 학생들에게 진학 기회를 우선 보장하는 일에서부터 주요 공직에 사람을 발탁하는 데 이르기까지 능력과 검증된 기여도를 절대 기준으로 삼아야 한다는 신념이 있는 것 같지 않다. 능력보다 이념이나 도덕성을 앞세우는 속내에는 모든 자리는 고루 돌아가며 차지해야 한다는 생각이 숨어 있는 듯하다[...]사실 메리토크라시는 법치주의나 마찬가지로 민주주의의 토대가 되는 원리이지 상치되는 것이 아니다[...]역량을 기준으로 한 인재 발탁이 민주주의와 역행한다는 편견을 극복하고 각 분야 및 수준에서 인품과 안목, 전문가적 식견을 고루 갖춘 최고의 인재를 발굴하지 않고는 국제 경쟁에서 선진국으로 살아남을 수 없다.(동아. 2008.03.10. "결국 능력본위사회로 가야 한다")

[발췌 22[에서, 메리토크라시(meritocracy)는 모든 사회적 기회 제공의 "절대 기준"이 된다. '능력'을 인재 발탁의 절대적 기준으로 삼아야 한다는 것이다. 따라서 후보자의 도덕성을 따지는 것은 기본적으로 메리토크라시 원리와 배치되는 일이 된다.("능력보다 이념이나 도덕성을 앞세우는 속내") 그러나 이는 고위 공직자 검증의 핵심 사항인 도덕성과 능력을 마치 서로 본래적으로 상충하는 것인 양 부당하게 대비시킬 때에만 성립할 수 있는 논리다. 고위 공직자의 도

덕성 논란을 우회하기 위하여, 그것을 "모든 자리는 고루 돌아가며 차지해야 한다는 생각이 숨어 있는" 것과 연결 짓고 그러한 태도가 민주주의의 원리가 되는 메리토크라시와 상치되는 것이라고 규정하고 있기 때문이다. "역량을 기준으로 한 인재 발탁이 민주주의와 역행한다는 편견"도 도덕성에 대한 강조가 그러한 편견에 토대를 둔 것이거나 그것을 강화하는 것인 양 암묵적으로 전제하는 담론 전략이 작동한 표현으로 볼 수 있다. 이처럼 도덕성 문제를 능력 담론의 활용을 통해 돌파하려는 행위 전략은 고위 공직 인선이 성직자를 선발하는 일은 아니지 않느냐는 '공직자 대 성직자'의 구도 설정으로 나타나기도 한다. 아래의 [발췌 23]을 보자.

> [발췌 23]
> 장관의 도덕성은 저울에 올려놓고 달아볼 수도 없다. 능력은 있지만 도덕성이 약간 떨어지는 사람과 그 반대인 사람 중에 누가 더 나은 장관감이라고 판단하기도 쉽지 않다. 도덕성만 따지자면 자식도 재산도 없는 성직자만이 장관감이라는 우스갯소리도 있다.(동아, 2009.02.11. "장관 材木의 도덕성")

[발췌 23]은 도덕적 검증 기준을 통과할 수 있는 사람을 '성직자'에 비유함으로써, 문제의 원인이 마치 국민의 높아진 도덕 기준에 있는 것인 양 틀짓기 하고 있다. 역으로, 고위 공직자의 도덕성 논란은 "자식도 재산도 없는" "이슬만 먹고산" 도덕군자를 제외한 모든 일반 사람들에게서 쉽게 발생할 수 있는 성격의 문제로 규정되기도 한다. 그리고 "능력은 있지만 도덕성이 약간 떨어지는 사람과 그 반대인 사람 중에 누가 더 나은 장관감이라고 판단하기도 쉽지 않다는" 언명은 한편으로는 도덕성 의혹은 받는 고위 공직자들을 결과적으로 "능력은 있지만 도덕성이 약간 떨어지는 사람"으로 치환하고, 다른 한편으로는 그런 사람들이 여전히 고위 공직자로 적격자일 수

있다는 발상을 내포하고 있다. 사실상 투명한 도덕성과 높은 능력을 겸비한 고위 공직후보자는 없다는 보수/우파의 자기고백과 다를 바 없는 이러한 논리는 심지어 능력 있는 인물을 발탁하지 못하면 그 피해는 국민들에게 돌아간다며 고위 공직자의 도덕성 논란은 덮어 두자는 주장으로 종종 발전하기도 한다.

5) "인사 검증은 신상털기식 여론재판이다."

고위 공직자의 도덕성 논란에 대한 보수/우파의 가장 최근 담론 전략은 인사 검증을 "신상털기식 여론재판"으로 단정하는 것으로 나타난다. 이는 "인사 참사"로까지 불릴 정도로 인사 난맥상을 드러내 보인 박근혜 대통령 당선자가 오히려 인사청문회를 "신상털기식, 여론재판식 검증이 반복"되고 있는 곳으로 비난하면서 본격화된 보수/우파의 담론 전략이다. 아래의 [발췌 24]를 보자.

[발췌 24]

박근혜 대통령 당선인은 그제 "인재를 뽑아서 써야 하는데 인사청문회 과정이 신상 털기 식으로 간다면 과연 누가 나서겠느냐"고 우려를 표명했다. 어제는 "시시콜콜한 것까지 검증하면 처음부터 후보자를 완전히 지리멸렬시켜 버릴 수 있다"면서 업무 능력은 공개 검증하되 신상 문제는 비공개 검증하는 쪽으로 인사청문회 제도를 개선할 필요가 있다는 의견을 제시했다[...]김 후보자가 사퇴할 수밖에 없게 되고, 이 후보자가 인사청문회를 통과하지 못한 것은 사전(事前) 검증이 소홀했기 때문이다[...]물론 지금의 인사청문회 방식에도 문제는 있다. 업무 수행 능력이나 자질 검증보다는 지나치게 도덕성 검증에 치우친 것이 사실이다.(동아. 2013.02.01. "朴 당선인, 언론검증 탓 말고 정부 인사파일 활용하길")

[발췌 24]에서, 인사청문회의 핵심 과제 중의 하나인 도덕성 검증은 박근혜 보수/우파 정권에 의해 "신상 털기"로 전락한다. 고위 공직자에게 일반적으로 기대되는 도덕적 덕목은 더 이상 공적인 문제가 아니라 사적인 "신상"의 문제가 되어 버리는 것이다. 그러면서, 보수/우파는 인사청문회를 업무 능력은 공개 검증하고 신상 문제는 비공개 검증하는 방식으로 이원화해야 한다는 요구까지도 하고 있다. 양파 껍질처럼 벗길수록 더욱 더 드러나기만 하는 고위 공직자의 도덕성 의혹과 불법 행위를 시민들이 아예 알 수조차 없도록 비밀에 부치자는 발상을 드러내 보이고 있는 것이다. 인사청문회의 근본 취지를 밑바탕에서부터 흔들려는 의도라고 보기에 충분한 대응인 셈이다. 물론, 이러한 과도함은 보수/우파 내부에서조차 일정한 반발을 불러일으키기도 한다. [발췌 24]에서와 같이, 인사청문회에서 불거진 "신상 문제"는 "사전 검증이 소홀했기 때문"이라는 지적이 내부에서 종종 따라붙기 때문이다. 그럼에도 불구하고, 보수/우파 일반은 도덕성 의혹이라는 그들의 오랜 질곡에서 벗어나기 위해 도덕성을 능력이나 자질과 대비시키는 시도를 끊임없이 수행한다. 이는 [발췌 24]의 "물론 지금의 인사청문회 방식에도 문제는 있다. 업무 수행 능력이나 자질 검증보다는 지나치게 도덕성 검증에 치우친 것이 사실이다."는 주장에서도 확인할 수 있다. 좀 더 본격적으로는, 아래의 [발췌 25]를 보자.

[발췌 25]

민주화의 큰 결실로 꼽히는 주요 공직자에 대한 인사청문회 제도 또한 총체적인 능력 검증보다도 개인의 재산 상태나 그 밖의 신상 문제에 시선을 집중시키는 정파적 싸움이 매몰되면서 정작 유능한 인재들은 사생활의 보호를 위해 아예 공직을 기피하도록 만드는 역기능을 낳기도 한다.(동아. 2008.04.14. "人事시스템 이대로 둘 순 없다")

[발췌 25]에서, 주요 공직자에 대한 도덕성 검증은 또 다시 개인의 사사로운 "신상 문제" 혹은 "정파적 싸움"으로 폄하된다. 그리하여 도덕성 검증은 하지 말아야 하는 일이 되거나 총체적인 능력 검증을 가로막는 장애물과도 같은 것이 된다. 그리고 도덕성 의혹의 단골 메뉴로 등장한 위장 전입, 부동산 투기, 세금 탈루, 병역 문제 등이 대부분 불법 행위와 관련된 것이라고 할 수 있음에도 불구하고, 그러한 의혹과 행위들을 "사생활 보호"라는 미명으로 은폐하고 있다. 심지어는 고위 공직에 나가고 싶은 마음이 아무리 많아도 도덕적 자격 미달로 인해 도저히 그럴 수 없거나 아니며 불법 행위로 법의 심판을 받아야 마땅할 사람들을 오히려 "공직을 기피하는" "유능한 인재"로 둔갑시키기도 한다. 그런데 흥미로운 사실은 보수/우파가 이처럼 매우 부자연스러운 입론을 구축해야만 하는 스스로의 처지를 한탄하는 모습을 종종 보이기도 한다는 점이다. 아래의 [발췌 26]과 [발췌 27]을 보자.

[발췌 26]

'내가 하면 로맨스, 남이 하면 불륜' '우리 편이 부동산을 사면 투자, 남이 사면 투기' '그때는 그때, 지금은 지금(彼一時此一時)'이라고 우긴다. 인사청문회 때 이미 볼 만큼 봤다. 국정을 책임지는 여당과 비판견제 세력인 야당의 역할은 다르다. 하지만 5년 또는 10년마다 여야가 바뀌는 시대다. 여당은 야당, 야당은 여당 때 한 말과 행동에 스스로 발목을 잡히지 않는 정치를 해야 한다. 공직자 도덕성에 대한 기대 수준을 지금처럼 높여 놓은 것은 역설적이지만 한나라당이다. 2000년 6월 이한동 총리서리에 대한 인사청문회 이후 지금까지 약 100명에 대한 인사청문회가 실시됐다. 한나라당이 야당 때 낙마시킨 총리와 장관에게 적용한 기준을 이명박 정부 장관들에게 적용하면 몇이나 살아남았을까. 그렇다고 여당 해본 야당이 여당 때 당한 만큼 갚아 주겠다고 악을 쓰면 수준 낮은 정치의 악순환이 될 뿐이다. 자신들이 당한 게 억울하다면 억울한 희생자가 다시 나오지 않게 해야 정치가 발전하고 상대가 부끄러워 할 것이다. 그런 사례가 쌓이면 여야가 공감하는 기준이 생길 것이다.(동아. 2008.03.03. "'로맨스와 불륜'의 攻守교대")

[발췌 27]

김대중노무현 정부 때 청문회에서 야당인 한나라당의 기세는 대단했다. 각종 의혹을 샅샅이 파헤쳐 '현미경 검증'이라는 말까지 나왔다. 새누리당의 한 중진 의원은 "그때 우리가 업(業)을 많이 쌓았다"고 말했다[...]그렇다고 과거의 일을 현재의 기준으로 재는 엄격한 검증의 틀을 없앨 수도 없다. 한나라당은 2005년 청문회 대상 공직자를 장관으로 확대해 청문회 제도를 강화했다. 그래서 새누리당이 청문회 제도 개선에 주도적으로 나설 명분이 약하다. 세상이 돌고 돌아 정권이 바뀌는 날이 올 수 있다. 그때도 총리 인준을 놓고 야당은 사사건건 발목을 잡고 여당은 버티는 일이 반복되면 되겠는가. 인사청문회에서 역량 검증은 실종됐고 신상 털기로 일관한다. 이로 인해 유능한 인재를 쓸 수 없게 되는 건 국가적 손실이다.(동아. 2014.06.20. "돌고 도는 물레방아 '청문회 공방'")

[발췌 26]에서, 보수/우파는 고위 공직자 검증에 대한 역지사지의 모습을 부분적으로 내비친다.("한나라당이 야당 때 낙마시킨 총리와 장관에게 적용한 기준을 이명박 정부 장관들에게 적용하면 몇이나 살아남았을까") 그리고 현재의 인사 난국은 일종의 자업자득이라는 평가도 제기한다.("공직자 도덕성에 대한 기대 수준을 지금처럼 높여 놓은 것은 역설적이지만 한나라당이다.") 그러나 그렇다고 해서 보수/우파가 높아진 도덕성 검증 기준을 보수/우파 정부에게도 그대로 적용해야 하고 또 적용할 수밖에 없다고 주문하는 것은 아니다. 오히려 정반대다. 지금의 야당이 언제든 다시 여당이 될 수 있으니, 깐깐한 검증 기준을 철회할 것을 요구하고 있는 것이다.("여당 해본

야당이 여당 때 당한 만큼 갚아주겠다고 악을 쓰면 수준 낮은 정치의 악순환이 될 뿐이다.") 높아진 검증 기준을 그대로 지키거나 더 높이는 것이 "수준 낮은 정치의 악순환"을 불러온다는 좀처럼 납득하기 어려운 논리를 들이대면서 말이다. 심지어는, 도덕성 의혹으로 검증을 통과하지 못한 사람을 "억울한 희생자"인 양 반전시키면서 말이다. 결국, 애초의 역지사지 태도는 자기 스스로에게서 찾는 것이라기보다는 사실상 야당을 향한 것에 다름 아닌 것임이 분명해진다. 보수/우파의 이러한 담론 전략은 이명박 정부에 이어 박근혜 정부에서도 거의 변함없이 구사된다. [발췌 27]에서, 보수/우파는 김대중 정부와 노무현 정부 시절에 자신들이 "현미경 검증"이라는 말이 나올 정도로 '신상 털기'에 집중했고, 이제는 그것이 자신들이 짊어져야 할 일종의 "업(業)"이 되었다고 평가한다. 아울러, 그 시기에 청문회 제도를 강화 장본인들인 자신들이 "엄격한 검증의 틀"을 없앨 명분도 갖지 못한다고 인정한다. 그러나 이는 [발췌 26]에서와 마찬가지로 '표면적 부정' 전략에 지나지 않는다. 보수/우파가 진정으로 주문하고자 하는 것은 바로 "세상이 돌고 돌아 정권이 바뀌는 날"이 올 수 있으니 야당이 알아서 엄격한 검증의 틀을 바꾸라는 것으로 볼 수 있기 때문이다. "엄격한 검증"을 또 다시 야당의 사사건건 이어지는 "발목" 잡기와 "신상 털기"로 폄훼하면서 말이다.

5. 결론

인사청문회를 통한 고위 공직자 검증의 기본 취지가 삼권분립 원리에 따른 대통령의 인사권 견제에 있다는 인식에는 보수/우파와 진보/좌파 사이에 큰 차이를 발견하기 어렵다. 그러나 현존 인사청문회법에 따라 국회 인준이 필요하지 않은 인사청문회 대상 고위 공직자 임명권은 대통령의 고유 권한으로 인정해야 한다는 점과 관련하여 보수/우파와 진보/좌파는 일정한 입장의 차이를 보이는 바, 김대중 정부와 노무현 정부 시기에 보수/우파는 '고유 권한'을 대통령의 잘못된 '독단'으로 규정하였으나 진보/좌파는 '고유 권한'을 인정해줘야 한다는 입장을 견지한 반면, 이명박 정부와 박근혜 정부 시기에는 '고유 권한'에 대한 정치적 논쟁 자체가 사실상 사라져 버렸다. 보수/우파는 더 이상 이들 대통령의 '고유한' 인사권 행사를 문제 삼거나 '독단'으로 몰아가지 않았으며, 진보/좌파는 어쨌든 그것은 현행 인사청문회법상 대통령의 고유 권한에 속한다는 입장을 지속적으로 견지하였기 때문에 특별히 대통령의 '고유 권한'이 정치적 논란의 대상이 되지 않았던 것이다. 물론, 국회와 언론의 반대에도 불구하고 대통령이 일부 후보자의 임명을 강행하는 것에 대해서는 보수/우파와 진보/좌파가 인사청문회법의 개정을 통해 그것을 견제할 필요가 있다는 공통된 의견을 제기하기도 하였다. 고위 공직후보자의 도덕성, 자질, 능력 등이 주요 검증 요소라는 점에 대해서도 보수/우파와 진보/좌파는 서로 대체로 동의하지만, 노무현 정부 시기의 보수/우파는 고위 공직자의 정치적 중립성과 독립성을 강조한 반면, 진보/좌파는 고위 공직자에 대한 사상과 이념 검증은 인권침해라고 비판하였다. 이명박 정부와 박근혜 정부 시기에 공직자의 중립성과 독립성 그리고 '코드 인사'에 대한 보수/우파의 비판 목소리는 잦아든 반면, 진보/좌파는 공직후보자의 사상과 이념을 포함한 국정 철학을 여전히 주요 검증 요소로 다루었다.

그러나 검증의 기본 취지와 핵심 요소에 대한 이러한 논란에도 불구하고, 실제로 진행된 고위 공직자 검증 과정은 도덕성 검증이 인사청문회의 전부 혹은 시작과 끝이라고 할 정도로 한국 지배 계급의 백화점식 도덕성 의혹으로 점철된 것으로 평가할 수 있다. 부동산 투기, 위장 전입, 병역 특례, 전관예우, 논문 표절, 세금 탈루 문제 등으로부터 자유로운 고위 공직자는 거의 없다고 할 정도로 도덕적 결함은 심각하다. 보수/우파와 진보/좌파는 이러한 의혹이 정부의 도덕적 정당성을 취약하게 만들 수밖에 없다고 지적하면서도, 국민의 도덕적 기준이 너무 높아져서 인재를 고르기가 어렵다는 면책성 진단을 공유하기도 했다. 여기서 더 나아가, 보수/우파는 정당하지 못한 방법으로 축적한 부와 재산을 사회에 '기부'함으로써 고위 공직 자리를 얻으려 하거나, 능력 담론의 동원을 통해 도덕성 문제를 덮어 버리려 하거나, 심지어는 공인에 대한 도덕성 검증을 개인에 대한 '신상털기'와 '여론재판'으로 몰아가는 행태를 보이기도 한다. 숱한 도덕성 의혹 못지않은 혹은 그보다 더 일그러진 그들의 부끄러운 자화상을 드러내 보이고 있는 것이다.

제 9 장
'진보/좌파', '보수/우파' 담론

이 장은 '진보/좌파'와 '보수/우파' 담론을 분석한다. 한국의 진보 세력과 보수 세력이 각기 어떤 담론 전략으로 상대방과 스스로를 규정하는지를 살펴본다. 두 정치 세력은 원론적인 정치 이념의 차원에서는 좌파와 우파, 진보와 보수가 근대 사회를 떠받치는 두 기둥으로서 존중되어야 한다고 말한다. 그러면서도, 한국에서는 좌파라는 말과 보수라는 말에 대한 일종의 콤플렉스가 존재한다고 본다. 한국의 보수/우파는 반대파를 수구적이고, 위선적이며, 독단적이고, 상습적으로 선거용 민주/반민주 구도를 들먹이는 집단이라고 비판한다. 반면, 스스로에 대해서는 오늘날의 성공한 대한민국을 주도해왔다는 자부심을 견지하면서도 오랜 기득권 구조 속에서 무임승차와 기회주의적 처신에 익숙해진 것을 비판한다. 한국의 진보/좌파는 반대파를 친일과 독재를 전승하고, 기회주의적이며, 수구적이고, 끊임없이 색깔론을 들이대는 세력으로 규정한다. 반면, 스스로의 독단성과 위선성 그리고 신자유주의의 시장주의 환상으로부터 벗어나지 못한 한계를 비판하기도 한다.

1. 근대 사회의 두 기둥: '좌파(진보)'와 '우파(보수)'

한국 사회에서 '좌파/우파'는 흔히 '진보/보수'와 혼용된다. 좌파는 진보와, 우파는 보수와 서로 같은 말처럼 통용된다. 이러한 용법에는 한국의 진보/좌파 세력과 보수/우파 세력 사이의 차이가 별로 크지 않다. 그러나 정치사상적으로, 좌파는 진보와 서로 같은 말이 아니며 우파도 보수와 서로 동의어가 아니다. 좌파/우파는 이념적 정책적 지향에 따라 나뉠 수 있는 개념인 반면, 진보/보수는 현존 질서의 유지와 변화에 대한 태도에 따라 구분될 수 있는 개념이기 때문이다. 일반적으로, 좌파는 평등, 분배, 국가 역할을, 우파는 자유, 성장, 시장 역할을 강조하는 이념적 정책적 지향을 가진다고 말할 수 있다. 그리고 진보는 사회적 약자와 소외 계층의 이익을, 보수는 사회적 강자와 기득권 집단의 이익을 옹호하고 대변하는 태도라 할 수 있다. 물론 사회적 약자를 대변하는 태도가 평등과 분배라는 이념적 정책적 지향과 쉽게 연결되고, 기득권 질서를 옹호하려는 태도가 자유와 성장이라는 이념적 정책적 지향과 자연스럽게 연결되곤 한다는 점에서, 그것들이 서로 혼용되는 것은 나름의 타당한 근거가 없지 않다. 하지만, 정치사회학적으로 좌파/우파와 진보/보수는 서로 분명히 구분되는 관념이다.

그런데 한국의 진보/좌파와 보수/우파가 이러한 '좌파/우파'와 '진보/보수' 관념을 혼용하는 유사성을 보이면서도, 각기 그 개념들을 이해하는 방식에서는 상당한 차이점들도 드러내 보이기도 한다. 진보/좌파 세력은 좌파/우파와 진보/보수 관념 사이의 개념적 차별성을 좀 더 강조하는 반면, 보수/우파는 그것들을 굳이 서로 구분하지 않거나 아예 진보/보수의 틀로 환원하여 사용하는 경향이 있다. 우선, 아래의 [발췌 1]과 [발췌 2]를 보자.

[발췌 1]

좌파가 민주주의, 분배, 평등, 사회연대를 강조하는 반면 우파는 시장경쟁, 성장, 자유, 자기책임을 강조하는 것으로 좌파와 우파는 근대사회의 두 기둥을 하나씩 떠받치고 있는 셈이다.(한겨레. 2009.03.25. "개혁좌파와 개혁우파의 합작을")

[발췌 2]

보수와 진보를 가르는 주요한 기준이 바로 기득권 세력에 대한 태도다. 보수는 기득권 세력을 유지해 나가려 하고, 진보는 새로운 권력을 구축하려 한다. 보수는 경험 있는 기득권층을 중심으로 나라를 운영하는 것이 최선이라 여기는 반면, 진보는 권력의 기반을 크게 넓혀 국민의 에너지를 끌어내는 것이 정의롭다고 본다. 보수는 엘리트를, 진보는 민주주의를 믿는다. 둘다 나름의 역사·철학·실천적 바탕이 있는 셈이다.(한겨레. 2005.10.24. "개혁적 보수, 대중적 진보")

[발췌 1]과 [발췌 2]는 각각 한국 진보/좌파 세력의 좌파/우파, 진보/보수 구분법을 보여준다. [발췌 1]에서 좌파와 우파는 "민주주의, 분배, 평등, 사회연대"와 "시장경쟁, 성장, 자유, 자기책임"이라는 이념과 정책 지향에 따라 구분된다. 그리고 흔히 좌파는 평등과 인간 존엄성을 강조하고 우파는 선택과 집중, 불균형 성장 전략, 비교우위 이론, 격차 활용 등을 강조한다는 사실도 이러한 좌파/우파 구분의 주요 요소로 다루어진다. [발췌 2]에서 진보와 보수는 "기득권 세력에 대한 태도"에 따라 구분된다. 보수가 기득권 질서를 유지하려는 반면, 진보는 새로운 권력 질서를 구축하려 한다는 것이다. 그래서 보수가 사회적 강자와 자본의 논리를 대변한다면, 진보는 사회적 약자와 인권의 논리를 대변하는 입장이라고 규정할 수 있다. 또한 진보는 더 많은 사람들의 인간다운 삶을 추구하고 기존 질서를 전복하려 하는 반면, 보수는 전통적 가치와 권위를 존중하고 절대적 진리와 선의 존재를 믿으며 현존 통치 질서와 법질서를 지키려 한다는 사실도 이러한 진보/보수 구분의 주요 요소로 종종 간주된다. 일부 개념 요소의 중첩성에도 불구하고, 한국의 진보/좌파 세력은 좌파/우파와 진보/보수 관념에 대한 이렇듯 상이한 구분 기준을 좀 더 의식하는 모습을 보인다.

반면, 한국의 보수/우파 세력은 좌파/우파와 진보/보수 개념을 의식적으로 구분하기보다는 좌파/우파 관념을 진보/보수 관념에 통합시켜 사용하는 경향이 강하다. 아래의 [발췌 3]을 보자.

> [발췌 3]
> 서구 지성사에서 보수는 안정 자유 성장 경쟁에 무게를 두고, 진보는 변화 평등 분배 협동에 중점을 두고 있는 세력으로 차이를 구분한다. 또 보수가 개인적 성취와 이익의 극대화에 역점을 두는 반면 진보는 연대와 나눔에 더 큰 가치를 두고 있는 것으로 본다. (동아. 2005.12.08. "진보주의자, 진보생활자")

[발췌 3]에서는 [발췌 1]과 [발췌 2]에서 각각 좌파/우파, 진보/보수를 가르는 요소로 간주된 항목들이 모두 진보/보수의 구분 요소로 통합되어 다루어지고 있다. 즉, "안정, 변화, 개인적 성취, 이익의 극대화, 연대와 나눔"과 같은 진보/보수의 기준점뿐만 아니라 "자유, 성장, 경쟁, 평등, 분배, 협동"과 같은 좌파/우파의 기준점들도 모두 진보/보수의 구분 요소로 간주되고 있는 것이다. 물론, 이러한 구분법은 한국의 보수/우파 세력만이 아니라 진보/좌파 세력의 용법에서도 어렵지 않게 찾아볼 수 있다. 그리고 한국의 보수/우파 세력이 종종 좌파는 평등과 분배를 강조하고 우파는 자유와 성장을 강조한다는 평가를 하는 것도 사실이다. 그럼에도 불구하고, 한국의 보수/우파 세력은 진보/좌파 세력에 비해 진보/보수 구분법을 좌파/우파 구분까지도 아우르는 훨씬 더 포괄적인 개념 장치로 사용하는 특성을 보인다. 그렇다고 해서, 그들이 좌파/우파 구분법을 꺼리거나 회피한다고는 말할 수 없다. 나중에 좀 더 자세히 살펴보겠지만, 한국의 보수/우파 세력은 좌파/우파 구분법을 이념적으로 훨씬 더 대결적이고 적대적인 맥락에서 사용하는 경향이 있기 때문이다.

한국 보수/우파 세력의 이러한 진보/보수 구분법이 갖는 또 다른 특징은 기득권 질서에 대해 어떤 태도를 갖는가라는 점을 그러한 구분의 기준으로 삼는 것에 소극적이라는 사실이다. [발췌 2]에서와 같이, 한국의 진보/좌파 세력은 진보와 보수가 기득권 질서(사회적 강자)와 소외 계층(사회적 약자)에 대한 태도에 따라 나뉜다고 보지만, 보수/우파 세력은 어떤 정책이나 제도가 특정 집단이나 계층의 이익을 위한 것이라는 점보다는 궁극적으로 그것이 공동체의 이익에 도움이 된다는 점을 더 강조한다. 동시에, 보수가 변화를 반대하거나 거부하는 것이 아니라 오히려 그것을 끊임없이 추구한다는 사실을 부각시키기도 한다. 아래의 [발췌 4]를 보자.

[발췌 4]

보수와 진보를 구분하는 데에는 여러가지 준거가 있을 수 있다. 그 준거의 하나로서 보수주의가 역사의 경험에 더 무게를 두고 있다면 진보주의는 인간의 이성에 대한 신뢰를 더 중요시하고, 보수가 점진적이고 단계적인 변혁을 지향한다면 진보는 급진적인 개혁을 추구한다 할 수 있다. 역사를 인간의 경험과 지혜의 퇴적(堆積)이라고 믿고 있는 보수주의는 절대로 변할 수 없는 것, 비교적 쉽게 변할 수 있는 것, 그리고 끊임없이 변하고 있는 것에 대한 신념과 판단 기준이 명확하다 할 수 있다. 물론 진보가 더 개혁적이고 보수가 덜 개혁적인 것처럼 보이는 것은 사실이다. 그러나 그것은 진보주의가 이상적이고 급진적인 것에 반하여 보수주의가 현실적이고 점진적이기 때문일 뿐이다. 유럽의 역사가 보여주고 있는 것과 같이 '중층적(重層的)' 역사관을 바탕으로 한 진정한 보수주의는 끊임없이 사회변혁을 추구하고 있고, 그 방법과 속도를 검증된 역사의 경험에서 찾는다. 그러므로 급진적 개혁보다 덜 개혁적인 것처럼 보이지만 오히려 더 확실한 성공을 담보하고 있다. (동아. 2001.06.04. "제대로 된 보수가 필요하다")

사회의 변화와 개혁과 관련하여, 보수는 "역사의 경험"과 "'중층적' 역사관"을 바탕으로 변할 수 있는 것과 없는 것을 현실적으로 분별하며, 변할 수 있는 것을 확실하고도 성공적으로 변화시킬 줄 아는 능력이 있다는 것이 [발췌 4]에 나타난 보수론이다. 이렇듯 보수의 반대말은 변화가 아니라 급진적 변화 방식이라고 주장하면서, 한국의 보수/우파 세력은 보수의 다양한 미덕을 역설한다. 즉, 보수란 시대의 흐름을 수용하면서도 공동체가 수호해야할 정당한 가치를 살릴 줄 알고, 국가와 사회에 기대거나 기존 질서에 안주하지 않고 스스로의 힘으로 자신을 위대하게 만들려고 노력하며, 개혁의 이상에 동의하면서도 비용을 현실적으로 따져보고, 공동체의 규범적 통합을 중시하며, 권리를 주장하기에 앞서 항상 자신의 의무를 돌아보고, 역사를 움직이는 힘은 인간의 이성과 의지만이 아니며 전통, 우연성, 영성, 야성 등이 함께 작용한다는 사실을 고려하는 자세와 태도로 표상될 수 있다는 것이다.

그런데 이러한 원칙론적인 보수의 덕목은, 아래의 [발췌 5]에 나타난 것과 같이, 한국의 진보/좌파 세력도 거부하거나 폄하하지 않으며 그 가치를 인정하고 존중한다.

[발췌 5]

보수와 진보를 구별하는 기준에 대해서는 다양한 견해가 있을 수 있겠지만, 개인적으로는 보수주의를 전통적인 가치와 권위를 존중하는 태도라고 생각한다. 보수주의자들은 대체로 절대적 진리 혹은 선의 존재를 믿고 현존하는 통치체제와 법질서를 긍정한다. 철학적으로 불가지론적 성향을 가진 진보주의자들이 기존 질서의 전복을 꿈꾸는 데 비해서 보수주의를 옹호하는 사람들은 오랜 세월에 걸쳐 만들어진 체제 내에서 해법을 찾으려고 애쓴다. 나는 스스로를 보수주의자라고 생각하지 않지만, 그러한 사고방식은 우리가 만들어 놓은 것에 대해 강한 믿음을 가진다는 점에서 마땅히 존중받아야 한다고 생각한다. 루이제 린저의 〈생의 한가운데〉에서 주인공은 이렇게 말한다. “과연 무엇이 진정으로 용기 있는 행동일까. 겁에 질려 미지의 해안으로 달려가는 것인가. 아니면 그전부터 가치 있었고 아마도 앞으로 영원히 가치 있을 것들을 위해 제자리를 지키는 것인가." 이 말처럼 보수주의자가 가질 수 있는 긍지를 잘 표현한 것도 찾아보기 힘들 것이다. (한겨레. 2012.07.30. "5·16과 우리 사회의 보수")

[발췌 5]에 나타난 보수론은 앞의 [발췌 4]의 그것과 크게 다르지 않다. "절대적 진리 혹은 선"은 "절대로 변하지 않는 것"과, "역사를 인간의 경험과 지혜의 퇴적이라 믿는 보수주의"는 "그전부터 가치 있었고 아마도 앞으로 영원히 가치 있을 것들을 위해 제자리를 지키는"과, 그리고 "오랜 세월에 걸쳐 만들어진 체제 내에서 해법"은 "중층적 역사관을 바탕으로[...]그 방법과 속도를 검증된 역사의 경험에서 찾는다"는 진술과 기본적으로 동일한 관념을 공유하고 있다. 이는 진보주의의 가치가 적어도 이론적인 수준에서는 한국의 보수/우파 세력에 의해 거부당하지 않는 것과 마찬가지로, 보수주의의 가치가 원론적으로 한국의 진보/좌파 세력에 의해 존중받는 것의 한 가지 모습으로 이해할 수 있다.

원칙론의 수준에서, 좌파와 우파 그리고 진보와 보수가 서로 적대적이 아니라 상호보완적인 관계라는 것은, 아래의 [발췌 6]과 [발췌 7]에서와 같이, 진보/좌파 세력과 보수/우파 세력이 공통적으로 강조하는 사실이다.

[발췌 6]

보비오의 저서 〈좌파와 우파〉가 이 분야의 명저로 알려져 있다. 이 책의 안내를 따라가 보면 "좌우라는 메타포는 인류의 지성이 발명해낸 지구의 특산물"이라는 인식에 이르게 된다. 프랑스 혁명 중에 탄생한 좌우는 지난 두 세기 이상 인류의 민주주의 발전에 큰 구실을 해 왔다는 것이 그의 견해이다. 좌우는 나누고 구분하고 판단하는 속성 때문에 복잡다기한 사회현상들을 재는 유용한 잣대의 기능을 해 왔다. 그러나 우리에게는 민족 분단의 원인이 되었으며 지금까지도 늘 사회 분란을 야기하는 골칫거리다.(한겨레. 2009.04.30. "좌파 우파, 진보 보수라는 덫")

[발췌 7]

그러나 어떤 보수도 변화와 발전을 전면 부정하는 안정을 주장할 수 없으며, 어떤 진보도 안정을 완전히 무시하는 변화와 발전을 주장할 수 없다. 이들의 차이는 강조점의 차이일 뿐이며, 우리의 삶에는 두 가지 모두 필요하다. 따라서 극단적인 보수, 극단적인 진보가 아니라 서로의 장점을 배우고 흡수하는 가운데 균형과 조화를 꾀하는 합리적인 보수, 합리적인 진보가 국민에게는 더 유용하다. 상대를 부정하고 파괴하여 자신만이 살아남겠다는 것이 아니라 자신의 주장을 입증하고 관철하기 위한 선의의 경쟁을 통해 서로가 발전할 수 있기 때문이다. 이를 위해서는 보수 또는 진보의 극단화를 견제하는 중도세력이 두껍게 형성되는 것이 바람직하다.(동아. 2012.03.16. "보수-진보 공통분모 키워나가야")

[발췌 6]에서 좌파와 우파는 모두 근대 "인류의 민주주의 발전에 큰 구실을" 했으며, 사회문제 해결의 "유용한 잣대 기능을" 수행한 주체로 평가된다. [발췌 7]에서도 보수와 진보는 우리 삶의 필수적 요소이며 서로 "선의의 경쟁"을 벌이면서 "균형과 조화를" 이루어야 하는 것으로 간주된다. 한국의 진보/좌파 세력과 보수/우파 세력은 공통적으로 좌파/우파와 진보/보수를 '근대사회의 두 기둥' 혹은 '새의 양 날개'로 비유하여, 서로 경쟁하면서도 동시에 조화로운 균형을 달성해야 하고, 서로 대립하면서도 결코 상대편의 존재를 인정하지 않거나 선과 악으로 봐서는 안 되는 관계로 규정한다. 따라서 좌파/우파와 진보/보수는 항상 대화와 타협의 가능성을 추구하고 사회 발전을 위한 상호보완 관계를 정립하는 것이 근본적으로 중요한 일로 간주된다.

2. 두 가지 콤플렉스: '좌파'와 '보수'

앞서 살펴보았듯이, 좌파/우파와 진보/보수가 서로 혼용되거나 좌파/우파 대신에 진보/보수 개념이 좀 더 널리 사용되고 있는 것은 상당 부분 좌파라는 말에 대한 우리 사회의 광범위한 거부감 혹은 콤플렉스에 따른 것이라 할 수 있다. 한국 전쟁을 겪고 분단 상태에 놓여 있는 우리 역사와 현실에서 좌파는 종종 '빨갱이', '괴물 빨갱이', '북한에 동조하는 세력', '친북', '용공', '사회주의자', '공산주의자', '기피대상', '용납될 수 없는 악', '배제되어야 할 대상', '척결 대상' 등과 같이 이념적 적대성이 고도로 응축된 용어가 되었다. 그것의 본래적 의미가 정당하게 인식되거나 통용되지 못했으며, 따라서 결코 온전한 정치적 시민권을 획득했다고 볼 수 없는 용어인 셈이다. 아래의 [발췌 8]과 [발췌 9]에 나타나듯이, 이는 한국의 진보/좌파 세력과 보수/우파 세력이 공통으로 인정하는 사실이다.

[발췌 8]

일부 진보학자들은 '좌파'라는 용어를 한국에서 실체화된 세력의 공식 용어처럼 거리낌없이 사용한다. 나름대로 판단을 해서 하는 행동이겠지만 나는 '좌파'라는 말이 영 불편하다. 반공을 국시로 삼아온 우리 사회에서 상대방을 '좌파'로 호명하는 것은 '배제되어야 할 대상' 혹은 '척결 대상'이라는 이미지를 동반하는 일종의 주홍글씨였다.(한겨레. 2011.04.26. "좌파, 그 호명이 불편한 이유")

[발췌 9]

한국 사회에서 '좌파면 어떠냐?'는 치명적이다. '반미(反美)면 어떠냐?'에 비할 수 없다. 반미는 '할 말은 하는 자주(自主)'로 비켜갈 수 있으나 좌파는 '친북(親北) 용공(容共)'에서 피해가기 어렵다. 집권당 의장은 "내가 좌파면 국가보안법으로 고발하라. 그러면 가서 또 고문당해 줄 용의가 있다"고 말한다.

이 격한 발언의 밑바닥에는 한국 사회의 뿌리 깊은 '좌파 콤플렉스'가 자리 잡고 있다. 남한 사회는 아직 '살인의 추억'보다 끔찍한 '좌익의 추억'으로부터 자유롭지 못하다. 냉전시대의 맹목적 반공 이데올로기야 상당 부분 희석됐다고 하지만 좌파에 대한 불신과 적의(敵意)의 농도는 여전히 진하다. 김정일 북한정권이 "한 핏줄을 나눈 동족인 북과 남 사이에는 서로 위협하고 싸워야 할 아무런 이유도 없다"(북한 '노동신문' 10월 30일자 논설)며 '민족 공조'를 강조할수록 좌파에 대한 의구심과 적대감만 커질 뿐이다.(동아. 2004. 11.09. "좌파의 덫")

[발췌 8]에서, 좌파라는 말은 우리 사회에서 "배제되어야 할 대상"이라는 의미를 갖는 하나의 "주홍글씨"가 되었다. 그래서 진보파가 스스로를 좌파로 부르는 것은 불편한 일이 된다. 실제로, 이러한 '좌파 올가미' 때문에 한국의 진보/좌파 세력이 공개적으로 자신이 좌파임을 밝히는 경우는 매우 드물다. 한편, [발췌 9]에서, 좌파는 한국 사회에서 "치명적"인 용어이며, 그것에 대한 "불신과 적의의 농도는 여전히 진하다"는 사실이 강조된다. 물론, "좌익의 추억"으로부터 자유롭지 못한 한국 사회가 그러한 "의구심과 적대감"을 갖는 것은 좌파가 자초한 결과이며, 좌파는 "친북 용공에서 피해가기" 어렵다는 평가 속에서 좌파는 곧 친북이라는 틀 짓기 작업이 이루어지고 있긴 하지만, 어쨌든 [발췌 9]에는 좌파라는 용어가 한국 사회에서 매우 불리하고도 적대적인 이념 지형에 놓여 있다는 사실이 지적되고 있다.

좌파라는 말에 대한 이러한 거부감 때문에, 한국의 진보/좌파 세력은 스스로를 좌파보다는 진보로 규정하고자 하였고, 실제로 반대 세력과의 논쟁도 흔히 좌파/우파보다는 진보/보수 논쟁으로 명명되었다. 그 결과, 좌파/우파 구도에서는 열세의 위치에 있던 한국의 진보/좌파 세력이 진보/보수 구도에서는 오히려 우세의 위치에 서게 되는 현상이 발생하게 되었다. 당연히, 한국의 보수/우파 세력은 이러한 상황을 수용하기 어렵다. 아래의 [발췌 10]을 보자.

[발췌 10]

사실 우리에게 진보라는 용어가 정착된 것은 1990년대 이후의 일이다. 이전까지 좌파 세력은 스스로를 '민주화 세력'이라고 불렀다. 김대중 노무현 정권이 들어서면서 두 정부가 '진보 정권'을 자처했고 좌파 진영에선 자신들을 진보라고 불러달라고 요청하기도 했다. 보수는 자연스럽게 진보와 짝이 되는 용어로 자리 잡게 됐다.(동아. 2012.02.01. "진보 대신 좌파라고 불러도 된다")

[발췌 10]에서, 진보라는 용어는 한국 좌파 세력이 새롭게 갈아입은 옷에 다름 아니다. 좌파 세력이 스스로를 1990년대 이전에는 "민주화 세력"이라 불렀고, 이후에는 "진보 세력"으로 부르고 있다는 것이다. 다시 말해서, 그것은 기존의 좌파 운동권이 새로운 현실의 투쟁 과정에서 대중성 확보를 위해 고안한 개념이며, 진보 세력이 좌파 이념의 핵심 요소들을 결코 포기한 적이 없기 때문에, 그들은 여전히 좌파라는 것이다. 그럼에도 불구하고, 아래의 [발췌 11]에 나타나듯이, 진보/보수 구분법을 통해 진보/좌파 세력이 이념적 도덕적 우위를 차지하게 된 것은 보수/우파 세력에게 달갑지 않은 일이다. '좌파 콤플렉스'에 비견될 수 있는 일종의 '보수 콤플렉스'가 형성되었다고 볼 수 있기 때문이다.

[발췌 11]

세계적 조류와 거꾸로 한국에서는 우파와 좌파 대신에 보수와 진보라는 말이 득세한다. 친(親)전교조 교육감 전성시대를 앞두고 이런 풍조는 더 심해졌다. 진보라는 표현은 누가 봐도 보수보다 매력적이다. 좌파가 스스로를 '진보'로 포장해 도덕적 고지(高地)를 선점하려는 것은 당연하다. 그러나 대한민국의 핵심 가치들을 존중한다는 사람들이 그들의 용어 프레임을 비판적 성찰 없이 수용하는 것은 차원이 다르다.(동아. 2014.06.11. "퇴행적 한국 좌파가 '진보'?")

[발췌 11]에서는 보수/진보 프레임이 지배적이며, 진보는 보수보다 더 매력적으로 보이는 것이 사실이며, 좌파가 진보로 자처하여 도덕적 우위를 차지하고 있다는 사실이 지적되고 있다. 이러한 평가를 대체적으로 공유하고 있는 한국의 보수/우파 세력은 진보/보수 프레임이 진보는 선이고 보수는 악이라는 적대적 이분법을 조장하고 있다고 본다. 그래서 좌파가 악이라는 좌파/우파 프레임을 되살림으로써 진보/보수 프레임에서의 자신들의 열세를 뒤집으려 한다. 아래의 [발췌 12]와 [발췌 13]을 보자.

[발췌 12]

기준이 분명치 않은 보수-진보 개념을 폐기하고 좌-우 개념을 일반화해야 한다. 진보를 자처하면서도 좌파가 아니라고 우기는 이들이 권력을 휘두르고 있기에 이러한 규정은 더더욱 필요하다. 메이저 신문들도 수구 좌파를 진보라 불러주는 것을 중단해야 한다.(동아. 2005.02.24. "'보수-진보'잣대 시효 끝났다")

[발췌 13]

차라리 '이러저러한 정책은 좌파적이다. 그러나 그것은 분단 체제에서도 문제없다'고 국민을 설득하고 동의(同意)를 구하는 편이 낫다. 그렇게 하는 것이 '좌파=친북=용공'이라는 한국 사회의 경직된 이념구도를 유연화하는 데도 도움이 될 것이다[...]우파의 상대적 가치로서 좌파가 인정되려면 도리어 그 색깔을 분명히 해야 한다. '색깔론-역(逆)색깔론'으로는 혼돈만 가중된다. 오른쪽 깜빡이를 켜고 좌회전을 해선 안 된다. 좌회전을 하려면 분명하게 왼쪽 깜빡이를 켜라. "좌파면 어떠냐?"고 말하지 못하는(않는) 좌파. 그것이야말로 2004년 남한사회 좌파의 덫이 아니겠는가.(동아. 2004.11.09. "좌파의 덫")

[발췌 12]는 한국의 보수/우파 세력에게 진보/좌파 세력을 진보가 아닌 좌파로 부를 수 있도록 "보수-진보 개념을 폐기하고 좌-우 개념을 일반화" 것을 주장한다. 그리고 [발췌 13]은 한국의 진보/좌파 세력에게 스스로 좌파임을 천명하고 '좌파면 어떠냐'고 반문할 것을 주문한다. 한국의 진보/좌파 세력의 좌파로서의 정체성이 객관적으로나 주관적으로도 분명하게 밝혀져야 한다는 것이다. 물론, 우리의 전쟁과 분단의 역사에서 좌파라는 말은 골육상쟁의 비극과 쉽게 연결되기 때문에 그 용어의 사용을 가급적 자제하는 보수/우파 세력이 있는가 하면, 좌파는 스스로를 진보파라 부를 것이 아니라 좌파라고 불러야 한다는 진보/좌파 세력이 있기도 하다. 그러나 좌파 정체성을 분명히 밝히라는 보수/우파 세력의 주장에 대해 대부분의 진보/좌파 세력은 동의하지 않는다. 아래의 [발췌 14]를 보자.

> [발췌 14]
>
> 진보가 아니라 좌파가 옳다고 주장하려면 먼저 국가보안법을 폐지해야 한다는 말도 함께 해야 하는 것 아닐까. 좌파라고 고백하는 것이 여전히 안전하지 않은 우리 사회에서 말이다.(한겨레. 2009.04.30. "좌파 우파, 진보 보수라는 덫")

[발췌 14]에서처럼, '좌파면 어떠냐'고 말할 수 있어야 한다는 주장이 진심으로 제대로 된 좌우 논쟁을 하자는 발상에서 나온 것이라면, 우리 사회가 '좌파 콤플렉스'에서 완전히 벗어나야 하고, 그것의 근본적 선행 조건이라 할 수 있는 국가보안법을 폐지해야 한다는 주장이 수반되어야 한다는 것이다. 이러한 조건이 충족되지 않은 상태에서, 진보/좌파 세력에게 스스로 좌파임을 떳떳이 밝히고 좌파적 정책을 공공연하게 천명하라는 요구는 그들을 '좌파 올가미'에 걸려들게 하겠다는 의도로 밖에 볼 수 없다는 판단이 깔려 있는 것이다.

3. '진보/좌파' 담론

1) 보수/우파의 '그들'

한국의 보수/우파는 매우 다양한 방식으로 진보/좌파를 명명한다. "수구 꼴통", "수구 좌파", "좌파 업자", "광기 가득한 좌파", "친북 좌파", "육식성 좌파", "별종 좌파", "강남 좌파", "살찐 좌파", "팔자 좋은 지식인", "진보의 탈을 쓴 간첩", "수구 진보", "가짜 진보", "입 진보", "참칭 진보", "사이비 진보", "친북 맹종주의자", "별놈의 진보", "짝퉁 진보", "후진 진보" "아이 같은 진보" 등이 진보/좌파를 규정하는 용어로 흔히 사용된다. 그리고 이러한 명명법은 크게 네 가지 범주로 나누어 설명할 수 있다. 첫 번째는 진보/좌파가 "수구적"이라는 것이다. 두 번째는 그들이 "위선적"이라는 비판이다. 세 번째는 진보/좌파가 "독선적"이라는 것이다. 마지막으로, 그들은 민주/반민주 구도를 선거용으로 상습적으로 활용하는 집단이라는 비판이다. 아래에서는 한국 보수/우파의 이러한 진보/좌파 담론을 하나씩 살펴볼 것이다. 우선 진보/좌파가 "수구적"이라는 비판과 관련하여, 아래의 [발췌 15]를 보자.

[발췌 15]

건국-산업화-민주화-선진화라는 도도한 역사 그 자체가 진보(進步)다. 이른바 '진보'라고 자칭하는 좌파세력은 아직도 대한민국을 '태어나선 안 될 나라'로 폄훼하고, 건국-산업화-민주화-선진화라는 역사발전을 진보로 이해하지 못하고 있다. 이들이야말로 수구 좌파세력이다.(동아. 2011.04.19. "건국-산업화-민주화-선진화, 이것이 進步다")

[발췌 15]에서는 우리 역사의 "건국-산업화-민주화-선진화" 과정 자체가 진보로 규정된다. 진보의 의미는 다른 그 무엇보다도 바로 "건국-산업화-민주화-선진화"에서 찾아야 한다는 보수/우파의 진보론으로 진보/좌파의 모든 잠재적 현실적 진보론을 대체하려 하는 것이다. 그리하여, 한편으로는 건국과 산업화와 민주화와 선진화를 주도한 보수/우파 세력이 사실상 역사의 진정한 진보 세력이라는 암묵적 명제를 구축하고, 다른 한편으로는 역사 과정에 대한 그러한 도식적 설명에 동의하지 않거나 그것을 수용하지 않는 태도를 곧바로 "수구"적인 것으로 단정할 수 있는 토대를 만든다. 이와 더불어, 한국의 진보/좌파가 공산주의와 싸우거나 북한의 세습독재와 싸운 적이 없었다는 주장도 "수구" 좌파론의 근거로 이용된다. 아래의 [발췌 16]을 보자.

[발췌 16]

서유럽 좌파와 한국 좌파의 근본적인 차이는 저쪽에선 공산당과 사회(민주)당 사이에 확연히 선을 긋고 있는 데 반해 이쪽에선 공산 신민 인민 3당 합당 이후 예나 지금이나 초록은 동색이라는 것, 저쪽에는 공산당과 싸우는 좌익이 있는데 이쪽에는 그런 좌익이 없다는 사실이다. 소련이 붕괴한 뒤에도 서유럽의 좌파가 건재한 것은 위르겐 하버마스도 지적한 것처럼 그들이 일찍부터 서방의 후기자본주의 체제뿐만 아니라 동유럽의 소비에트 전체주의 체제에 대해서도 신랄하게 비판해 왔기 때문이다. 한국의 좌파는…?(동아. 2003.10.16. "유럽의 左派와 한국의 左派")

[발췌 16]에서, 한국의 좌파는 공산당과 싸운 적이 없다. 말하자면, 남한의 독재 정권에 대해서는 저항하지만 북한의 세습 독재에 대해서는 침묵하고, 남한의 인권 문제에는 적극적으로 개입하지만 북한의 인권 문제에 대해서는 눈을 감는다는 것이다. 이러한 비판은

이른바 진보적 지식인들이 동서양을 막론하고 소련과 중국을 욕한 적이 없다는 보수/우파의 오랜 공격과 연결되어 결국 그들은 사회주의자들이거나 사회주의적이라는 결론을 함축한다. 나아가, 그것은 북한 공산주의 체제를 공개적으로 비판하지 못하는 한국의 진보/좌파는 서구 좌파와 비교해서도 매우 수구적인 사회주의 집단이라는 입론을 구축한다.

한국의 보수/우익 세력에게, 이처럼 사회주의는 물론이거니와 북한 체제를 두둔하는 모습을 보이는 한국의 좌파는 진보 세력이 될 수 없다. 오히려 그들은 진보의 탈을 쓰고 진보를 참칭하는 세력에 지나지 않는다는 것이다. 아래의 [발췌 17]을 보자.

[발췌 17]

그런데도 북한의 수령독재에 맹종(盲從)하면서 대한민국의 정통성을 부인하는 수구(守舊) 친북좌파가 언제부턴가 진보의 탈을 쓰고 활개치고 있다. 이들은 대량살상무기인 핵까지도 북이 만들면 지지하면서, 북한 주민들이 굶어죽거나 인권 탄압에 시달리는 데 대해서는 눈길 한번 주지 않는다. 그러고도 진보를 참칭한다. 프랑스식 좌파도 아니고 중국식 좌파도 아니다. 세계에 유례가 없는 별종 좌파이고, 진정한 진보를 욕되게 하는 사이비 진보일 뿐이다.(동아. 2007.01.11. "진보연대에서 '進步'를 빼야 할 이유")

[발췌 17]에서도 '수령독재 맹종'과 '대한민국 정통성 부인', '북한 핵 개발 지지'와 '북한 인권 문제 침묵' 등과 같은 보수/우익의 전형적 담론 레퍼토리가 동원되고 있다. 보수/우익 세력의 이러한 담론 전략은 일차적으로 이른바 주사파 혹은 민족해방계열 정치 세력을 향한 것이긴 하지만, 민주노총과 전교조 그리고 민주당을 포함한 광범위한 시민사회 세력까지도 대상으로 포괄한다. 그리하여, 한국의 진보/좌파에 대한 비판은 종국적으로 친북 좌파, 수구 좌파, 수구

꼴통이라는 공격으로 귀결된다. 그리고 한미 자유무역협정이나 신자유주의 세계화에 대한 반대도 진보/좌파의 수구성을 확인시키는 담론 장치로 종종 동원되기도 한다.

한국의 진보/좌파 세력에게 '위선적'이라는 꼬리표를 붙이는 것도 보수/우익 세력이 흔히 사용하는 담론 전략이다. '위선', '이중 잣대', '표리부동', '이율배반', '자기기만', '입 진보', '좌파 셀러브리티', '탐욕', '권력화', '자리 욕심', '살찐 진보', '팔자 좋은 지식인', '좌파 업자' 등은 그러한 전략 실행의 대표 용어들이다. 그리고 이 모든 담론 장치들은 소위 '강남 좌파'라는 매우 강력한 수사에 수렴된다. 아래의 [발췌 18]을 보자.

> [발췌 18]
> 집권 이후 단맛을 즐기면서도 밖으로는 '서울대 탓' '강남 탓'을 외치는 것이다. 특히 자식한테 '아름다운 꼴찌'를 권할 용기가 없으면서도 꼴찌가 아름답다며 명문대를 비방하는 교육학자나 관료, 자식들한테 "강남에 살아선 안 된다"고 할 뜻이 없으면서도 "강남을 떠나라"고 하는 경제학자나 관료가 그들이다. 강준만 전북대 교수의 말을 빌리면 이들은 '강남좌파'로 불린다. 이들은 개인적 만족과 사회적 아픔을 분리한 채 산다. '가진 자의 사회적 의무'를 모르는 기득권 우파와 다를 바 없다. 고위직 물망에 올랐다가 집안에 돈이 많고 친일 경력자가 있다는 이유로 빠진 원로 좌파 교수나 귀족 노조로 불리는 대기업 노조가 이런 사례로 꼽힐 만하다. 청와대에서 일했던 한 공무원은 "(청와대에) 들어가 보니 운동권도 여러 종류더라"며 혀를 찼다. 강 교수는 이에 대해 "배부른 진보가 배고픈 척할 필요는 없으나 공적 영역을 향해서만 진보를 외칠 게 아니라 사적 영역과 행태도 진보적 가치의 지배를 받게 해야 한다"고 꼬집었다.(동아. 2007.03.28. "좌파의 자기기만")

강남좌파는 흔히 강남 사람 못지않은 생활수준을 누리면서도 좌파적인 생각을 가진 사람들로 통용된다. 생활수준이 높으면서도 좌파적인 생각을 갖는 것은 얼마든지 가능한 일이겠지만, 한국의 보수/우익은 이들의 언행 불일치를 내세워 이들이 위선적인 사람들이라고 공격한다. 예컨대, 자신은 많은 부동산을 가지고 있으면서도 다른 부동산 부자들을 투기꾼으로 비판하는 사람들, 미국을 제국주의 국가라고 비난하면서도 자식들은 미국으로 유학 보내는 사람들, 평등 교육을 외치면서도 자식들은 엘리트 학교인 특목고로 보내는 사람들, 자신은 강남을 떠날 마음이 없으면서도 다른 사람들에게는 강남을 떠나라고 주장하는 사람들 등이 이른바 강남좌파의 위선을 드러내 보이는 장치로 흔히 사용된다. 강남좌파는 남의 허물에는 핏대를 세우면서도 자신의 허물에는 무감각한 사람들이며, 반대편의 사소한 잘못도 침소봉대하여 공격하면서도 자기편의 아무리 큰 잘못도 감싸기에 급급한 사람들인 셈이다. 또한, 말로는 기득권 시스템을 비난하지만 정작 그 구조의 단물을 향유하며 사는 자신의 모습에는 아무런 민망함도 느끼지 못하는 사람들이며, "개인적 만족과 사회적 아픔을 분리한 채" 살아가는 사람들인 셈이다. 물론, 보수/우익의 이러한 비판이 강남좌파들에게 "사적 영역과 행태도 진보적 가치의 지배를 받게" 하라고 요구하는 것은 아니다. 오히려 '부자 되어라', '1등 해라', '좋은 대학 가라', '서울에서 살아라'와 같은 '세속적 욕망' 혹은 '오래된 생활 가치'를 부정할 것이 아니라 적극적으로 추구할 것을 요구한다. "생각대로 살지 못한다면 사는 대로 생각하는 것"이 강남좌파의 자기기만에서 벗어날 수 있는 길이라는 것이다. '사회적 아픔'을 치유하게 위해 '개인적 만족'을 희생할 줄 알아야 한다는 것이 아니라, '개인적 만족'을 포기할 수는 없을 테니 '사회적 아픔'에도 입을 다물라는 것이다.

그런데 진보/좌파의 위선을 드러내 보이기 위한 보수/우익의 담론 전략은 이와 같은 일상생활의 문제에서뿐만 아니라 정치적 가치와 이념의 문제에서도 작동한다. 진보/좌파가 정치적 신념의 차원에서도 부도덕하고 위선적인 모습을 보인다는 것이다. 아래의 [발췌 19]를 보자.

[발췌 19]

재야시절 자유민주주의가 아닌 민중민주주의를 외쳤던 현 정권 고위층 인사들이 '방귀 뀐 놈이 오히려 성 낸다'고 좌파라는 지적에 신경질적 반응을 보인다. 이는 한국 좌파가 도덕적으로 파산했음을 의미한다. 6·25 남침을 감행해 동족상잔의 비극을 일으켜 놓고도 북침이라 우겨대는 김일성-김정일 정권의 비열함과 별반 다를 바 없다[...]서구의 지성사를 보면 한 가지 특징이 드러난다[...]변했으면 왜 변했는지, 과거와의 관련성은 어떻게 되는지, 변화에 대한 당사자들의 변(辯)과 실제 내용이 일치하는지 등 가능한 한 모든 것을 엄격히 검증해 지적 성실성을 평가한다. 이 점에서 한국의 '자칭 진보'는 민주화 이후 매우 관대한 환경 속에서 살아 왔다. 속은 뻘거면서도 안 그런 척하는 '수박 사기술'이 잘 먹혀 왔기 때문이다. 그러나 이런 위선은 더 이상 통용될 수 없다. 골수 마르크스주의자, 김일성주의자였던 '자유주의 486'이 그들의 사기극을 방치하지 않을 것이기 때문이다.(동아. 2004.11.17. "한국 左派의 도덕적 파산")

[발췌 19]에서, 한국의 진보/좌파는 대부분 과거에 "민중민주주의"를 신봉했던 사람들이다. 그럼에도 불구하고, 그들이 예전에 마치 그러지 않았던 양 "좌파라는 지적에 신경질적 반응"을 보이는 것은 위선적이라는 것이다. 그들과 같은 시절을 보낸 전향한 "자유주의 486"은 그들이 민중민주주의자들 혹은 사회주의자이었음을 명확하게 확인해줄 수 있는 증인으로 등장한다. 그런데 이러한 비판은 진보/좌파가 민중민주주의 이념을 갖고 행한 과거의 실천이 한국 사회 민주주의 발전에 과연 어떤 해악을 끼쳤는지를 밝히는 것보다는 그들의 과거 신념이 어떻게 바뀌었는지에 대한 공개적인 자기 고백이

없다는 점을 문제 삼는다. 민중민주주의에 입각한 실천이 현실적으로는 반독재 민주화 투쟁이나 노동자, 농민, 도시빈민의 생존권 수호 투쟁으로 나타났던 바, 그것이 한국 사회의 민주화에 어떤 해악을 끼친 것인지 알 수 없거니와 그러한 실천 자체를 반성할 것을 요구하는지 알기가 어렵다. 민중민주주의에 대한 신념이 한국 사회에 어떤 명백하고도 현존하는 위협을 초래했는지를 밝히지 못하면서 그러한 믿음을 가졌다는 사실 자체를 두고 역사적 책임을 묻는 것은 사상과 양심의 자유에 대한 무지와 침해를 드러내 보이고 있는 것으로 이해될 수 있다.

진보/좌파를 공격하는 보수/우익의 세 번째 주요 담론 전략은 진보/좌파를 '독선적'이고 '독단적인' 집단으로 규정하는 전략이다. '이분법적 사고', '독단적', '진영주의', '경직된 이념주의', '구호만 요란', '광기 가득한 좌파', '반시장주의 광기', '육식성 좌파', '현실성 부족', '대안 부재', '무능력' 등은 그러한 전략 실행을 위해 흔히 동원되는 용어들이다. 아래의 [발췌 20]을 보자.

[발췌 20]

개연성은 가능성이나 확실성이 높은 정도를 뜻한다. 이를 뒤집어 말하면 모든 사물의 현상이나 심지어 진실이라고 믿는 것에조차 양면성이 존재한다는 것이다. 그러나 오늘의 한국 사회에서 이러한 회의론(懷疑論)은 발붙이지 못한다. 중도나 중간은 양극단으로부터 조롱거리가 되고 매도당하기 일쑤다. 극단만이 존재하는 비극적 분열 상황을 촉발하고 심화시켜 온 것은 이른바 진보세력이라는 노무현 정권이다. 우리만 옳다는 '어린아이 같은 진보'가 '어른스럽지 못한 수구'에 '점잖은 보수'까지 싸잡아 공격하고 능멸하면서 중도와 중간은 소외됐다[...] 극단의 논리에 휘둘리지 않으면 된다. 우리만 옳다는 자들에게는 의심의 눈길을 줘야 한다. 그렇게 해서 사람들이 모든 현상의 양면성에 대해 생각하기 시작하고 합리적 중간사고에 익숙해지면 거역할 수 없는 시대의 흐름이 된다. 그것이야말로 진정한 진보다.(동아. 2004.11.23. "어린아이 같은 진보")

[발췌 20]에서, "극단만이 존재하는", "우리만 옳다는", "극단의 논리" 등은 노무현 정권을 포함한 진보/좌파를 '독단적'인 세력으로 규정하는 어구들이다. "중도나 중간"이 "조롱거리가 되고", "소외되고", "비극적 분열 상황"이 초래된 것은 "진보세력" 때문인 것으로 단정한다. 선악의 이분법으로 세상을 바라보는 습관에 젖어 있고, 목적 달성을 위해서는 수단과 방법을 가리지 않으며, 과장과 왜곡과 조작도 서슴지 않고, 근거가 약하더라도 반대파를 집요하게 물어뜯어 흠집을 내는 행태 등도 진보/좌파의 '독단성'을 각인시키는 작업에 흔히 동원되는 담론 레퍼토리다. [발췌 30]에서는 "양극단"이 아닌 "합리적 중간사고"의 필요성이 강조되지만, "양극단"은 사실상 "진보세력"으로만 표상되고 있으며, "합리적 중간사고"는 온전히 우익/보수의 몫으로 돌려지고 있다. 독선과 독단의 주체인 "어린아이 같은 진보"가 "수구"와 "보수"를 "싸잡아 공격하고 능멸"했기 때문에 비극적 분열 상황이 촉발되고 심화되었다고 주장하기 때문이다. 겉으로는 중도와 중간과 양면성을 중시하는 것처럼 보이고자 하지만, 양극단의 책임을 오로지 "진보"에게서만 찾는 것에서 [발췌 30]이 '표면적 부정'의 담론 전략을 활용하고 있음을 확인할 수 있다.

나아가, 보수/우익 세력은 흔히 "현실성 부족"이라는 꼬리표를 "독단성"에 덧붙여 진보/좌파 세력에게 달아준다. 아래의 [발췌 21]을 보자.

[발췌 21]

한국의 좌파는 현실성이 부족하다는 평가를 듣는다. 절실한 현실인식에 발을 딛지 않은 좌파운동은 대체로 누가 이론적으로 완벽한지를 놓고 주도권

싸움을 벌이기 마련이다. 어떻게 해야 민생에 이익이 될지, 세계화 정보화 같은 외부 변화에 어떻게 대응할지 등은 부차적 문제로 미뤄지기 십상이다. 경직된 이념주의로 가버리는 것이다. 집권 386들이 현실과 괴리된 정책을 밀어붙이고, 실패가 드러났는데도 '내가 옳다고 확신한다'고 외치는 것도 이와 무관하지 않다.(동아. 2006.07.05. "좌파 지식인")

[발췌 21]에서, "내가 옳다고 확신한다"는 것과 "현실성이 부족하다"는 서로 연결된다. 진보/좌파의 '독단성'이 그들의 "현실성 부족"에 따른 "경직된 이념주의"에 기인한다는 것이다. 그런데, "현실성 부족"은 증명되지 않고 단언된다. 진보/좌파가 "절실한 현실인식에 발을 딛지 않"으며, "어떻게 해야 민생에 이익이 될지, 세계화와 정보화와 같은 외부 변화에 어떻게 대응할지"를 심각하게 고민하지 않는다는 주장을 뒷받침할 만한 근거는 제시되지 않는다. 민생과 세계화와 정보화는 모두 진보/좌파가 보수/우익과 첨예한 대결을 벌일 수밖에 없는 매우 중요한 현실 문제임에도, 보수/우익은 반대파를 그저 "현실과 괴리된" 세력으로 단정하고 있다. 여기에는 민생과 외부 변화에 대한 대처 등과 같은 현실 문제에 대한 계급별 이해관계의 차이를 '현실' 대 '비현실'(혹은 '이론', '이념')의 문제로 틀짓기 하는 보수/우익의 담론 전략이 작동하고 있다. 그리고 이러한 '현실성 부족' 꼬리표는 종종 진보/좌파가 파괴에는 능하나 건설에는 취약하다는 담론과 연결되어 진보/좌파의 '무능력'을 부각시키는 자원으로 활용되기도 한다.

마지막으로, 진보/좌파가 "선거용 민주/반민주" 구도를 전가의 보도처럼 사용한다는 주장도 보수/우익의 반대파 공격의 주요 담론 레퍼토리 중 하나다. 진보/좌파가 선거철만 되면 표를 얻기 위해 시대착오적인 민주/반민주 프레임을 내세운다는 것이다. 아래의 [발췌 22]를 보자.

[발췌 22]

사람들은 왜 열린우리당은 반독재투쟁을 하던 1970, 80년대 화법에서 벗어나지 못한 채 아직도 '민주 대 반민주' 타령이나 하고 있느냐며 불만스러워한다. 거기에는 크게 보아 두 가지 이유가 있다. 하나는 밑천이다. 권력 핵심부에 있는 정신적·연령적 386들의 경력을 살펴보라. 대개는 운동권 경력 말고 내세울 만한 것이 없다. 현 집권세력이 국민적 반대 여론에도 불구하고 과거와 씨름하고 있는 것은 그들의 오도된 이념 탓만이 아니다. 권위주의 정권과 싸운 것 말고는 경험한 게 없고, 따라서 할 줄 아는 게 그것밖에 없기 때문이다. 또 다른 이유는 정치구도를 '민주 대 반민주'로 몰고 가야 차기 정권 창출이 가능하다는 계산이다. 이게 중요하다. 그 구체적 표현이 바로 '소도둑과 닭서리'다. '똥 묻은 개가 겨 묻은 개 욕할 수 있느냐'는 식의 비교 우위 강조가 선거 판에서 '약발'이 먹힌다는 판단이다. 그래서 집권세력은 반대자들에게 '유신과 5공의 후예', '수구기득권 세력'이라는 딱지 붙이기를 좋아한다. 이런 구도만 유지되면 일시적인 실정(失政)으로 인심을 잃는다 해도 얼마든지 뒤집을 수 있다고 생각한다.(동아. 2004.10.20. "보수혁명이 필요하다")

[발췌 22]에서, "'민주 대 반민주' 타령"은 진보/좌파의 "밑천" 부족과 선거용 계산법에서 나오는 것이다. 우선, 민주주의는 항구적 과제가 아니라 1970, 80년대의 "반독재투쟁"과 함께 해결된 문제가 된다. 그래서 민주주의를 위한 실천은 이제 "운동권 경력"이라는 의미만을 갖게 되고, "권위주의 정권과 싸운 것 말고는" 경험한 것과 할 줄 아는 것이 없는 무능력의 근거가 된다. 그리고 민주주의 과제는 이미 해소되었다는 이러한 암묵적 전제는 민주/반민주를 정략적인 선거용 구호로 규정하여 정치권력의 창출이 민주/반민주의 문제에 집중되지 못하게 하는 작용을 한다. 그리하여 민주 대 반민주의 구도는 "닭서리"와 "겨 묻은 개"에 비유할 수 있는 "운동권" 대 "소도둑"과 "똥 묻은 개"에 비유할 수 있는 "유신과 5공의 후예"와 "수구

기득권 세력" 사이의 "비교 우위"를 따지는 일에 불과한 것이 된다. 요컨대, 보수/우익 세력에게, 진보/좌파의 민주 대 반민주 "편 가르기"는 대중을 결집시키고 집권을 가능하게 하는 시대착오적인 선거술에 다름 아니다.

2) 진보/좌파의 '우리'

한국의 진보/좌파는 현실적으로 어떤 정치 세력을 진보/좌파로 보아야 할 것인가에 관하여 단일한 입장을 가지고 있지 않다. 그들은 진정한 진보와 좌파가 무엇인가를 놓고 스스로를 다른 사람들과 구분하려는 노력을 지속적으로 벌인다. 김대중 정부와 노무현 정부를 진보 혹은 좌파 정권으로 볼 수 있는가에 관한 논쟁이 대표적이다. 일부는 이들 정부를 보수, 우파로 규정하지만, 다른 일부는 진보, 좌파로 바라본다. 아래의 [발췌 23]과 [발췌 24]를 보자.

[발췌 23]

혹자들은 좌우를 따지지 말고 민생과 국익을 먼저 생각하라고 일갈한다. 그러나 보수 정당 사이에서 민생과 국익에 관한 의미 있는 논쟁은 거의 불가능하다. 적어도 그 부분에 관한 한 그들 사이에 이견이 없기 때문이다. 비정규직 노동자, 신용불량자 문제 등 민생의 핵심 현안에 대해 그들은 다른 정책을 가지고 있지 않으며 '국익'을 위한 이라크 파병에는 한목소리다. 좌파를 제물로 삼는 비겁한 우파들의 허무한 논쟁을 넘어서는 방법이 없는 것은 아니다. 그것은 좌파적 가치와 그것을 구체화시킨 정책을 가지고 사회적 토론과 논쟁을 진행하는 것이다.(한겨레. 2004.11.03. "'좌파'는 노리개가 아니다")

[발췌 24]

한국엔 진정한 좌파가 없다고 말하지만 좌우는 어디에나 있다. 이념의 모양만으로 좌우를 구별하는 것은 '맥락'(context)을 무시한 '문자'(text) 해석이다. 한국적 맥락에서 볼 때 통합민주당과 민노당은 좌파 정당이다. 문제는 다수의 좌파 정당이 권력을 잡고 소수의 좌파 정당이 의회에 진출한 10년 동안 진보 정치가 피로와 불행의 상징이 되어버린 것이다. 노동이 아닌 부동산과 주식으로 돈을 번 사람들, 소수의 전문 직업인과 기업인들, 대기업의 정규직 노동자, 즉 기술과 시장의 진보에서 주체가 된 사람들을 제외한 모든 시민들이 좌파 정치로부터 행복보다 불행을 느껴야만 하는 시간이었다.(한겨레. 2008.02.13. "행복한 진보를 위하여")

[발췌 23]에서, 김대중과 노무현의 민주당 계열 정치 세력은 한나라당과 별반 다를 것이 없는 "보수", "우파" 정치 세력이다. 이들 정치 세력은 한국의 보수/우파에 의해 진보 혹은 좌파로 불리게 되었을 뿐, 본질적으로는 보수/우파적 이념 및 정책 지향을 가지고 있다는 것이다. 이처럼, 한국의 진보/좌파 진영 내부에는 민주당 계열의 정치 세력이 그동안 아파트 원가 공개 반대, 부동산 투기 방조, 이라크 전쟁 파병, 미국산 쇠고기 수입, 한미무역협정 체결, 신자유주의 실행, 노동현장이 아닌 의회 중심의 정치 등과 같은 일관된 보수/우파적 정치 노선을 견지해왔다는 이유로 스스로를 그들과 분명하게 구분하려는 흐름이 있다. 그리고 이념적 차이가 사소한 "비겁한 우파" 정치 패거리들이 "좌파를 제물"로 삼아 자신들의 이익을 관철시키고 있다는 것이 이러한 노력의 밑바탕에 존재하는 문제의식이다. 이처럼 한국의 진보/좌파 세력 내부에서 민주당 계열의 정치 세력은 종종 "보수", "리버럴", "우파", "자유주의 우파", "중도 우파" 등으로 규정되기도 하지만, 한국적 맥락에서 이들은 여전히 "진보" 혹은 "좌파"로 간주될 수 있다는 관점도 상당히 널리 공유되고 있다. [발췌 24]에서, 통합민주당은 민주노동당과 함께 좌파 정당으로 분류된다. 통합민주당은 다수 좌파 정당이로 민주노동당은 소수 좌파 정

당이라는 것이다. 이런 평가는 김대중과 노무현 정부가 노동계를 포함한 사회적 약자에 상대적으로 더 친화적이며, 각각의 정치적 대립 전선에서 상대적으로 더 진보적인 시기가 있었다는 점에서, 이들 정치 세력을 진보로 보아야 한다는 입장과 궤를 같이 한다. 비록 한국의 민주당 계열 정치 세력이 독일의 사민당, 영국의 노동당, 미국의 민주당과 같은 '선진국형 진보'와는 달리 노동계를 자신의 주요 지지기반으로 삼는 데까지 나아가지는 않았지만, 기본적으로 사회적 약자를 대변하고 민주주의와 공존의 가치를 중시한다는 점에서 진보 세력으로 이해될 수 있다는 것이다.

한국의 진보/좌파 세력이 스스로 지적하는 자신들의 두 번째 두드러진 특징은 바로 '독단성'이다. 거대 담론에 기대 대중을 계몽하려는 오만함, 자신과 조금이라도 다른 의견을 수용하지 않으려는 경직성, 남의 말을 듣기보다는 자기주장만을 강요하는 독선 등이 진보/좌파 세력이 시민들로부터 외면당하게 된 이유라는 것이다. 다시 말해서, 한국의 진보/좌파는 근대적 이성의 횡포와 연결되는 '프로크루스테스의 침대'를 떠올리게 하는 획일적이고 독단적인 모습을 자주 보여 왔다는 것이다. 아래의 [발췌 25]를 보자.

[발췌 25]

흥미로운 일은 스스로 진보라고 말하는 사람의 〈경향신문〉이나 〈한겨레〉를 절독하겠다는 소리는 종종 듣는 데 반해 스스로 보수라고 말하는 사람의 '조중동'을 절독하겠다는 소리는 듣기 어렵다는 점이다. 이 점에 대해 "진보는 분열로 망한다"는 말이 적용될 듯싶지만, 나는 그보다 한국의 이른바 진보의식이 성찰과 회의, 고민 어린 토론 과정을 통해 성숙하거나 단련되지 않고 기존에 주입 형성된 의식을 뒤집으면 가질 수 있는 데서 오는 경박성, 또는 섬세함을 통한 품격의 상실에 방점을 찍는다.(한겨레. 2010.10.11. "진보의 경박성에 관해")

진보/좌파 세력은 마치 모든 것을 설명할 수 있는 수단을 가지기나 한 듯이 무지한 대중들을 가르치고 이끌어야 한다는 오만한 모습을 보인다는 자기비판이 종종 제기된다. 그리고 그러한 모습은 진보/좌파의 경박성과 맹목성에 기인하는 것으로 평가되곤 한다. [발췌 25]에서, 진보 세력의 독단성은 진보적 의식과 태도가 깊고 오랜 "성찰과 회의, 고민 어린 토론"을 통해 형성되지 않았으며, "기존에 주입"된 의식을 단순히 뒤집음으로써도 가질 수 있게 된 데 따른 "경박성"과 품격 결핍에 기인하는 것이다. 여기에 자신의 진정성을 몰라준다는 강팍한 반사 심리 혹은 진보를 택한 것에 대한 보상 심리가 그러한 독단성을 배가시키는 원인으로 지적되기도 한다.

독단성과 더불어, '강남 좌파'로 표상되는 존재적 모순과 위선은 한국의 진보/좌파가 흔히 스스로를 비판하는 또 다른 대목이다. 아래의 [발췌 26]을 보자.

[발췌 26]

또 자기 자식은 외고나 좋은 대학에 보내면서 말로만 교육의 공공성을 외치는 좌파가 많다면, 강남좌파의 위선을 비판하는 보수의 목소리는 사그라지기는커녕 점점 우렁찰 것이다. 물론 자신들의 보수적 가치(정직과 국가 사랑 등)를 지키지도 못하는 우파가 강남좌파의 위선을 고발하는 것도 우습기는 하지만, 자신을 무조건 진보·좌파라고 자칭하는 강남좌파가 제 덫을 놓는 점도 있다.(한겨레. 2011.07.27. "'강남좌파', 어떻게 바라봐야 하나?")

한국사회에서 강남좌파는 흔히 좌파적 가치를 옹호하지만 강남사람과 비슷한 경제적 지위를 가진 사람들로 이해된다. 이들은 지적 문화적으로뿐만 아니라 경제적으로도 많은 자본을 가진 사람들이다. 상징자본이 풍부한 강남좌파는 종종 비판적이고 급진적인 이념과 가치를 주창하지만 정작 자신들의 생활방식은 그러한 모습과는 배치되는 경향을 보인다는 이유로 위선적이라는 비판을 받곤 한다. [발췌 26]에서, 교육의 공공성을 강조하면서도 자기 자식은 특목고나 명문대학에 보내는 좌파는 위선적이라는 딱지로부터 자유로울 수가 없다. 그러한 좌파는 위선적이라고 할 수밖에 없다는 것이다. 아울러, 좌파가 대변하고자 하는 계급과 자신이 실제로 속한 계급이 대체로 서로 다른 존재론적 모순에서 나오는 이러한 문제는 노동자와 농민을 포함한 일반 시민의 상황과 요구를 구체적으로 파악하여 거기에 맞는 정책 대안을 만들기보다는 현실과 유리된 추상적이고 관념적인 가치나 이념을 선언하는 것에 머무르는 한국 진보/좌파의 정치적 한계와도 연결된다.

한국 진보/좌파의 자기비판을 구성하는 또 다른 중요한 문제는 이른바 '시장주의의 환상'이다. 2000년대 이래 우리 사회를 본격적으로 지배하게 된 신자유주의의 영향으로부터 자유롭지 못하여 시장 중심의 사회경제 정책을 추구하는 오류를 보였다는 것이다. 아래의 [발췌 27]을 보자.

[발췌 27]

중앙은행 독립을 포함한 '관치금융'의 청산, 시장 개방(특히 자본시장), 공정거래법의 강화, 기업 지배구조의 투명화 등을 통해 '투명하고 공정한' 시장 질서를 확립하는 것이 외환 위기 이후 우리 경제의 '진보적' 개혁의 주요 목표가 되었다[...]과거 우리나라는 정부가 시장을 규제하여 불평등을 줄이는 체제였는데, 외환 위기 이후 과거 체제를 청산한다고 시장규제는 철폐하면서 그에 상응하는 만큼 복지제도를 확대하지 않았으니 사회가 '양극화'되는 것은 당연한 일이다[...]다른 나라에서는 보수적인 사람들이 주장하는 시장주의가 우리나라에서는 '진보적인' 노선이 되어버린 것은 우리의 역사적 불행이다. 우리나라가 진정으로 진보하려면 진보주의자를 자처하는 사람들이 하루라도 빨리 시장주의의 환상에서 깨어나야 한다.(한겨레. 2005.07.01. "진보와 시장주의")

[발췌 27]에서, 과거 국가와 재벌 중심의 경제 질서가 지닌 폐해를 해소하기 위해 진보 진영은 "관치 금융 청산" 등과 같은 국가의 힘을 약화시키는 정책과 "공정거래법 강화"와 "시장 개방", "기업 지배구조 투명화" 등과 같은 재벌의 힘을 약화시키는 정책을 추진했지만, 그 결과는 보통 사람들의 삶이 더 어려워지고 양극화가 더 심화되는 것으로 나타났다. 이는 시장의 힘을 강화한 것의 필연적 귀결이라 할 수 있는데, 시장은 원래 금융 자산을 가진 사람들에게 가장 유리한 체제인데다가 불평등을 줄이기 위한 시장에 대한 규제마저 철폐되었기 때문이다. 이러한 비판은 진보/좌파 세력이 전반적으로 외환 위기 이후 한국 사회에 들이닥친 신자유주의의 거센 흐름에 제대로 대응하지 못하고 그것의 논리에 의식적으로든 무의식적으로든 상당부분 지배당한 한계에 대한 비교적 타당한 지적이라 할 수 있다.

4. '보수/우파' 담론

1) 진보/좌파의 '그들'

한국의 진보/좌파는 보수/우파의 근본 특징을 크게 네 가지로 나누어 규정한다. 첫 번째는 그들이 친일과 독재를 전승하는 세력이라는 것이다. 둘째는 스스로 어떤 이념이나 가치 혹은 비전을 갖지 못한 기회주의 세력이라는 것이다. 셋째는 보편적인 보수/우파 세력의 규범과 미덕을 전혀 갖추지 못한 수구 세력이라는 것이다. 넷째는 자신들의 반민주성과 수구성을 감추기 위해 끊임없이 색깔론을 들먹이는 세력이라는 것이다. 아래에서는 한국 진보/좌파 세력의 보수

/우파 세력에 대한 이러한 성격 규정을 하나씩 살펴볼 것이다. 우선, 친일과 독재 세력으로서의 보수/우파론과 관련하여, 아래의 [발췌 28]을 보자.

[발췌 28]

레굴루스 이야기를 읽다 보면 이 땅의 '보수'라고 자임하는 세력의 몰골이 떠오른다. 나라를 팔아넘기고 작위 받아 호의호식한 사람들, 일제의 편에 서서 독립운동가들을 잡아들이고 애국지사들을 고문하던 사람들, 그 친일파들을 대거 끌어들여 독재체제를 세우고 민주주의를 짓밟은 사람들[…]역사학자 한홍구 교수는 〈대한민국사〉에서 일갈한다. "그들은 정녕 지켜야 할 것을 지키기 위해 자신의 기득권을 버린 적도 없고, 희생한 적도 없다. 한국전쟁 때 마오쩌둥도, 미8군 사령관 밴플리트도 아들을 바쳤지만 그들은 한강 다리를 끊고 가장 먼저 도망갔다가 돌아와 남은 사람들을 부역자로 몰았다." 이 자칭 보수세력에게서 레굴루스의 책임감·정직성·조국애를 찾는 것은 부질없는 일이다.(한겨레. 2014.01.13. "보수주의와 위장보수주의")

[발췌 28]에서는 한국 보수/우파 세력의 매국과 친일, 독재와 반민주주의 계보가 적시되어 있다. 해방 이후 스스로 살아남기 위해 반공을 내세우며 반대파들을 모두 반국가세력으로 몰아 처단한 친일파가 바로 한국 보수/우파의 본류이며, 30년간의 군사독재정권 유지에 앞장섰던 반민주 집단이 최근 그러한 오명을 벗고 떳떳하게 보수파로 행세하고 있다는 것이 진보/좌파 세력의 보수/우파 세력에 대한 기본 관념이다. 한국의 보수/우파가 일본이든 미국이든 힘만 있으면 어디든 붙고, 제국주의든 독재정권이든 자신의 경제적 부와 사회적 지위만 제공해준다면 어디든 빌붙는 세력이라는 것은 지난 수십 년의 역사가 보여준 사실이라는 것이다. 또한, 진보/좌파 세력은 이들이 현재 한국 사회의 지배계급으로 군림하고 있지만, 여전히

자신들의 배경 국가를 숭상하고 추종하는 식민지적 사고와 태도에서 벗어나지 못하고 있다고 본다.

이처럼 친일과 독재에 뿌리를 둔 한국의 보수/우파 세력은 반공을 제외하고는 딱히 내세울 만한 보수적 이념이나 가치가 없다는 것도 그들의 성격을 규정하는 두 번째 특징이다. 아래의 [발췌 29]를 보자.

[발췌 29]

보수주의는 특정 역사적 상황 속에서 사회변화에 맞서 기존의 질서를 지키기 위한 대응 방식으로 출현한다. 때문에 이데올로기로서 체제와 규범을 갖추기 어렵다. 이런 부족한 부분을 채운 것이 신보수주의다. 크리스톨은 그 특징을 이렇게 설명한다. 미래 사회에 대한 전망을 제시하고, 성장과 함께 복지국가 실현을 추구하며, 효율성만 앞세우지 않고 도덕적 규범적인 면을 중시한다. 한국의 이른바 보수주의자가 귀담아들어야 할 것들이다. 이들이 하는 일이란, 철학체계나 규범, 그리고 비전이 없다보니 그저 정권쟁취 운동뿐이다.(한겨레. 2006.09.16. "그들은 '보수주의자'가 아니다")

[발췌 29]에서, 보수주의는 시대 변화에 맞선 기존 질서 수호 과정에서 등장하기 때문에 본래적으로 어떤 고유한 이념적 체계를 갖추기가 어려운 정치적 입장이나 태도다. 그리고 신보수주의가 그러한 결핍을 채우려 하고 있지만, 한국의 보수/우파 세력에게는 그러한 문제의식조차도 찾을 수가 없다. 보수성은 사상이 아니라 인간의 본능적 욕망에 불과하다고도 보는 한국의 진보/좌파 세력에게, 보수/우파 세력은 좌파에 대한 증오만 있지 자기주장이 없는 집단, 세상에 대한 시각이나 논리 전개 방식이 즉자적이고 단순무식한 세력, 달리 새겨볼 만한 이론이나 노선 따위가 부재한 집단이다. 그리고 이처럼 사상의 빈곤 속에서 한국의 보수/우파가 기댄 것은 바로 기

회주의이며, 이를 통해 그들은 그저 사익추구 동맹으로서의 자기 정체성을 구축했을 뿐이다. 아래의 [발췌 30]을 보자.

> [발췌 30]
>
> 보수도 우익도 못 되는 이 정부는 그러나, 자리와 이권을 챙기는 일에서만큼은 집요하고 끈질기고 공격적이다. 온갖 권부와 기관에 제 사람을 심으려 분투한다. 국민이 '고소영'을 밀어내면 예비된 또다른 '고소영'이 들어선다. 이래서는 안 된다고 외치는 국민의 입을 틀어막고 언론을 장악하는 일에 사법·행정·입법이 손발을 맞춘다. 보수·우익의 탈을 쓴 사익추구 동맹이라는 비판이 날아들 상황이다.(한겨레. 2008.07.16. "보수도 우익도 아닌 정권")

[발췌 30]에서, "자리와 이권을 챙기는 일에서만큼은 집요"한 한국 보수는 "보수·우익의 탈을 쓴 사익추구 동맹"에 다름 아니다. 한국의 진보/좌파 세력에게, 보수/우파의 기회주의적 성격은 일본 제국주의가 되었든 혹은 독재 정권이 되었든 힘 있는 집단에 빌붙어 일신의 이익과 영달을 위해 민족을 배반하고 독재에 부역하는 것도 서슴지 않았던 그들의 역사적 행태로 확인된다. 이러한 기회주의적 처신 속에서 한국의 보수/우파는 강고한 사익추구 동맹으로 자리잡았으며, 최근에는 잘 팔리기만 하면 업종이나 상권에 관계없이 물건을 마구 끌어와 헐 값에 파는 상인처럼, 선거에서 득표에 도움이 된다 싶으면 정치 노선이나 정책 일관성에 관계없이 온갖 공약을 마구 끌어다 쓰는 '마트형 보수'로까지 진화하고 있다. 결국, 한국의 보수/우파 세력에게 정의란 그 어떤 이념이나 가치에서 나오는 것이 아니라 오로지 승리로부터 나오는 것이라는 평가가 가능하다. 강한 것이 선하고 강한 것이 아름다운 것이라는, 매국이든 친일이든 독재든 역사는 항상 승자의 것이라는 믿음이 한국 보수/우파의 가슴 속 깊이 자리잡고 있다는 것이다.

나아가, 한국의 진보/좌파 세력에게 보수/우파는 보편적 보수/우파의 덕목을 전혀 갖추지 못한 위장 보수 혹은 보수를 참칭하는 극우 수구 세력으로 규정되기도 한다. 자국의 이익과 안보, 민족의 자주권, 국가에 대한 충성과 의무, 자유, 공동체 가치, 사회적 책임, 관용, 정직, 도덕성, 자기희생, 법치, 가족, 전통, 헌정 등과 같은 전통적인 보수주의 덕목들은 한국의 보수/우파와는 무관한 것이라는 평가다. 아래의 [발췌 31]을 보자.

[발췌 31]

보수할 게 없다는 것, 이게 대한민국 보수의 비극이다. 왕정, 헌정질서, 전통문화, 도덕. 외국의 보수들이 진보세력에 맞서 지켜왔던 것을 우린 자칭 '보수'들이 다 깨뜨려왔다. 외국에선 진보가 찬성하고, 보수가 반대하는 성매매가 우린 보수가 지지한다. 한국 보수의 독특함이다. 남은건 '반공' '친미'요, 그 뒤엔 '기득권'이 어른거린다. 홍세화는 이를 두고 "보수란 '가족 · 전통 · 자유' 등을 보수하려는 정치세력이어야 하는데, 우린 분단상황에서 '수구'가 보수를 참칭하는 게 문제"라고 말했다. 강준만은 "한국 상류층의 애국심이나 윤리적 수준이 한국 평균 수준을 넘지 못한다는 데 이의를 제기할 사람은 없으리라 믿는다"고 말했다.(한겨레. 2006.09.20. "그 아름답던 보수는 어디 갔나?")

[발췌 31]에서, 한국의 보수/우파는 전통적인 보수주의 덕목을 스스로 다 깨트렸으며, 그들이 보수할 것은 "반공"과 "친미"와 "기득권" 뿐이다. 한국의 진보/좌파에게, 자신들의 뿌리가 친일파인 보수/우파는 근원적으로 민족주의자가 될래야 될 수가 없는 집단이다. 그래서 '민족 중심'이라는 지극히 보수/우파적 대의명분을 오히려 좌파적 민족주의자들이 전유하게 된 것은 당연한 결과라 할 수 있다. 한국의 보수/우파는 군사적 자주권도 중시하지 않는 바, 미국에 대한 군사적 예속 상태를 지속시킬 것을 요구하기 때문이다. 그리고 그들은

항상 국가안보를 들먹이지만, 자신과 자식들의 병역 의무는 한사코 회피하며, 나라의 위기 때마다 스스로 앞장서 전선으로 향한다는 책임감과 자기희생의 이야기는 그들과는 무관한 먼 나라의 미담일 뿐이다. 또한, 자유민주주의를 내세우는 보수/우파는 한국 현대사에서 오히려 '자유'와 '민주주의'를 극악하게 억압했을 뿐, 그것의 착근에 기여한 적이 결코 없다. 자유민주주의를 공산주의의 반대말 정도로만 이해하는 그들은 자유주의와 민주주의의 가치를 진정으로 이해하거나 존중할 줄 모르며, 오직 반공이라는 경직된 이념의 잣대로 세상을 재단하는 전체주의자로서의 면모를 유감없이 보여준다. 아울러, 공동의 법과 이익으로 결합된 전체 시민의 공동체로서의 공화국이 무엇보다도 공공성에 토대를 두어야 하지만, 한국의 보수/우파는 국가를 소수 특권층의 사익추구를 위한 터전으로 만들었을 뿐이다. 요컨대, 이렇듯 보수/우파의 보편적 덕목을 스스로 파괴하는 한국 보수/우파는 사실상 참칭 보수, 자칭 보수, 사이비 보수, 가짜 보수, 위장 보수, 즉 수구 세력에 불과하다는 것이 한국 진보/좌파의 인식이다.

한국의 진보/좌파 세력에게, 수구 세력으로서의 한국 보수/우파 세력이 흔히 드러내 보이는 네 번째 중요한 특징은 색깔론이라는 전가의 보도로 반대파를 공격한다는 사실이다. 아래의 [발췌 32]를 보자.

[발췌 32]

소설에서 구우익의 태두로 나오는 거북(拒北)선생은 이렇게 말한다. "우리가 김대중이나 노무현을 따르는 무리를 향해 '빨갱이'와 같은 인장을 찍어대는 것은, 그만큼 우리들에게 논리가 없기 때문이야. 다시 말해 저 인장들은 그들과 더 말하지 않겠다는 우리의 결단을 보여주는 것들이지. (중략) 인류가 쌓아온 지식의 총량 속에서 우파가 쓸 수 있는 지식의 총량은 10%도 안 돼.

아니 5%도 안 될 거야." 영민한 제자 '은'은 맞장구친다. "5%의 논리로는 절대 95%의 논리를 이길 수 없습니다. 김대중이나 노무현 무리를 이기는 방법은 그냥 지금까지 해온 대로 '빨갱이'라느니 '지상낙원 북한에나 가라'는 수법을 계속 쓰는 겁니다." 촛불집회를 왜곡한, 전교조 명단을 공개한 한나라당 의원들은 '사실과 논리, 상식 따위 개의치 말고, 무조건 낙인을 찍고 우기면 이긴다'는 거북선생의 무식한 전략을 충실히 따르는 우파 모범생들이다.(한겨레, 2010.05.17. "우파의 전략")

[발췌 32]에서, 보수/우파의 전략은 자신의 빈약한 논리에 기대기보다는 반대파에게 빨갱이나 친북의 인장을 찍어대는 것이다. 그리고 이러한 전략은 오랜 역사적 배경을 갖고 있다. 해방과 함께 마땅히 단죄되어야 했을 친일파들이 처벌받기는커녕 오히려 한국 사회의 지배 권력을 계속 유지할 수 있게 됨에 따라, 그들은 부끄러움을 잊었다. 그리고 이어진 남북 전쟁과 분단은 친일파로 하여금 비판 세력에게 적반하장의 이념 공세를 퍼부을 수 있는 유리한 조건을 제공해주었다. '반공'은 친일과 독재의 모든 죄과를 덮을 수 있는 훌륭한 알리바이였던 것이다. 친일과 독재를 옹호하는 논리가 정당화되기란 어려운 법이라, 부끄러움을 모르는 그들이 우선적으로 기댄 것은 바로 키케로의 반어법, 즉 "논리로 안 되면 인신을 공격하라"는 전략이었다. "빨갱이"와 "종북"은 한국의 보수/우익이 전가의 보도로 휘두르는 키케로식 인신공격인 셈이다.

2) 보수/우파의 '우리'

한국 보수/우익 세력은 크게 세 가지 측면을 중심으로 자기 정체성을 구성한다. 첫 번째는 자신들이 해방 이후 오늘날까지 성공한 대한민국의 역사를 이끌어왔다는 자부심이다. 두 번째는 스스로 오랜 기득권 구조에 안주하면서 무임승차와 기회주의적 처신을 보인 것에 대한 자기비판이다. 세 번째는 보수 혁명 혹은 보수 대개혁에 대한 요구이다. 아래에서는 이를 하나씩 살펴볼 것이다. 우선, 첫 번째 특징과 관련하여, [발췌 33]을 보자.

[발췌 33]

엊그제 9·28수복을 맞아 54년 전 중앙청에 휘날리던 태극기를 보며 감격의 눈물을 쏟았던 원로들에게 지금 눈앞의 현실은 참담했을 것이다. 누가 이들의 침묵을 강요할 수 있단 말인가. 집권세력에서는 '우리가 민주화운동 할 때 탄압하던 사람들이 이제 와서 자유민주주의를 말할 자격이 있느냐'고 하지만 그것은 초점을 흐리는 '물타기' 전술이다. 여기서 되물어 보자. 6·25전쟁 때 자유민주주의 말고 무엇을 지키겠다고 피를 흘렸단 말인가. 그들이 무너졌다면 지금의 체제 또한 살아남았겠는가.(동아. 2004.09.30. "지금이 우파의 위기다")

[발췌 33]에서, '자유민주주의 체제 수호'는 한국 보수/우익의 모든 긍정적 자기정체성의 출발점이다("6.25 전쟁 때 자유민주주의 말고 무엇을 지키겠다고 피를 흘렸단 말인가. 그들이 무너졌다면 지금의 체제 또한 살아남았겠는가.") 그리고 보수/우익의 이러한 자부심은 종종 자신들의 뿌리를 '개화(開化)사상'과 '실학(實學)사상'으로까지 연결하는 모습으로 나타나기도 한다. 또한, [발췌 33]에서는 민주화 운동을 억압하고 탄압했던 보수/우익을 마치 민주화 운동의 궁극적 후견인인 양 위치 짓는 반전 기법을 통해, 민주화운동은 자유민주주의를 위해 피를 흘린 보수/우익의 희생 때문에 가능했다는 입론이 구축되기도 한다. 이는 아예 보수/우익이 민주화의 명실상부한 주체라는 주장으로 확장되기도 한다. 해방 이후 좌/우익의 대립 속에서 대한민국 정부를 수립했고, 6.25 전쟁에서는 공산주의로부터 대한민

국을 지켜냈으며, 전후의 폐허 속에서 세계 10위권의 산업화를 달성한 보수/우익이 김영삼 보수주의 정권을 통해 마침내 민주화의 과제도 해결했다는 것이다. 이 모든 입론은 보수/우익을 자유민주주의의 적과 맞서 싸운 역사의 승자이자 지도자로 구축하는 담론 자원이다. 현재적으로도, 보수/우익의 자기 정체성은 종종 대한민국 헌법에 명시된 자유민주주의와 시장경제 그리고 법치주의를 시대를 초월하는 가치로 삼고 그것을 실현하고자 한다는 것에서 찾고 있다.

이처럼 성공한 대한민국의 역사를 이끌어왔다는 자부심이 보수/우익의 일관된 정체성 요소라고 한다면, '무임승차'와 '기회주의적 처신' 등은 특히 보수/우익의 정치적 수세기나 위기시에 흔히 등장하는 자기 정체성 구성 요소라 할 수 있다. 아래의 [발췌 34]를 보자.

[발췌 34]

당시엔 그들을 '날라리'라 불렀다. 훗날 그들을 위한 용어가 탄생했다. 이른바 '오렌지족'. 1980년대가 흥미로운 것은 고위 공직자, 집권당 국회의원 등 기득권층의 자제 중 꽤 많은 수가 시대를 고민하며 급진주의 운동에 투신했다는 점이다. 그러나 이런 문제에 무감각하며 아무 생각 없이 호화롭고 방탕한 생활을 하는 젊은이들도 있었다. 그들 중 상당수는 기득권층 출신의 오렌지였든가, 또는 기득권층으로의 편입을 갈망하며 오렌지의 행태를 따라 하는 '낑깡족'이었다. 재미있게도 이들 '구(舊)오렌지' 중 거의 대부분이 현재도 한국 사회의 상류층에 남아 있다. 본인의 능력과 노력으로 그 지위를 유지하는 경우도 많으나 그렇지 않은 경우도 있다[...] 1970, 80년대의 오렌지들이 사회에 나가 기득권을 유지하고 중추적인 자리를 차지하며 자신들이 "대한민국의 중심이고 보수입네" 하니 한국의 보수가 제대로 될 리 없었다. 사실 이런 부류는 진정한 보수도 아닌 기득권층의 자기 보호에 불과하다[...]나라야 어떻게 되든 자신들의 안위에는 큰 문제가 없다고 생각하면서 현실에 안주하고 타협하는 기회주의적 모습을 보이는 게 바로 그들의 초라한 자화상이다. 사실 6·25전쟁 종결 이후 한국의 보수는 권력과 기득권의 보호 속에서 성장했다. 온실 속 화초가 저항력이 약하듯 한국의 보수는 자생력을 갖지 못했다. (동아. 2006.02.06. "'오렌지 보수'에겐 미래가 없다")

[발췌 34]에서, 한국의 보수/우익은 "날라리", "오렌지족", "낑깡족", "기득권층의 자기 보호", "기회주의" 등 다양한 부정적 의미로 규정되고 있다. 그리고 이러한 집단이 "대한민국의 중심이고 보수"를 자처하고 있는 것이 오늘날 한국 보수/우익의 "초라한 자화상"이라고 설명된다. 나아가, 보수/우익의 오랜 도덕적 불감증과 부정부패 그리고 태생적 특권의식 때문에 그들이 "수구반동"으로 불리는 것도 어쩌면 당연한 일이라는 것으로까지 자기비판은 확장되기도 한다. 또한, 보수/우익은 자신들의 기회주의적 처신을 현실주의로 정당화하고, 국가주의적 지향을 공동체주의로 호도하였으며, 공동선을 위한 자기희생의 모습은 보이지 않고 온갖 수단과 방법으로 개인의 출세와 영달에만 매진해왔다는 지적도 그러한 비판과 궤를 같이하며 등장한다. 지난 60여 년 간 한국 사회의 우월적 보수 분위기에 무임승차 하면서 편안하게 세상을 즐겨온 "온실 속 화초" 보수/우익에게서는 새로운 역사를 열겠다는 전망과 열정과 행동과 지도력을 찾아보기가 어렵게 되었다는 것이다.

그런데 정치권력을 상실했거나 선거를 앞둔 시점에 주로 등장했던 보수/우익의 이러한 자기비판은 종종 "보수혁명" 혹은 "보수대개혁" 담론으로 발전하기도 한다. 오로지 돈과 출세와 자녀교육에 모든 관심이 집중되어 있는 폐쇄적이고 단선적이고 세속적인 '그들만의 리그'에 대한민국의 미래를 맡길 수 없다는 것이다. 아래의 [발췌 35]를 보자.

[발췌 35]

철지난 올드 보수들은 퇴장할 때가 됐다. 나이가 아니라 정신이, 기풍이 문제다. 이 땅의 보수에게 지금 필요한 것은 몸집 불리기식 보수대연합이 아니라 썩은 살을 도려내는 보수대(大)개혁이다. 대한민국에 대한 애정과 세계를 향한 열린 눈을 갖고 국민에게 꿈을 주는 미래지향성, 골목대장식 계파정치를 거부하고 공동체를 위해 자신을 희생할 줄 아는 헌신성, 자유민주주의 가치인 인권과 민주에 귀 기울이고 실질적 복지와 생산적 경제를 실행에 옮길 수 있는 추진력, 기동성, 기획력, 도덕성. 이런 미덕(美德)으로 무장한 '젊은 보수'들이 전면에 나설 때 '대한민국호(號)'는 비로소 선진화를 향한 항로로 들어설 수 있다.(동아. 2010.06.10. "퇴장 요구받는 '올드 보수'")

[발췌 35]의 언어는 이른바 '개혁적 보수' 혹은 '합리적 보수'의 언어라 할 만하다. "썩은 살을 도려내는 보수대개혁", "국민에게 꿈을 주는 미래지향성", "공동체를 위해 자신을 희생할 줄 아는 헌신성", "인권과 민주에 귀 기울이고 실질적 복지와 생산적 경제를 실행에 옮길 수 있는" 등은 보수/우익이 스스로에게 "개혁적" 면모를 부여하기 위해 사용된 담론 자원이다. "보수혁명" 관념은 이러한 작업을 한층 더 실질적인 것으로 만든다. 한편으로는, 이미 시대적 소명을 다한 구(舊)보수의 국가주의와 권위주의를 시장주도형 자유주의 이념으로 대체하고, 다른 한편으로는, 부패하고 무능한 구보수 기득권 질서를 과거의 족쇄로부터 자유로운 건강한 자유주자들로 대체함으로써 진정으로 '보수(補修)하는 보수'이자 '진보하는 보수'로서의 보수/우익이 대한민국의 미래를 책임질 수 있는 주체임을 각인시킨다. 이러한 '개혁적 보수' 혹은 '합리적 보수'의 목소리는 그동안 정세적으로 특수한 시기에만 집중적으로 표출되어 오긴 했으나, 보수/우익의 헤게모니 질서 유지를 위해 필요할 때면 언제든 유용하게 써먹을 수 있는 카드라 할 수 있다.

5. 결론

한국의 진보/좌파와 보수/우파는 적어도 추상적 개념적 차원에서는 각기 상대방의 가치와 이념 지향이 근대 사회를 떠받치는 두 기둥을 형성한다고 보고 그것을 존중하고 소중하게 여길 수 있어야 한다고 주장한다. 그러나 구체적 현실의 차원으로 들어가면, 두 정치 세력 사이의 대결 양상은 종종 매우 적대적인 모습을 드러낸다. 무엇보다도, 상대방은 그저 각기 진보 참칭 세력과 보수 참칭 세력에 다름 아니다. 진보/좌파와 보수/우파에게 서로는 보편적 혹은 서구적 진보/좌파와 보수/우파의 덕목을 전혀 갖추지 못한 수구 집단에 불과하기 때문이다. 이에 덧붙여, 보수/우파는 반대파를 독단적이고 위선적이며 선거철만 되면 시대착오적인 민주/반민주 구도를 들먹이는 세력으로, 진보/좌파는 상대방을 친일 독재와 기회주의 그리고 선거용 색깔론을 전가의 보도처럼 휘두르는 집단이라고 규정한다. 대체로, 이러한 상호 비판은 거의 교정되지 않는 평행선을 달리지만, 부분적으로는 반대편의 비판이 자기비판의 내용이 되는 경우도 있다. 독단적이고 위선적이라는 보수/우파의 비판은 진보/좌파의 자기비판의 소재가 되고, 기회주의적이라는 진보/좌파의 비판은 보수/우파의 자기비판의 소재가 되기도 한다는 것이다. '선악의 이분법'이나 '우리만이 옳다'는 식의 태도를 문제 삼는, 비록 과장과 왜곡이 없지는 않지만, 보수/우파의 지적은 무지한 대중을 계몽하겠다는 '오만함'이나 자신과 조금이라도 '다른 의견을 수용하지 않으려는' 경박성과 맹목성에 대한 진보/좌파의 자기비판의 내용과 크게 다르지 않다. 그리고 진보/좌파의 위선을 대변하는 말처럼 통용되는 '강남 좌파' 문제도 보수/우파뿐만 아니라 진보/좌파 스스로에게도 비판의 대상이 된다. 물론, 진보/좌파 지식인의 말과 행동의 불일치에 대하여 보수/우파는 행동을 바꿀 수는 없으니 입을 닫으라는 주문을 한다는 점에서 그들의 비판은 기득권 질서를 개선하는 것과는 거리가 멀다고 할 수 있다. 반면, 자신의 행동을 자신의 말에 맞출 수 있어야 한다는 진보/좌파의 주문은 여전히 그러한 언행일치의 과제를 개인적 차원에 남겨둘 뿐, 개인적 문제와 사회적 문제가 어떻게 결합되어야 하는지에 대한 설득력 있는 공론을 생산하지 못하는 한계에 빠져 있다. 또한, 한국 보수/우파가 기회주의적인 사익추구 동맹에 지나지 않는다고 보는 진보/좌파의 관점은 해방 이후 수십 년간 한국 사회의 보수 우월적 분위기에 무임승차하여 개인의 출세와 영달에만 매진해왔다는 보수/우파의 자기비판에 일정하게 투영되고 있다. 보수/우익의 이러한 자기비판 혹은 '보수혁명' 담론은 그들의 지배구조가 심각하게 불안정해지거나 위협받게 될 때 강력한 대안적 보수/우익 세력 등장의 중요한 토대가 되고 있다고 말할 수 있다.

제 10 장
결론 : 경합적 다원주의 정치를 향하여

지금까지 살펴본 사회정치 담론은 오늘날 한국 사회의 지배적인 가치와 관념 그리고 신념으로 자리 잡기 위해 서로 경합하는 헤게모니 자원이다. 그람시(Gramsci, 1971)가 말했듯이, 헤게모니는 한 사회 집단의 우위성으로 표현될 수 있고, 그것은 지적·도덕적 지도력과 물리적·강제적 지배를 아우른다. 헤게모니는 시민사회의 사회제도와 일상생활을 통해 특정 가치, 규범, 신념, 관행, 의미 등에 대한 동의를 이끌어내는 과정과, 정치사회의 국가기구와 정치활동을 통해 현존 질서에 대한 수용을 강제하고 교육하는 과정 속에서 구축된다. 페미아(Femia, 1985)가 말했듯이, 헤게모니는 "특정한 생활양식과 사고가 지배하는 하나의 질서 속에 존재한다. 이 질서 속에서 현실에 대한 단일한 개념이 전체 사회에 만연된다. 즉, 모든 제도적·사적 표현체들 속에 그 정신을 반영하는 취향과 도덕과 관습과 종교 및 정치의 원칙들이 확산되며, 이것이 사회관계 속에도, 특히 지적·도덕적 의미를 가지는 사회관계들 속에도 확산된다."(151-152) 이런 의미에서, 헤게모니는 지적·도덕적 영역에서의 지도력과 적극적 동의, 정치적 영역에서의 강제와 소극적 동의를 토대로 창출되는 것이라 할 수 있다. 구체적으로, 지적 영역에서의 지도력과 동의는 사회현상과 사회문제에 대한 과학적·인과적 설명과 예측 능력, 즉 '인지적 합리성'에서 나오는 것이라 할 수 있다. 다음으로, 도덕적 영역에서의 지도력과 동의는 규범적으로 올바른 행동의 수행 능력, 즉 '규범적 타당성'에서 나오는 것이라 할 수 있다. 마지막으로, 정치적 영역에서의 강제력과 동의는 법률이 정한 사회적 행위를 물리적으로 강제하고 그것에 대한 동의를 만들어내는 능력, 즉 '정치적 정당성'에 의존한다고 말할 수 있다.

아래에서는 한국의 사회정치 담론이 '인지적 합리성', '규범적 타당성', '정치적 정당성'이라는 헤게모니의 세 가지 차원과 어떻게 결합하는지를 살펴보고, 그 속에서 사회정치 담론 헤게모니 구축을 둘러싼 대결과 충돌이 어떻게 나타나고 있는지를 보여주고자 한다. 우선, '인지적 합리성'의 영역은 〈그림 1〉과 같이 나타낼 수 있다. 이 영역은 주로 경제적 삶의 원리와 역사적 과정에 대한 인과적 설명력을 다투는 사회정치 담론들로 구성되어 있다. '친기업이 친서민'이라는 담론은 '삼성이 먹여 살린다'는 담론과 함께, 시장경제가 활성화되어야 국가경제가 확대되고 고용과 분배가 개선될 수 있다는 전통적인 성장론의 타당성을 강조한다. 그리고 평등한 사회를 지향했던 사회주의가 가장 불평등한 사회로 귀결된 반면 불평등을 양산할 것으로 여겨졌던 자유시장체제가 오히려 가장 정의로운 사회를 만들었다는 관념과, 불평등을 개인의 능력 차이에서 찾는 보수주의자가 사회경제적 불평등을 쉽게 수용하는 경향이 있기 때문에 진보주의자보다 행복감을 더 느낀다는 관념이 보조적으로 활용되고 있다. 이에 반해, 낙수효과론과 파이론은 이제 '철지난 레코드판'이라는 담론은 양극화와 고용 없는 성장, 가계 부채 심화, 부동산 거품 확대 등으로 기존의 성장논리가 파탄 났음을 강조한다.

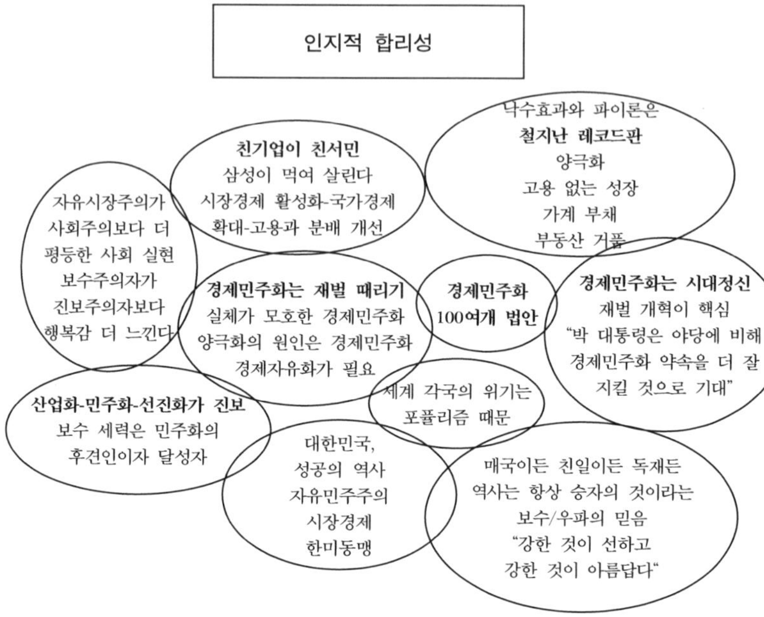

〈그림 1〉 사회정치 담론의 헤게모니 구조와 전략(인지적 합리성)

그리고 이러한 입론은 경제민주화가 새로운 시대정신이 되었으며, 재벌 개혁은 그 중심을 차지한다는 담론으로 이어진다. 그러나 이에 맞선 '경제민주화는 재벌 때리기' 담론은 경제민주화를 오늘날의 양극화의 원인으로 지목하며, 따라서 오히려 경제 자유화가 필요하다고 단정한다. 또한, 세계 각국의 경제 위기는 포퓰리즘 때문에 발생한 것으로 규정한다. 아울러, 경제민주화 관념 자체가 실체를 알 수 없는 모호한 것이라고 지적한다. 실제로, 경제민주화를 결정적으로 판별해 줄 구호나 공약이 부재한 상황에서, 그것은 10여 개의 경제민주화 관련 법안으로 표상되었을 뿐이며, 경제민주화를 시대정신으로 바라보고자 했던 진보 세력 스스로도 '당선 가능성이 월등하게 높은 박근혜 후보가 야당에 비해 경제민주화 약속을 더 잘 지킬 것으로 기대'되었다는 말할 정도로 경제민주화 담론의 주도권은 보수파의 손에 쥐어져 있었다. 그리고 이러한 성장론과 경제민주화를 둘러싼 담론 경합은 높은 지위와 낮은 지위 혹은 통치자와 피치자 사이의 권위주의적 '상/하' 구분법의 틀과 논리를 매개로 진행된다. 보수 담론은 재벌 중심의 국가경제 정책에 대한 시민의 충성과 복종을 강조하는 반면, 진보 담론은 그러한 위계성을 거부하고 경제적 평등을 실현할 수 있는 대안적 경제 원리를 옹호한다.

이와 더불어, 대한민국은 지난 60여 년간 자유민주주의와 시장경제 그리고 한미동맹의 기반 위에서 기적과도 같은 경제 발전을 이룩했다는 '성공한 역사' 담론은 역사적 진리 규정의 효과를 겨냥한다. 그리고 '산업화-민주화-선진화' 담론은 한국 현대사가 거쳐 온 그러한 과정 자체를 곧 다른 무엇보다도 더 진정한 '진보'로 보아야 한다는 반전의 담론 기법과, 자유민주주의 체제를 선택하고 김영삼 정부를 통해 민주화의 과제도 달성한 보수 세력이 사실상 민주주의의 후견인이라는 또 다른 반전의 담론 기법이 이러한 보수적 역사 해석의 합리성을 담보하는 장치로 작동하고 있다. 그러나 진보/좌파 세력에게, 이른바 '성공한 보수의 역사'는 사실상 일신의 이익과 영달을 위해서는 민족을 배반하고 독재에 부역하는 것도 서슴지 않았던, 역사는 항상 승자의 것이라고 믿는 기회주의적 보수의 역사에 다름 아니다. 그리고 대한민국의 '성공한 역사'를 둘러싼 이러한 담론 경합은 폐쇄적인 '전/후'의 틀과 논리로 매개되는 바, 보수 담론은 보수/우파가 만들어 온 한국식 자유민주주의와 시장경제 그리고 한미동맹 모델을 일종의 운명처럼 강조하는 반면, 진보 담론은 그것이 지닌 반민족성과 반민주성을 드러냄으로써 대안적 모델의 공간을 확보하고자 한다.

다음으로, '규범적 타당성'의 영역은 아래의 〈그림 2〉와 같이 나타낼 수 있다. 이 영역은 진보 세력이 위선적이고, 독선적이며, 주변부적인 별종이라는 보수 담론과, 보수 세력이 기회주의적이며 오만한 불통 집단이라는 진보 담론의 경합이 일어나는 장이다. 진보파가 위선적이라는 비판은 사회적 아픔과 개인적 만족을 분리한 채 살아간다는 이른바 '강남좌파'로 흔히 표상된다. 또한 진보/좌파의 다수가 과거에 사회주의들이었음에도 자신들이 좌파로 불리는 것에 신경질적 반응을 보이는 모습도 위선적이라는 비판의 소재가 된다. 여기에, 진보/좌파의 일부가 이미 집권하여 권력의 단 맛을 보았기 때문에 그들에게는 더 이상 진 빚이 없으며, 그들이 자신의 과거 사상에 대한 공개적인 전향 선언을 한 적이 없다는 보조 담론도 동원된다. 그런데 '위선'이 진보/좌파에 따라붙는 꼬리표라고 한다면, '기회주의'는 보수/우파에 따라붙는 꼬리표라 할 수 있다. 진보/좌파는 한국의 보수/우파가 책임감과 자기희생이라는 덕목을 전혀 갖추지 못한, 사익을 위해서라면 무엇이라도 끌어다쓰는 기회주의자 동맹에 지나지 않는다고 공격한다. 그리고 "생각대로 살지 못하면 사는 대로 생각하라"는 보수 담론의 요구는 권위주의적 '상/하'의 논리에 토대를 두고 있는 반면, "자리와 이권을 챙기는 일에서만큼은 집요한" 보수라는 진보 담론의 지적은 그러한 '상/하' 논리의 위계성을 전복하는 효과를 염두에 둔 것이라 할 수 있다.

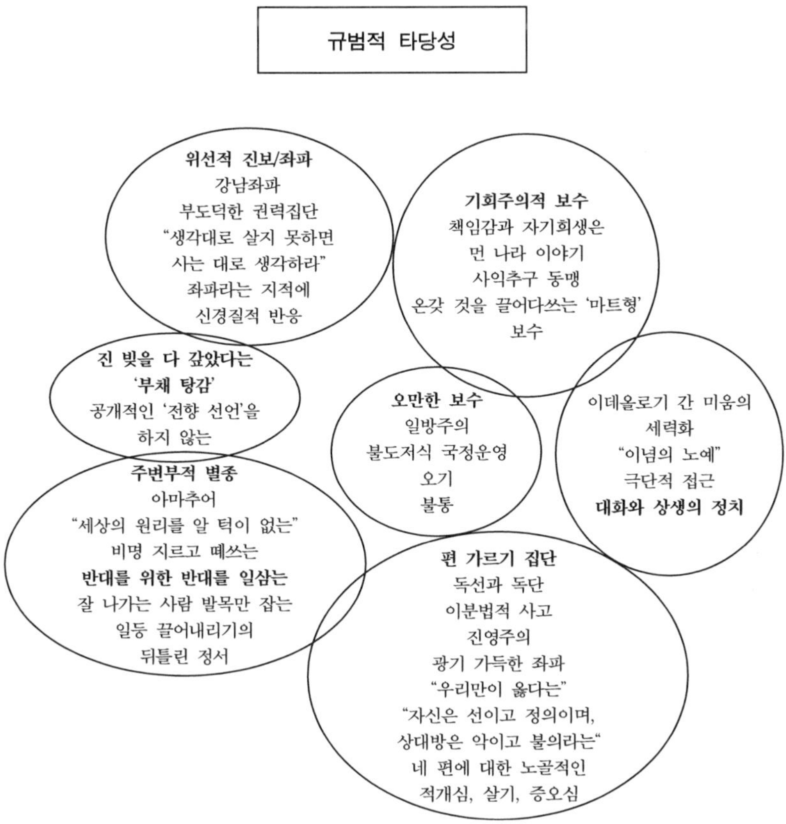

〈그림 2〉 사회정치 담론의 헤게모니 구조와 전략(규범적 타당성)

한편, 보수/우파와 진보/좌파는 공통적으로 '독선'과 '독단'이라는 용어로 서로 상대방의 규범적 기반을 공략하려 애쓴다. 보수 담론에서, "우리만이 옳다는" 진보/좌파의 태도는 종종 그들의 이분법적 사고, 진영주의, 경직된 이념주의, 반시장주의 광기라는 용어들과 연결된다. 그리고 진보 담론에서, "불통이라는 권력의 함정에 빠져든" 보수/우파의 태도는 종종 그들의 일방주의적 행태, 토목공사식 밀어붙이기, 불도저식 국정 운영, 속도전 등과 같은 용어들과 연결된다.

그리고 이러한 보수 담론은 흔히 '편 가르기' 담론으로 발전하는 바, 진보/좌파 세력이 "자신은 선이고 정의이며, 상대방은 악이고 불의"라고 여기며 반대파에 대한 적개심과 증오심과 살기를 숨기지 않는 편 가르기의 고약한 습성을 가지고 있다는 것이다. 그런데 진보 담론에서도 편 가르기는 "이념의 노예"가 되어 '대화와 상생의 정치'를 가로막는 "미움의 세력화"로 간주된다. 편 가르기를 적대의 정치와 등치시킴으로써, 민주적 대결 정치로서의 편 가르기라는 정치의 본래적 차원을 경시하는 한계를 드러내고 있는 것이다. 아울러, 보수 담론은 "일등 끌어내리기의 뒤틀린 정서"를 가지고 "반대를 위한 반대"를 업으로 하는 직업 안티꾼들 혹은 "소리 지르고 떼쓰는 주변부적 별종"이라는 꼬리표를 진보/좌파의 규범적 열등성 각인의 효과적 장치로 사용한다. 보수 담론의 이러한 부정적 타자 표상은 반대파를 이질적 외부로 적대시하는 폐쇄적 '내부/외부'의 논리를 강화하지만, 이에 대한 진보 담론의 적극적 대응은 찾아보기가 어렵다.

마지막으로, '정치적 정당성'의 영역은 아래의 〈그림 3〉으로 표현할 수 있다. 이 영역에서는 주로 '대한민국 정체성'과 '색깔론' 그리고 '포퓰리즘' 담론이 정치적 정당성 확보를 두고 서로 경합하는 영역이라 할 수 있다. 보수/우파 담론은 진보/좌파의 대다수가 과거 사회주의자들이었으며 공산주의와는 싸운 적이 없는 집단으로 규정하고, 민주화가 실현된 지금의 상황에서 그들이 벌이는 반정부 투쟁은 민주화 운동과는 명확하게 구별되는 종북주의의 결과라고 단정한다. 그래서 그들의 종북주의 정체성을 묻고 따지는 "색깔론이 왜 문제냐"고 반문하기도 한다. 그리고 진보/좌파의 '민주/반민주' 구도는 선거철만 되면 등장하는 득표 기계라고 공격한다. 이에 대한 진보/좌파의 담론은 '대한민국 정체성'에 대해서는 애써 무시하는 모습을 보이거나 적극적인 개입을 하지 않는 반면, 그것의 '종북주의' 공세는 '색깔론'으로 맞받는다. 색깔론은 시대착오적인 것, 메카시즘에 다름 아니라는 것, 뿌리가 친일과 독재 세력이라는 것이다. 아울러, 보수/우파는 특히 선거철만 되면 종북 색깔론을 전가의 보도처럼 활용한다는 것이다.

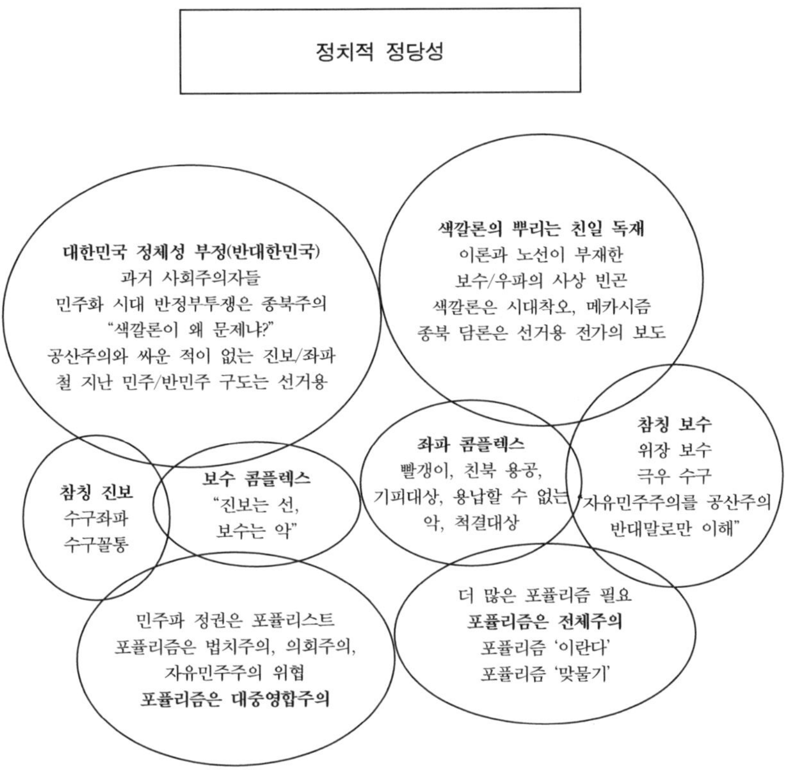

〈그림 3〉 사회정치 담론 헤게모니 구조와 전략(정치적 정당성)

다른 한편으로, 보수/우파 세력과 진보/좌파 세력은 공통적으로 상대방을 각각 '수구 좌파'와 '수구 우파'로 단정하는 경향이 있다. 보수/우파 세력에게, 공산주의와 북한 세습독재에 맞서 싸운 적이 없으며 북한 인권 문제에 대해 침묵하는 한국의 진보/좌파는 보편적인 진보/좌파의 덕목을 전혀 갖추지 못한 '수구 좌파' 혹은 '참칭 진보'이다. 반면, 진보/좌파 세력에게, 특별히 내세울 만한 보수적 이념이나 가치를 갖지 못하고 자유민주주의를 그저 공산주의의 반대말 정도로만 이해하는 한국의 보수/우파는 보편적인 보수/우파의 덕목을 전혀 갖추지 못한 '수구 극우' 혹은 '참칭 보수'다. 또한, 한국의 진보/좌파는 '좌파'라는 말에, 보수/우파는 '보수'라는 말에 일종의 콤플렉스 혹은 거부감을 갖고 있다. 좌파라는 말이 '주홍 글씨'가 된 한국 사회에서 '좌파면 어떠냐?'고 반문하기는 어렵다. 반면, '보수는 악이고 진보는 선'이라는 프레임으로 진보가 도덕적 우위를 누린다고 보는 보수는 '좌파가 악'이라는 좌파/우파 프레임을 되살려 자신들의 열세를 만회하려 한다.

아울러, '포퓰리즘'은 보수/우파와 진보/좌파가 정치적 정당성 확보를 위해 벌이는 대결의 또 다른 중요한 이슈다. 포퓰리즘을 '대중영합주의'로 번역하는 보수/우파는 김대중과 노무현 정부를 비판하기 위한 것에서 시작하여 점차로 다양한 사회경제 정책의 민주적 지향성을 통제하기 위한 작업에 그것을 널리 사용하였다. 그리고 그들은 포퓰리즘이 의회주의와 법치주의에 대립할 뿐만 아니라, 궁극적으로 자유민주주의를 위협하는 것이라고 간주한다. 진보/좌파는 이러한 '포퓰리즘' 공세에 별로 일관성 있게 대응하지 못한다. 포퓰리즘이라는 말 자체를 회피하거나 아예 보수/우파의 전유물로 남겨 두려는 모습을 보이는가 하면, 그 말을 똑 같이 '대중영합주의'로 번역하여 보수/우파의 모습을 되비추어 주기 위해 사용하기도 한다. 그리고 때로는 대중의 뜻에 귀를 기울이는 것은 포퓰리즘이 아니라 민주주의이며, 대중의 의사를 충분히 반영하기 위한 포퓰리즘 혹은 민주주의가 오히려 더 많이 필요하다는 담론 전략을 구사하기도 한다. 이러한 대응은 종종 포퓰리즘의 폐해는 그것의 민주주의적 측면이 아니라 전체주의적 측면에서 찾아야 한다는 담론과 연결되기도 한다.

이상에서 살펴본 바와 같이, 2000년에서 2015년까지 한국의 사회정치 담론은 레퍼토리와 전략의 차원에서 대체로 보수/우파 담론의 헤게모니가 관철되는 과정을 밟아왔다고 할 수 있다. 2007년과 2012년 대통령 선거 결과가 보여주듯이, 보수/우파 담론 전략은 정치의 본령이라 할 수 있는 '그들에 맞선 우리'의 집합 정체성을 구축하는 작업에 상당한 효과를 발휘하였다. 물론, 그렇다고 해서 그들의 정치가 민주적 대결 정치의 지평을 넓혔다고 보기는 어렵다. 권위주의적이고 전체주의적인 '내/외', '상/하', '전/후' 등과 같은 구분법을 동원하여, 보수/우파는 거의 모든 사회적 논란에 종북과 반공을 덧씌우는 이념 과잉과, 반대파를 국가 정체성을 위협하는 '적'으로 내모는 근본주의적 적대 정치의 질곡을 가중시켰다. 반면, 진보/좌파는 정치의 중심을 갈등과 대결보다는 소통과 합의에 두는 자유주의적 한계에 갇혀, 근본주의적 적대를 극복할 수 있는 민주적 대결 정치의 공간을 활성화시키고 확장하는데 실패했다. 그러는 사이, 한국의 사회정치 담론은 권위주의적이고 적대주의적인 보수/우파 담론의 지배력은 더욱 커지고, 시민들의 정치적 정체성은 근본주의적 적대 논리에 점점 더 흡수되어 갔으며, 민주주의는 더욱 더 위기에 빠지게 되었다.

이러한 보수/우파의 지배 담론에 맞서는 진보/좌파의 대항적 사회정치 담론의 재구성은 우선적으로 아래의 〈표 4〉에 제시한 문제들을 중심으로 검토될 필요가 있다.

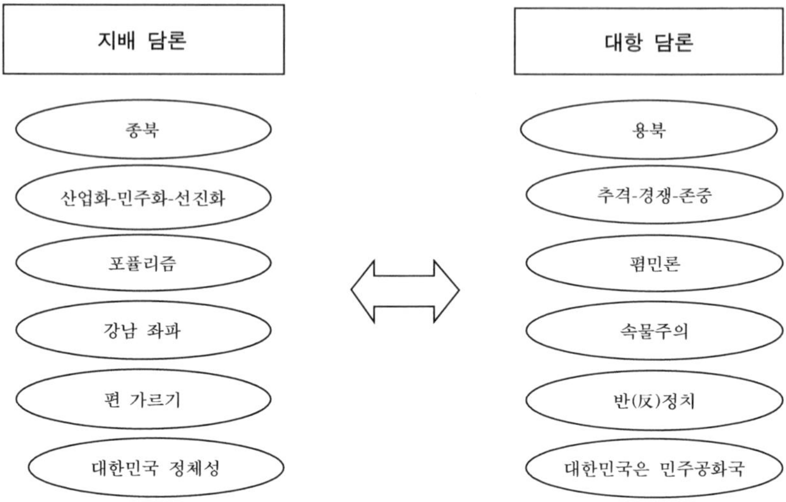

〈그림 4〉 사회정치 담론 경합과 헤게모니

'종북', '산업화-민주화-선진화', '포퓰리즘', '강남좌파', '편 가르기', '대한민국 정체성' 담론은 과연 최근 한국 사회의 지배 담론이라 할 만하다. '종북'과 '대한민국 정체성'을 제외하고는, 보수/우파는 물론이고 진보/좌파조차도 반대파에 대한 비판이나 자신에 대한 평가에서 '산업화-민주화-선진화', '포퓰리즘', '강남좌파', '편 가르기' 담론을 일반적으로 사용한다. 즉, 한국의 현대사가 산업화와 민주화의 과정을 거쳐 왔으며 이제 선진화의 과제가 남았다는 관념은 비단 보수/우파 세력만의 것은 아니며, 진보/좌파의 다수도 그러한 도식을 적절한 것으로 받아들인다. 그리고 '포퓰리즘'과 '편 가르기'는 보수/우파와 진보/좌파 공통의 반면교사로 자리 잡은 지 오래다. 또한, '강남 좌파'는 보수/우파의 공격 대상이기도 하고 진보/좌파의 자기비판 대상이기도 하다. 다른 한편으로, 특히 선거철에 커다란 성과를 낳는 보수/우파의 '종북' 공세는 진보/좌파의 거센 저항을 받지만,

진보/좌파도 그러한 공세가 좀처럼 사그라지지는 않을 것이라는 점을 잘 알고 있다. 그리고 '대한민국 정체성'은 진보/좌파가 거의 침묵으로 일관하는 보수/우파의 자기 정체성 담론이 되었다. 따라서 민주적 대결 정치를 향한 진보/좌파의 실천은 이러한 보수/우파의 지배 담론에 맞서는 민주주의 사회정치 담론을 구축하는 것에서 시작되어야 할 것이다.

구체적으로, '종북'은 수많은 사회정치적 논란에 북한의 그림자를 덧씌우는 언어라는 점에서, 그러한 본질을 밝힐 수 있는 '용북(用北)'의 프레임으로 대응하는 것이 적절하다. 그리고 '산업화-민주화-선진화'에 대응하는 '추격-경쟁-존중'의 진보적 사회문화사 프레임을 제시할 필요가 있다. 또한, '포퓰리즘'은 사실상 민주주의를 폄훼하고 민주주의 정치 공간을 제한하기 위해 동원되는 언어라는 점에서, 그 특성을 드러낼 수 있는 '폄민(貶民)론' 프레임을 발전시킬 수 있다. 아울러, '강남 좌파' 담론이 결국은 "생각대로 살지 못한다면 사는 대로 생각"할 것을 주문한다는 점에서, '속물주의' 프레임으로 그것에 대응할 수 있다. 나아가, '편 가르기'는 정치의 본령이 우리와 그들의 구분에 있다는 점에서, 그것의 '반(反)정치' 문제를 제기하는 것이 적절할 수 있다. 마지막으로, '대한민국 정체성'은 더 이상 보수/우파의 전유물로 남겨두는 것이 아니라, 친일과 독재를 거부하고 자유와 평등의 민주적 정체성을 강조하는 '대한민국은 민주공화국' 프레임을 부각시키는 것이 필요하다.

'자유'와 '평등'이라는 근대 민주주의 양대 이념을 더욱 확대하고 심화하는 일은 오늘날 탈근대 정치의 중추적 과제다. 그것은 한편으로는 자유주의적 합의 정치의 한계를 극복하고, 다른 한편으로는 근본적주의 적대 정치를 청산할 수 있는 경합적 다원주의 정치의 실천 속에서 달성될 수 있다. 경합적 다원주의에서 정치란 기본적으로 자유와 평등의 실현 방식을 놓고 '우리'와 '그들' 사이의 첨예한 민주적 대결과 경합이 벌어지는 과정으로 이해된다. 그것은 정치를 '우리'와 '그들' 사이의 대결을 초월하는 소통과 합의의 형성으로 한정시키지 않으며, '우리/그들'의 대립을 화해 불가능한 적들 사이의 목숨을 건 싸움으로 전락시키지 않는다. 한국 진보/좌파 담론에서 드러나는 민주적 대결 정치에 대한 전망의 부족은 민주주의의 적을 너무 존재론적으로만 이해하는데 기인하는 것일지도 모른다. 적대/경합, 적/대립자 관념이 지닌 모호성을 극복하는 것이 진보/좌파의 민주적 담론 실천을 좀 더 급진적으로 만드는데 매우 필요한 일이라 할 수 있다. 오늘날의 민주주의 위기를 해소하고 자유와 평등의 가치를 더욱 확대하고 심화하기 위해서는 정치의 빈곤을 불러오는 소통과 합의에 대한 강조도, 이념의 과잉을 불러오는 근본적 적대의 재생산도 아닌 민주적 대결의 정치가 활성화되어야 한다.

참고문헌

김영범. 2003. 「'국제경쟁' 지배담론 분석: 박정희 정권에서 김대중 정권까지」. 조희연 엮음. 『한국의 정치사회적 지배담론과 민주주의 동학』. 함께읽는책. 397-429쪽.

김정훈·조희연. 2003. 「지배담론으로서의 반공주의와 그 변화」. 조희연 엮음. 『한국의 정치사회적 지배담론과 민주주의 동학』. 함께읽는책. 123-200쪽.

이항우. 2011. 「이념의 과잉: 한국 보수/우파 세력의 사회정치 담론 전략(2005-6년, 2008-9년)」. 《경제와 사회》 89: 217-268.

______. 2012. 「정치의 빈곤: 한국 진보개혁 사회정치 담론 실천의 성격(2005-6년, 2008-9년)」, 《한국사회학》 46(1): 156-193.

조현연. 2004. "'독자적 정치세력화' 저항담론과 합법 진보정당운동". 조희연 편, 『한국의 정치사회적 저항담론과 민주주의 동학』. 함께 읽는 책. pp. 373~425.

조희연. 2003. 「정치사회적 담론의 구조 변화와 민주주의 동학」. 조희연 엮음. 『한국의 정치사회적 지배담론과 민주주의 동학』. 함께읽는책. 33-120쪽.

______. 2004. "책머리에". 조희연 편, 『한국의 정치사회적 저항담론과 민주주의 동학』. 함께 읽는 책. pp. 7~25.

조희연·장훈교. 2009. 「'민주주의 외부'와 급진민주주의 전략」. 《경제와 사회》 82: 66-94.

최장집. 2010. 「한국 민주주의를 이해하는 방법에 관한 하나의 논평」. 《경제와 사회》 85: 93-120.

Arato, A. 2000. "Good-bye to Dictatorships?" *Social Research* 67(4): 925-955.

Bull, M. 2005. "The Social and the Political." *The South Atlantic Quarterly* 104(4): 675-692.

Carthy, Victoria and Jake Onyett. 2006. "Protest, Cyberactivism and New Social Movements: The Reemergence of the Peace Movement Post 9/11." Social Movement Studies 5(3): 229-249.

Dyrberg, Torben Bech. 2009. "The Lefitist Fascination with Schmitt and the Esoteric Quality of 'The Political'". *Philosophy & Social Criticism*

35(6): 649-669.

Deveaux, Monique. 1999. "Agonism and Pluralism." *Philosophy & Social Criticism* 25(4): 1-22.

Erman, Eva. 2009. "What is Wrong with Agonistic Pluralism?: Reflections of Conflict in Democratic Theory." *Philosophy & Social Criticism* 35(9): 1039-1062.

Fairclough, Norman. 1995. *Critical Discourse Analysis: The Critical Study of Language*. NY: Pearson Education.

Fives, Allyn. 2009. "Reasonable, Agonistic, or Good?: The Character of a Democrat." *Philosophy & Social Criticism* 35(8).

Gitlin, T. 1978. "Media Sociology." *Theory and Society* 6: 205-253.

Gould, Carol. 1996. "Diversity and Democracy: Representing Differences." Pp. 171-187 in Democracy and Difference: Contesting the Boundaries of the Political, edited by S. Benhabib. Princeton: Princeton University of Press.

Grebe, Eduard. 2009. "Contigency, Contestation and Hegemony." *Philosophy & Social Criticism* 35(5): 589-611.

Johnson P. 1998. "Carl Schmitt, Jurgen Habermas, and the Crisis of Politics." *The European Legacy*. 3(6): 15-32.

Katz, E. 1957. "The Two-Step Flow of Communication: An Up-To-Date Report on an Hypothesis." *The Public Opinion Quarterly* 21(1): 61-78.

Katz, E. and P. Lazarsfeld. 1955. *Personal Influence: The Part Played by People in the Flow of Mass Communication*. NY: Free Press.

Mouffe, Chantal. 1993. *The Return of the Political*. London: Verso.

______________. 2000. *The Democratic Paradox*. London: Verso.

______________. 2005. *On the Political*. London: Verso.

______________. 2009. "Democracy in a Multipolar World." *Millennium: Journal of International Studies* 37(3): 549-561.

Nash, Kate. 2002. "Thinking Political Sociology: Beyond the Limits of Post-Marxism." *History of The Human Science* 5(4): 97-114.

Ostovich S. 2007. "Carl Schmitt, Political Theology, and Eschatology." *KronoScope* 7: 49-66.

Schaap, A. 2007. "Political Theory and the Agony of Politics." *Political Studies Review* 5: 56-74.

Smith, Anna Marie. 1998. *Laclau and Mouffe: The Radical Democratic Imaginary*. London: Routledge.

Schmitt, C. 1976. *The Concept of the Political*, trans. George Schwab, Cambridge: MIT Press.

_________. 1985. *Political Theology*, trans. George Schwab, Cambridge: MIT Press.

_________. 1986. *The Crisis of Parliamentary Democracy*, trans. Ellen Kennedy, Cambridge: MIT Press.

Snow, D. & Benford, R. 1992. "Master Frames and Cycles of Protest." Pp. 133-156 in Frontiers in Social Movement Theory, edited by A. Morris & McClurg Mueller. New Haven: Yale University Press.

Telman, J. 2001. "Should We Read Carl Schmitt Today?". *Berkeley Journal of International Law* 19: 127-160.

Trainor, Brian. 2008. "Politics As the Quest for Unity: Perspectivism, Incommensurable Values and Agonistic Politics." *Philosophy & Social Criticism* 34(8): 905-924.

Wiley James. 2002. "Review Essay: The Impasse of Radical Democracy." *Philosophy & Social Criticism* 28(4): 483-488.

Wodak, Ruth. 2001. "What CDA is About - a Summary of Its History, Important Concepts and Its Developments." pp. 1-13 in Methods of Critical Discourse Analysis, edited by R. Wodak and M. Meyer. London: Sage.

보수의 이념과잉 진보의 정치빈곤
한국사회정치 담론 구조와 전략(2000~2015)

저　자 : 이항우
발행처 : 충북대학교 출판부
발행인 : 윤여표
주　소 : (28644) 충북 청주시 서원구 충대로1
전　화 : (043) 261-2952, 3014
팩　스 : (043) 274-1256
이메일 : presscbu@chungbuk.ac.kr
등　록 : 제1983-2001-7호
초판1쇄: 2016.06.20
인쇄처 : 삼성디자인기획(042-221-3111)

ISBN 978-89-7295-242-8 93340

값 21,000원